高齢社会における租税の制度と法解釈

Tax System and Tax Law interpretation in aged society

日税研論集

Journal of Japan Tax Research Institute

VOL 72

研究にあたって

早稲田大学教授　首藤　重幸

　相続税法の平成 25 年度改正によって相続税の基礎控除額が引き下げられ，最高税率が引き上げられたが（適用は平成 27 年 1 月 1 日以降の相続等），この改正報道は，国民に相続税負担が急激に増大するとの不安を抱かせることになったようである。この国民感情に対応するべく，平成 27 年からの施行を前に，改正された相続税法（関係する租税特別措置法改正も含む）の解説と節税策の情報を提供する「市民セミナー」が，金融機関や不動産事業者，さらには大学や税理士などの主催で，各地で開催されるところとなった。私は，この市民セミナーのいくつかを傍聴する機会を得たが，平成 27 年の到来を前にした参加者（多くが都市部の高齢者）の熱気に驚かされるところとなった。

　さて，その市民セミナーでの参加者の質問が，同居していた子供が転勤で別居となったが，3 年後には帰ってきて同居が復活するので，その別居中に相続が開始したような場合の相続税負担の増大を避ける方法はあるのか，二世帯住宅の建設構造によって相続税の負担につき差異が発生するというが，一つの建物内で二世帯が独立して生活することは相続税の負担増を招くのかというような，きわめて実務的な質問が多く出された。これまで，高齢者と租税の関係については，高齢者の資産を早い段階で子や孫にいかにスムースに移転させるか，富の再配分や課税の公平という観点から富裕高齢者の税負担をいかに増大させるか，所得・資産・消費の各領域でのバランスのとれた税収・税負担の実現の観点から高齢者の税負担はどうあるべきか等を中心に考えてきたことから（もちろん，やや抽象的に租税法の解釈をめぐる問題を検討する機会はあったが），市民セミナーにおいて高齢者から相続税に関する不安ともいうべきものを直接的に聞くことができたのは貴重な経験であった。

以上のような経験もあったことから，具体的な高齢者とかかわる，やや身近な租税問題をいくつか選択し，「高齢社会における租税の制度と法解釈」というテーマのもとで検討しようとする提案をさせて頂き，関係会議で御了承を頂いたものである。

本研究では，まず，十分な判断能力のない者が増加する高齢社会において，そのような納税者の申告や，その者への課税処分の，それぞれの法的効力という，高齢社会において深刻となることが必至である問題を本研究の原論的位置に設定した。そのうえで，各論として，高齢者を取り巻く生活構造・世帯構造の変化と相続税の関係や老人介護施設の中心的役割を果たす有料法人ホームの利用をめぐる課税問題を検討した。さらに，高齢者の生活保護や財産管理にとって重要な機能を有する（有しうるはずの）保険や信託の課税関係の検討を行った。そして，さらに成年後見制度に関与して後見人の経験のある税理士に参加していただき，税理士の視点から見た成年後見制度の問題と，税理士が後見人をされている場合の税務への関与についての留意点・問題点の検討をして頂いた。そのほか，高齢社会における信託（家族信託）の有用性は疑いのない所であるが，この信託に適用される現行の租税制度は当該有用性を阻害しているとの主張があり，その点の検討も含めた信託税制を概観した。

高齢社会という軸を通して，あるべき税制や既存の租税実定法の解釈問題を検討する方法には様々のものがありえる。本研究は，いわば分析の視角を高齢者の生活により近い場所に置いて，租税関係を検討してみようとするものである。それゆえ，本研究の内容は，とりあげるべき一部のものしか対象としえておらず，しかも検討対象を資産税関係に限定しており，体系的検討というものにはなっていない点もあるが，富裕高齢者に焦点をあててきた感のある従来の租税法研究とは異なる視点の論文集になったものと考えている。

目　　次

研究にあたって …………………………………… 首藤　重幸

第1章　本研究の目的と内容 ………………… 首藤　重幸・1

Ⅰ　日本の高齢社会の現状…………………………………………… 1

Ⅱ　本研究の各章の概要 …………………………………………… 5

　1　制限行為能力者と税務行政（第2章：高野論文）………… 5

　2　生計の形態・遺言形式等と相続税（第3章：平川論文）… 7

　3　老人施設の運営・利用と租税（第4章：藤曲論文）………… 9

　4　成年後見に関する税務問題について

　　　（第5章：山元論文）…………………………………………12

　5　年金・保険と租税（第6章：辻論文）………………………14

　6　高齢社会と信託税制（第7章：首藤論文）…………………16

第2章　制限行為能力者と税務行政 ………… 高野　幸大・19

は じ め に……………………………………………………………19

Ⅰ　法的行為に関する基本的（前提的）理解の整理 ………………22

Ⅱ　行政法関係における私人の行為………………………………29

Ⅲ　租税法関係における私人の行為 ………………………………33

　1　納税者のする税額の確定行為（申告）の法的性格…………33

　2　制限行為能力者と申告義務の存否……………………………35

3　制限行為能力者の申告の法的効力……………………37

　　　4　制限行為能力者の法的行為受領能力　……………………40

　Ⅳ　行政法における私人の行為に係る意思能力・行為能力…………42

　Ⅴ　行政法における私人の行為の代理　………………………44

　おわりに……………………………………………………………50

第3章　生計の形態・遺言形式等と相続税 … 平川　英子・51

　はじめに………………………………………………………………51

　Ⅰ　生計の形態をめぐる諸問題 ………………………………………52

　　　1　小規模宅地等の課税の特例－特定居住用宅地等をめぐ

　　　　る平成25年度改正を中心に ………………………………53

　　　2　老人ホームへの入居と小規模宅地等の課税の特例の適

　　　　用関係…………………………………………………………60

　　　3　高齢者とその家族の居住形態と小規模宅地等の特例に

　　　　おける「同居」の意義………………………………………69

　　　4　小規模宅地等の課税の特例における「生計を一にす

　　　　る」の概念 …………………………………………………79

　Ⅱ　遺言の形式－「相続させる」旨の遺言と相続税 ………………82

　　　1　「相続させる」旨の遺言の効果 …………………………83

　　　2　「相続させる」旨の遺言と遺留分減殺請求権 …………84

　　　3　「相続させる」旨の遺言と小規模宅地等の課税の特例………89

　　　4　遺言と異なる遺産分割をした場合の課税関係：贈与税 ……95

　Ⅲ　近年の相続・相続法をめぐる変化と相続税 ……………………96

　　　1　非嫡出子法定相続分差別違憲決定と民法の改正 …………97

　　　2　違憲決定を受けた課税実務上の取り扱い …………………98

　おわりに……………………………………………………………101

目　次　5

第4章　老人施設の運営・利用と租税 …… 藤曲　武美・103

Ⅰ　老人施設の種類 …………………………………………………………103

Ⅱ　有料老人ホームの入居一時金等と税務問題 ……………………………105

　　1　入居一時金の問題と法的整備 ……………………………………105

　　2　平成 23 年改正前の入居一時金の性格 …………………………106

　　3　老人福祉法の平成 18 年改正 ……………………………………107

　　4　老人福祉法の平成 23 年改正 ……………………………………108

　　5　入居一時金の諸問題と税務問題との関連 ………………………110

Ⅲ　有料老人ホームの入居一時金の法人税における収益計上時

　　期 ……………………………………………………………………110

　　1　事案の概要 …………………………………………………………111

　　2　前提となる事実 …………………………………………………111

　　3　裁判所の判断 ………………………………………………………113

　　4　検討事項 ……………………………………………………………119

Ⅳ　有料老人ホームの入居一時金等と相続税・贈与税 ………………124

　　1　有料老人ホーム入居金等の負担と相続税・贈与税 ………124

　　2　有料老人ホーム入居金が贈与税の非課税財産に該当す

　　　　るとされた事例（平成 22 年 11 月 19 日裁決，全部取

　　　　消，裁決事例集 No.81）………………………………………124

　　3　有料老人ホーム入居金返還見込額が相続財産に該当す

　　　　るとされた事例（平成 18 年 11 月 29 日裁決，棄却，

　　　　裁決事例集 No.72）……………………………………………128

　　4　有料老人ホーム入居金返還見込額が相続財産に該当す

　　　　るとされた事例（平成 23 年 6 月 10 日裁決，棄却，裁

　　　　決事例集 No.83）………………………………………………130

　　5　3 裁決の比較 ………………………………………………………134

6

	6	有料老人ホーム入居金の性格と課税関係	135
	7	贈与税の非課税財産の判断基準	136
	8	入居契約の問題点	137
Ⅴ	老人施設と固定資産税		139
	1	老人施設と固定資産税の非課税	139
	2	有料老人ホームと住宅用地特例	141
	3	有料老人ホームの駐車場と住宅用地特例	142
おわりに			150

第5章　成年後見に関する税務問題について … 山元　俊一・153

Ⅰ	はじめに		153
	1	成年後見制度との関わり	153
	2	専門職後見人の実態	156
Ⅱ	成年後見制度の世界的潮流		160
	1	第4回成年後見法世界会議について	160
	2	「横浜宣言（2016年改訂版）」におけるわが国に関する部分	165
Ⅲ	ドイツにおける世話法		167
	1	ドイツにおける世話法	167
	2	ドイツ連邦家族省の施策	170
	3	ケーペニックの世話裁判所訪問	171
Ⅳ	成年後見制度と税務		174
	1	成年後見制度等と税理士	174
Ⅴ	成年後見に関する税務問題		178
	1	成年後見人等の報酬について収入すべき時期について	178
	2	成年被後見人の特別障害者控除の適用についての文章回答事例	183

目　次　7

　　　3　居住用不動産の譲渡について ……………………… 187
　　　4　相続税の債務控除問題 ……………………………… 187
　　　5　成年被後見人が相続人である場合の成年後見人である
　　　　　税理士による相続税の申告 ………………………… 189
　　　6　成年被後見人が被相続人である場合の成年後見人であ
　　　　　った税理士による相続税の申告 …………………… 191
　Ⅵ　成年後見の税務問題に関する裁判・裁決例 ………… 191
　Ⅶ　終 わ り に …………………………………………… 208

第6章　年金・保険と租税 ………………………… 辻　美枝・211

　Ⅰ　は じ め に ……………………………………………… 211
　Ⅱ　生命保険への相続税課税 ……………………………… 213
　　　1　生命保険・個人年金保険の販売開始 ……………… 213
　　　2　みなし相続財産課税導入前の議論 ………………… 214
　　　3　みなし相続財産課税導入以後の変遷 ……………… 215
　　　4　小　　　　括 ………………………………………… 220
　Ⅲ　現行制度の課題と検討 ………………………………… 224
　　　1　みなし相続財産課税 ………………………………… 224
　　　2　所得課税に関する試論 ……………………………… 238
　Ⅳ　むすびにかえて ………………………………………… 249

第7章　高齢社会と信託税制 ………………… 首藤　重幸・251

　Ⅰ　は じ め に ……………………………………………… 251
　　　1　民法上の贈与・遺言との関係 ……………………… 254
　　　2　信託と成年後見制度との関係 ……………………… 256
　Ⅱ　受益者等課税信託 ……………………………………… 258

1	信託制度の概要	……………………	258
2	受益者等課税信託	……………………	259
3	みなし受益者（受益者の範囲）	………………	262
4	複数の停止条件付きの受益者の課税関係	………………	264

Ⅲ 信託課税の他の問題 …………………………………… 265

    1 受益者等課税信託における課税のタイミング ………… 265

    2 信託と遺留分の関係………………………………… 267

    3 法人課税信託（受益者が存在しない信託課税）………… 268

Ⅳ 商事信託による特例 ………………………………… 271

Ⅴ さいごに ……………………………………………… 274

高齢社会における租税の制度と法解釈

第1章　本研究の目的と内容

早稲田大学教授　**首藤　重幸**

I　日本の高齢社会の現状

　内閣府の『平成 28 年版　高齢社会白書』(以下，白書という) は，世界に例を見ない速度[1]で進む高齢化の現状を明確に再確認するとともに，高齢者の所得状況や資産の蓄積，子供との同居状況，さらには認知症患者数など，「高齢社会における租税の制度と法解釈」というテーマのもとでの以下の章での検討の貴重な基礎データを提供している。

　通常，65 歳以上の者が高齢者とされるが，その高齢者が総人口の 7% を超える社会を「高齢化社会」といい，それが更に 14% を超えると「高齢社会」とされる。なお，75 歳を超える者は，高齢者のなかでも後期高齢者とよばれる。上記の白書によれば，日本の 2015 年 (平成 27 年) 10 月 1 日現在の人口は 1 億 2,711 万人であるが，65 歳以上の高齢者人口の割合は 3,392 万人で，その総人口に占める割合 (高齢化率) は 26.7% に達しており，人口

---

(1)　高齢化率が 7% を超えて，その倍の 14% に達する所要年数 (倍加年数) の国際比較によれば，フランスが 126 年，スウェーデンが 85 年，ドイツが 40 年，イギリスが 46 年であるのに対し，日本では，1970 年 (昭和 45 年) に 7% を超え，その 24 年後の 1994 年 (平成 6 年) に 14% に達している。

の約4人に1人が高齢者という世界最高の高齢社会になっている。白書では，高齢者のなかの75歳以上の後期高齢者の総人口は，2017年（平成29年）には65歳〜74歳の総人口を上回ると予測されている。さらに白書の将来予測では，少子化による総人口の減少のもとで2035年の高齢化率が33.4%となって国民の3人に1人が高齢者となり，2060年には高齢化率が39.9%に達して国民の2.5人に1人が65歳以上の高齢者となると推計されている。

　高齢者の経済状況につき，白書は60歳以上の者の経済的な暮らし向きの調査によれば，『心配ない』（「家計にゆとりがあり，まったく心配なく暮らしている」と，「家計にゆとりはないが，それほど心配なく暮らしている」の計）と感じている人の割合が71.0%であり，80歳以上の年齢階級に限れば80.0%となっているとの調査結果を示している。さらに，高齢者世帯（65歳以上の人のみで構成するか，又はこれに18歳未満の未婚の人が加わった世帯）の2013年（平成25年）の年間平均所得は300.5万円であり，全世帯平均（528.9万円）の半分強であるが，世帯人員一人当たりでみると，高齢者世帯の平均世帯人員が少ないことから，高齢者一人当たりは192.8万円となり，全世帯の一人当たり平均（205.3万円）と大きな差異はないとの数値が示されている。

　65歳以上の高齢者のいる世帯の構成について白書は，2014年（平成26年）の日本の全世帯のうち，約46.7%に高齢者がいるとの数値を示している。そして，その高齢者のいる世帯のうち，1980年（昭和55年）には三世代世帯の割合が一番多く，全体の半数を占めていたが，2014年（平成26年）では夫婦のみの世帯が一番多く約3割を占め，単独世帯と合わせると半数を超える状況にある。さらに，65歳以上の高齢者の子供との同居率は，1980年（昭和55年）に約7割であったものが，2014年（平成26年）には，40.6%に減少している。一人暮らしの65歳以上の高齢者は増加しており，高齢者人口に占める一人暮らしの高齢者の割合は，1980年（昭和55年）には男性4.3%，女性が11.2%であったものが，2010年（平成22年）には男性が11.1%，女性が20.3%となっている。

　65歳以上の高齢者の認知症患者数と有病率について白書は，2012年（平

成 24 年）に認知症患者数は 462 万人となっており，65 歳以上の高齢者の 7 人に 1 人（有病率 15.0％）であるが，2025 年には約 700 万人となり，5 人に 1 人が認知症患者となるとの将来推計を示している。

　以上で紹介したものは，現在と将来の高齢者を取り巻く諸環境の一部分でしかないが，これらを含む高齢者の総体的な環境変化を税制の観点からみる場合，既存の税源構造や税による再配分構造等を大きく変えざるをえない課題を提示している。すでに，この課題については様々な取り組みがなされており，その取り組みの基本構想は早い段階から税制調査会の答申などで示されてきたところである。

　本研究では，高齢社会を迎えている日本での租税がかかえる多様な制度的問題や解釈論的問題のなかで，資産課税（特に相続税・贈与税・固定資産税）にかかわる問題を切り出して検討するものである。

　税制調査会は「経済社会の構造変化を踏まえた税制のあり方に関する論点整理」（平成 27 年 11 月 13 日）[2]において，高齢社会における資産税についての基本的考え方を，以下のように整理している。

「2. 資産課税を巡る経済社会の構造変化

　この四半世紀の間，経済のストック化の進展に伴い，金融資産の蓄積が進む一方，その分布は一部の高齢者に偏在しており，相続を機会に高齢世代の資産格差が次世代へ引き継がれる可能性が高まっている。さらに，今後の人口動態の変化を踏まえれば，少子化の更なる進展等により，こうした可能性は一層高まっていくことが見込まれる。このため，資産格差が次世代における機会格差につながらないよう，資産再分配機能の重要性が高まっている。また，これまで家族が支えてきた老後の扶養を公的な社会保障制度の充実により社会的に支える，いわゆる「老後扶養の社会化」が相当程度進展している。

─────────────

(2)　この税制調査会の「論点整理」の評価については，岩﨑政明「高齢化社会と税制の役割」（税経通信 2016 年 7 月号）141 頁以下参照。

4

　他方，高齢化の進展により，相続人自身も高齢者となる，いわゆる「老老相続」が増加している。これに伴い，相続による次世代への資産移転の時期がより後半にシフトしていることから，資産移転の時期の選択により中立的な制度を構築することが重要となっている。」

　以上の「論点整理」は，高齢社会の到来によって，相続等による高齢者の資産移転の時期が相続人自身も高齢者となる状況が増大していることに注目し，高齢者の資産移転・資産配分を相続の時点に待つのではなく，より早い段階で移転がスムースにできる税制（これを「論点整理」は，資産移転の時期選択つき，より中立的な制度を構築する，と表現する）を採用すべきとしている。しかし，「論点整理」は他方で，金融資産が一部の高齢者に偏在する傾向があり，税制による資産の再配分がはかられなければ，資産格差が次世代に引き継がれることになるとする。高齢者の（その相続人等が若い時点での）資産のスムースな（相続人等への）移転と，高齢者の資産再配分という「二つの対立するとも思われる課題」を同時に整合的に実現する税制の構築は容易ではないように思われるが，その両立の可能性を実現する試みは極めて重要であることは疑いない。この課題は，現在，高齢者が生存中に若い相続人に資産を移転することについては贈与税の負担を軽減し，それが高齢者の死亡による相続によって移転することについては相続税負担を強化するという方法で部分的に実施されている。しかし，贈与税負担を軽減する方法で高齢者の資産を若い相続人に移転させることは，「論点整理」が抑制すべきこととして指摘する，高齢者層での資産格差を次世代に引き継ぐことになるだけとの評価もあり得る。

　本研究では，以上のような二つの課題をより整合的に実現するための将来的な税制構築[3]を検討することの必要性を認識しながらも，資産税の課税の領域を中心として，現在の資産税にかかる制度や法解釈が，高齢者の生活や

---

(3)　この高齢社会における税制の全般的な構築については，八代尚宏「高齢化社会に対応した税制への改革」（ZEIKEN 185 号・2016 年）16 頁以下等参照。

財産運用に関する「願望」や高齢社会に対応して設けられた諸制度と「軋轢」を生じていないかを検討しようとするものである。もちろん、この問題意識から検討対象とすべき問題は多いが、本研究では、そのなかから高齢社会において重要（高齢者をめぐって日常的に発生する問題）と思われる資産税にかかわるテーマを選んで、これを検討することとした。以下において、本研究を構成する各章の内容を概観することにする。

II　本研究の各章の概要

1　制限行為能力者と税務行政（第2章：高野論文）

　民法は、平成11年12月の「成年後見制度」の導入まで、未成年者、禁治産者、準禁治産者を（行為）無能力者とよんで、その行為能力を制限していた。ここにいう行為能力とは、私法上の法律行為（契約等）を単独でできる能力であり、権利能力（私法上の権利義務の主体となる資格）[4]や意思能力（自分の行為の性質を判断することができる精神的能力）[5]と区分される。意思能力のない者の法律行為は法律上の効果を生じないが、行為者が行為をした当時に意思能力がなかったことの証明は容易ではないことから、行為当時に意思能力があったか否かを問題とせず、その者のした行為を取消しうるとしたのが（行為）無能力者の制度である。

　平成11年（1999年）の成年後見制度の導入によって、従来の意思能力が十分でない者を禁治産者と準禁治産者に分けて保護しようとする（行為）無能力者制度は廃止され、意思能力が十分でない者を成年被後見人、被保佐人、

---

(4)　人は出生の時から権利能力を取得する（民法3条1項「私権の享有は、出生に始まる」）が、民法886条1項は胎児につき、相続については、既に生まれたものとみなすと規定している。

(5)　一般的には、6～7歳から意思能力があるとされるが、取引の種類によって異なる（内田貴『民法I　総則・物権総論』（第2版補訂版、東京大学出版会・2000年）101頁では、プラモデルを買う売買契約の意思表示と土地に抵当権を設定する意思表示が対比されている）。

6

被補助人の3類型化する改正がなされた。この3類型に属する者と未成年者をあわせて「制限能力者」とよばれる。

　上述の「I　日本の高齢社会の現状」で紹介したように，日本での65歳以上の高齢者の認知症患者数は，2012年（平成24年）で，65歳以上の高齢者の7人に1人である。この認知症患者数は，65歳以下の認知症患者を含めるとさらに増大すると思われるが，いずれにせよ，判断能力が十分でない者が成年後見人制度（成年後見人，保佐人，補助人）によって保護されている場合は基本的に問題ないとしても，この制度によって保護されていない者は，税務行政過程においてどのような法的取扱いをうけるのかの検討は極めて深刻で重要な問題である。

　第2章の高野論文は，この問題を検討するべく，主として成年後見人等が選任されていない場合において，「納税者が主体となって行う税額の確定手続，すなわち申告納税方式において，制限行為能力者は税額確定手続の主体としてどのように位置づけられることになるのか，また，税務行政庁が主体となって行う税額の確定手続，すなわち賦課課税方式において，税務行政庁のする処分の相手方として制限行為能力者はどのように位置づけられるのか」という問題を設定している。

　この問題設定のもと，制限行為能力者の申告義務については，「意思無能力者であっても，納付すべき相続税額がある以上，法定代理人又は後見人の有無にかかわらず，申告書の提出義務は発生しているというべきであって，法定代理人又は後見人がないときはその期限が到来しないというにすぎない」とする最高裁判決に依拠する議論を展開している。

　ついで，成年後見人が選任されていない場合の制限行為能力者の申告の法的効力と，課税庁による決定処分がなされたような場合の，当該処分についての制限行為能力者の処分受領能力を検討している。前者の問題については，制限行為能力者の法定代理人ではない家族が，制限行為能力者の名をもって納税申告をおこなった場合の法的効力等を検討する。さらに，後者の税務行政過程における処分受領能力の問題は深刻であるとし，「成年後見人が選任

されていない場合，税務行政庁は，成年被後見人に対する法的行為の到達を主張することができないことになるから，税務行政庁から民法 7 条に列挙された後見開始の審判の請求権者に働きかけて成年後見人を選任してもらえる制度を法定することが検討されるべきであろう」との結論を導いている。

高野論文での検討対象は，高齢社会における税務行政が抱える最も重要な問題であると考えられるものである。

2　生計の形態・遺言形式等と相続税（第 3 章：平川論文）

平川論文は，「高齢者をとりまく生計の形態の変化が相続税に与える影響および遺言の形式と相続税上の問題を中心に考察する」ものである。

上記の『平成 28 年版　高齢社会白書』を基礎に紹介した「Ⅰ　日本の高齢社会の現状」にあるように，高齢者のいる世帯の構成は，かつての高い割合を占めてきた三世代世帯構成が減少し，近時は高齢者夫婦のみの世帯が一番多く約 3 割を占め，単独世帯と合わせると半数を超える状況にある。また高齢者介護という点でも，高齢化と少子化が進む中で，家庭の介護能力が低下し，介護施設等の公的サービスにより介護需要をまかなうことが必要であり，また不可避なものとなっている。平川論文は，こうした高齢者の暮らし方の変化が，相続税との関係でいかなる問題を発生させ，そして当該問題がいかに克服されてきたかを整理するとともに，残された問題を検討する。

ついで，「遺産をいかにスムースに相続人等に承継させるかは，財産を有する高齢者にとって悩ましい問題である。遺言は遺産の処分について自己の意思を表明する方法として，一般的であると思われるところ，遺言がかえって争続を深刻化・激化させることもある」として，平川論文は，「相続させる」旨の遺言形式の有用性に着目しつつ，そのような遺言の相続法上（特に遺留分との関係）および相続税法上の問題について検討をしている。

さらに，近年の非嫡出子法定相続分違憲決定やそれを受けた民法改正等などの，相続法改正が相続税法に与える問題にも言及している。

まず，高齢者の暮らし方，特に家族との生活形態が相続税負担に与える影

響の検討については，特に相続税の小規模宅地等の特例が適用される対象の
うちの特定居住用宅地等（被相続人と生計を一にしていた被相続人の親族の居住
の用に供されていた宅地等）について，その適用要件たる「生計を一にする」
や「親族の居住の用」の意義の理解については従来から不明な点があったこ
とを問題とする。相続税負担の強化がなされた相続税法 2013 年（平成 25 年）
度改正が成立してから 2015 年（平成 27 年）1 月の施行までの間に，銀行や
証券会社，さらには不動産会社等が積極的に相続税対策の市民向けセミナー
を開催する次第となったが，そのセミナーでの市民から出される中心的な税
制に関する質問の一つが，二世帯住宅についてのこの特定居住用宅地等の適
用要件にかかわるものであったことが伝えられている。

　平成 25 年度相続税法改正以前は，解釈通達が「構造上内部で行き来が可
能な二世帯住宅（構造上区分されていない二世帯住宅）については，全体を一つ
の住居と捉え，被相続人と親族が同居していたものと解し，全体について特
定居住用宅地等に該当するもの」として小規模宅地等の相続税軽減の特例が
適用されるが，二世帯住宅が外階段で出入りし，建物内部で行き来できない
構造の場合には，小規模宅地等の相続税軽減特例は適用されないとしてきた。
この通達の解釈については多くの批判があり，平成 25 年度改正後は，二世
帯住宅が区分所有建物でない場合には，構造上内部での行き来ができるか否
かに関係なく，小規模宅地等の軽減特例が適用される特定居住用宅地等に該
当するものとされた（租税特別措置法施行令 40 条の 2 第 4 項，10 項）。この小規
模宅地等の課税特例が適用される特定居住用宅地等の認定をめぐっては，
「生計を一にする」の要件の理解をめぐっても，高齢者の世帯構成の変化と
の関連で，いくつかの問題が提起されてきており，平川論文はこの問題にも
言及している。平川論文は，この二世帯住宅への相続税に関する小規模宅地
等の軽減特例等を素材としながら，相続税法と高齢者の生活形態（世帯構成）
の変化が相続税制に与える影響に注目するものとなっている。

　高齢者の生活形態の変化が相続税法の適用にいかなる影響を与えるかとい
う問題を検討する平川論文では，「小規模宅地等の特例の対象となる特定居

住用宅地等とは，相続開始の直前において，被相続人等の居住の用に供されていた宅地等とされている。被相続人が，相続開始の直前において，老人ホーム等に入居し，自宅に戻ることなく，そこで亡くなった場合，従前の自宅敷地は相続開始の直前において被相続人の「居住の用」に供されていた宅地といえるだろうか」という問題も当然に検討の対象とされる。「今後ますます，高齢化に伴い，自宅を離れて病院や老人ホームに入所し，治療や介護を受けているケースが一般化していくように思われる。また，少子高齢社会において，家族内における介護能力が低下していく中で，老人ホーム等の介護施設を利用することは，高齢者の福祉だけでなく高齢者を包摂する家族の福祉にとって，重要であり，また必要な手段でもあることに留意しなければならない。老人ホーム等への入居にあたって，小規模宅地等の特例の適用の可否が，高齢者や高齢者の家族の選択を歪めることのないよう，制度設計をする必要があると思われる」との指摘は，本研究（「高齢社会における租税の制度と法解釈」）の研究目的を明確に述べているものである。

3　老人施設の運営・利用と租税（第4章：藤曲論文）

　現在の高齢者介護の受け皿としての施設としては，有料老人ホームが中心とならざるをえない状況にある。この有料法人ホームをめぐっては，入居一時金の法的性格が不明なこともあって，その租税法的評価について不明な点が存在してきた。この事情に関して藤曲論文は，「有料老人ホームの入居一時金の法的性格等について整理するにあたっては，前提的なこととして税務問題以前にその仕組みが不明朗であるとして社会的にも問題となり，老人福祉法等の改正により，制度整備が行われてきたことを踏まえておく必要がある。数千万円以上の入居一時金を入居時に30％償却し，残額を5年間で償却するというような契約のものも相当数が存在した。有料老人ホームの倒産なども発生し，入居一時金の保全措置が問題となったり，入居一時金の返還訴訟などが発生し，社会問題化した。これらを受けて，老人福祉法の改正が行われ，有料老人ホームの入居一時金の法的な整備が行われた」ことに留意

する必要があると指摘する。

　ここにいう法人福祉法改正とは平成23年改正であり，入居一時金の法的性格の明確化をはじめ，有料老人ホームをめぐって発生していた種々の問題を解決するための規定が置かれるところとなったことを藤曲論文は紹介している。

　そして，従来の有料老人ホームをめぐる最大の問題ともいえる入居一時金の性格につき，老人福祉法の平成23年の改正法は，入居一時金の内容を，「家賃，敷金及び介護等その他の日常生活上必要な便宜の供与の対価として受領する費用（「家賃等」という。）」に限定したことから，これら家賃等の前払金である性格を明確にした。しかし，改正法の施行後に初期一時償却ができるかについて藤曲論文は，「想定居住期間を超えて契約が継続する場合に備えて受領する額」に相当する金額については初期一時償却ができるという考え方や，できるだけ初期一時償却を認めるべきではないという考え方があるとしている

　この入居一時金の租税法上の取扱いについて，藤曲論文は，老人福祉法の平成23年改正前の事件で，老人ホーム（法人）に入居一時金が益金として帰属する年度が問題とされた事案を採りあげて詳細に論じたうえで，改正法の下では，本事案が生じたところの原因である「返済保証期間」と「想定入居（居住）期間」とのギャップは解消され，改正後は当該事案のような問題は生じないところとなったとしている。

　入居一時金を配偶者の一方が出捐して，他方の配偶者が老人ホームに入所したというような場合の贈与税課税の問題や，同様の経緯をもって他方の配偶者が入所した直後に入居一時金を出捐した配偶者が死亡した場合の相続税課税（入所した配偶者が短期間で退所した場合には，入居一時金の一部を返還する入所契約がなされており，出捐した配偶者の死亡後に発生しうる当該返還請求権への相続税課税や，同じく出捐した配偶者の死亡後に入所していた他の配偶者が退所して，実際に入居一時金の一定額が返還された場合の相続税課税）の問題は残されている。これらの問題について藤曲論文は，「平成23年改正後は，入居一時金の性格

が家賃等の前払金として明確化され，権利金部分は無いものとされたことより，入居契約解除に家賃等の前払金に係る返還金又は返還金相当額は，原則として，出捐者に係る家賃等の前払金に係る返還金（金銭債権）として，その被相続人（出捐者）の本来の相続財産となるものと考えられる」とする。ただし，これは当然のことであるがとして，「入居一時金の提供時に資金提供者から入居者等に対して，入居一時金相当の金銭の贈与があったものと明確に事実認定できる場合は，資金提供時における金銭の贈与の課税関係になるものと考えられる」との考え方を示している（ただし，藤曲論文の「返還金相当額」とは，実際には退所していない配偶者が，将来の一定期間までに退所すれば入居一時金が返還されるという時点で出捐者が死亡したという場合，いまだ実現していない抽象的な入居一時金返還請求権が相続税の対象となる趣旨ではないものと思われる）。この贈与税の関係について藤曲論文は，入居一時金の出捐が扶養義務者相互間において通常必要と認められる扶養義務の履行の範囲内であれば贈与税は非課税となることから（相続税法21条の3第1項2号），その範囲内か否かの具体的判断基準を検討している。

　さらに藤曲論文は，老人ホームの駐車場に関する固定資産税の取扱いをめぐる興味ある事例を検討し，「継続して居住の用に供される住宅用地は収益を生み出さないことから，その担税力を考慮して住宅の敷地の用に供される土地については，固定資産税の課税標準を3分の1又は6分の1（小規模住宅用地について）に減額する特例が設けられている（地法349条の3の2等）。老人施設が継続して居住の用に供される家屋である場合は，その老人施設である家屋の敷地については住宅用地特例の適用がある」としている。

　藤曲論文が検討する事案は，原告が所有する土地に有料老人ホームを建設し，これを有料老人ホームの運営などを行うA社に賃貸したところ，東京都が，この有料老人ホームの駐車場用地は上記の固定資産税の減額特例の適用対象ではないとして通常の賦課処分をしたことにつき，当該処分につき原告から取消訴訟が提起されたというものである。東京都は，駐車場が老人ホーム入居者の家族等の来訪者用ばかりでなく，マッサージ師や医師の往診，

救急車，リネン，清掃，ホームの行事のための関係者などの駐車場としても利用されていたことから，当該駐車場は老人ホームの「敷地の用に供されている土地」ではないとして，以上のような処分をおこなったもののようである。判決は，東京都の処分を取り消す判断を示したが，極めて興味ある事件が紹介・検討されているように思われる。

4　成年後見に関する税務問題について（第5章：山元論文）

　本研究（「高齢社会における租税の制度と法解釈」）の研究計画を作成する過程で，実際の成年後見人制度のもとで後見人を経験されている税理士の方に，税理士から見る成年後見制度の評価と，成年後見制度にかかわって生じる税務上の問題や留意点を論じて頂くことが不可欠のものと考えた。この第5章を担当頂いた山元税理士は，後見人を経験されているばかりか，成年後見制度にかかる国際会議などにも参加され，国際的観点から日本の成年後見制度の課題についての見識を有していることから，本章の執筆の担当をお願いした。税理士業界では，税理士が後見人を受任することには消極的な意見も少なくないという状況のなかで，積極的に成年後見制度にかかわっておられる山元税理士に，その経験も含めた，成年後見制度にかかわる税理士の位置や税務上の問題点・留意点を執筆して頂いた。

　山元論文は，まず，税理士が後見人となることの「業法」から見た位置づけについて述べている。後見人に占める専門職としては，弁護士や司法書士などの法律専門家が圧倒的に多い状況となっていることの「背景には，弁護士や司法書士は業法（職務）の中に成年後見に関する規定が整備されていることが掲げられる。また，社会福祉士は，社会福祉及び介護福祉士法第2条により，主に身上監護の面から業務を行える法的根拠を有しているとされ，実際に裁判所もそのように運用しているところである。しかし，税理士・行政書士・社労士等はこれらの業法では，その専門職として後見業務を行うことは法律上定められていない。したがって現在までのところ，一般的には，税理士・行政書士・社労士等が成年後見等を行う場合には，専門職の「業」と

して行えるわけではない。それぞれの専門職としての経験を生かしつつ一個人として行っているにすぎず，専門職能の「職業」後見人ではないと解されている」と位置づけている。しかし，山元論文は，業法との関係でなく，税理士の有する専門性から，税理士も専門職後見人として位置づけてよいとの立場に立っている。

さらに山元税理士も参加された2016年（平成28年）9月の第4回成年後見法世界会議で確認された日本の成年後見制度の課題を紹介し，成年後見制度を「だれでも利用できる制度」とするために，行政による公的支援システムの創設が日本の重要課題と指摘された点は重要であるとする。さらに，山元論文はドイツの成年後見制度を定める世話法の構造を検討しているが，これにより日本の同制度の問題点がより鮮明になる結果となっている。

ついで山元論文は，成年後見制度に税理士が関与する形態を3分類して，それぞれにおける税理士の法的位置や税理士業務をおこなうについての留意点を析出する。その類型としては，(i)税理士が成年後見人に選任されるケース，(ii)成年後見人である親族から税務代理を求められるケース，(iii)成年後見人等である税理士・弁護士・司法書士等の専門職後見人から税務代理を求められるケース，の3つの類型が設定されて検討が行われている。

さらに，成年後見に関する具体的な税務問題が取りあげられ，まず複数年分の成年後見人の報酬が一時に付与された場合の，その収入の帰属年度についての検討がなされ，成年後見制度の利用促進のために，成年後見人の報酬については一定額の非課税制度の導入を検討すべきであるとしている。ついで，成年被後見人が所得税法や相続税法上の特別障害者として障害者控除の適用対象になるかの問題が検討される。

そして，山元論文は，「成年被後見人が相続人である場合の成年後見人である税理士による申告」や，「成年被後見人が被相続人である場合の成年後見人であった税理士による相続税の申告」をめぐって発生する興味ある問題点を分析している。

また，成年後見制度にかかわりをもつと考えられる裁判や裁決の検討がな

されており，そこでは，判断能力が十分でない納税者に対する課税庁からの
様々な税務行政上の行為の法的効力が問題となる典型のような事例が展開さ
れている。

5　年金・保険と租税（第6章：辻論文）

辻論文は，まず，第6章の「年金・保険と租税」というタイトルからすれ
ば，公的保障も含むものであるが，本研究では，特に生命保険へのみなし相
続課税に注目することから，生命保険会社等と締結する生命保険および個人
年金保険を中心とする相続税の課税問題を中心に検討するとしている。

そして，高齢社会における生命保険課税についての考え方の基本的スタン
スを次のように記述している。「生命保険金へのみなし相続課税の導入の理
由は，保険を利用して相続税課税を免れることを防止することにあったが，
それは現在においても同様に問題となりうる。高齢社会における問題として，
相続等により財産を取得する相続人等も高齢である可能性が高く，相続人等
もすでにある程度の資産形成をしている場合には，相続税課税に際して遺族
の生活保障を考慮する必要性は薄れてくる。生命保険金は，非課税枠の利用
による相続税の負担軽減または相続税納税資金のねん出の一方策としての側
面も有しているなか，基礎控除の上乗せともなり得る生命保険金の非課税枠
の位置づけ，その対象とする保険契約等の範囲をいかに画するべきかが問題
となる。さらには，相続税課税との関係から死亡保険金の所得課税上の問題
も検討の余地がある」。

以上のような本論文の位置づけのあと，辻論文は，本来は相続財産ではな
い生命保険金がみなし相続財産に組み込まれるに至る前後の歴史や論理を詳
細に検討しているが，この検討は生命保険への相続税課税の論拠を確認する
うえで極めて有益なものとなっている。この歴史を見た後，辻論文は現行の
生命保険にかかる複雑な課税制度を分解し，明快に解説してゆく。

相続税法上のみなし相続財産に入る生命保険金の範囲の判定は，生命保険
をめぐって支給される金員の名称が多様にあり複雑であることから容易では

ないが，辻論文は，まずこの範囲を明確にするとともに，保険金が一時払い
でなく年金方式で支給される場合の相続財産評価の問題も検討する。

　「生命保険をめぐっては所得税の問題が不可避に発生する。生命保険契約
に基づき死亡により支払を受ける保険金の課税関係は，保険契約者（保険料
負担者）と被保険者が同一人で，その者以外の者が保険金受取人の場合は，
相続税の対象となり，所得税は非課税であるが，保険契約者（保険料負担者）
が保険金受取人で，その者以外の者が被保険者である場合は，保険金受取人
の一時所得として課税される」からである。この関連で，生命保険契約にか
かる保険料の支払いが年金方式でなされるような場合の，年金方式で支給さ
れる期間の各年度の支給金額に所得税が課されるかの問題があり，いわゆる
長崎年金事件最高裁判決が，一定の範囲で支給の各年において所得税課税が
生じると判示したことは周知のところである。この判旨について辻論文は，
被相続人の負担した保険料を年金受給の際に必要経費として控除するとする
最判につき，控除の必要はないと指摘するとともに，この事案のより重要な
問題は，「保険事故発生時における保険金額と支払保険料総額の差額に対す
る所得課税の関係である。この課税関係は，保険契約者である被相続人側で
課税する場合と保険金受取人である相続人側で課税する場合が考えられる。
いずれによるべきかについては，保険契約者である被相続人側で課税すべき
と考える」とする。

　そして，辻論文は最後に，「現行法では，生命保険会社の締結する生命保
険契約を基軸に，それと類するものを含めて生命保険として課税上取り扱っ
ている。生命保険会社の締結する保険契約はいわゆる借用概念であるが，税
法独自に別途実質的な判断をすることによって，その範囲を定めてはいる。
しかし，そもそも生命保険会社の締結する生命保険契約の中にも，生命保険
には，保障性の高いものと投資性または貯蓄性の高いもの（たとえば，前者は
リビングニーズ特約付き死亡保険，後者は一時払変額年金保険）があり，多様化
している。生命保険金課税の出発点は，所得税・相続税ともに課税の対象とな
っていなかったことから税負担の回避に利用され，本来の保障目的と異なる

ところで利用されていたことにある。生命保険金の課税問題は，一つの生命保険に関わる期間は保険期間・年金受取期間を含めると相当長期にわたるものであり，その実質が保障のみならず貯蓄性を帯びていること，さらに相続税および所得税を一体的に検討すべき問題である」としている。

6　高齢社会と信託税制（第7章：首藤論文）

　2006年（平成18年）の信託法改正は，高齢社会に適合的な信託制度の構築を主要な目標の一つにしていた。高齢社会に「適合的」な信託という観点から，本論文では家族信託を中心地として，その適合性を有するといわれる信託の制度を紹介し，この信託に対して，どのような課税関係が発生するかを紹介・検討する。

　本論文は，家族信託が，その意思凍結機能（委託者の財産管理・運用・処分に対する希望を，その死後においても長期にわたって維持することができる）や財産隔離機能（信託財産は委託者や受託者の財産から隔離され，たとえば受託者が倒産しても信託財産に影響を与えることはない）において，遺言制度や成年後見制度では実現できない，まさしく高齢社会において要請される多様な財産管理機能を発揮することができることを述べる。ただし，成年後見制度との関係では，「信託では受益者の介護や医療にかかわる金銭的管理はできるが，人間らしい生活の維持や介護施設への入退所，さらには具体的な医療行為にかかわる契約などの直接的な身上監護にかかわる契約等を代理して締結することはできない。このことから，家族信託のメリットに関心を寄せる場合にも，信託と成年後見制度を対立的にとらえるのではなく，同時に，受託者が成年後見制度での後見人になるなどの信託と成年後見制度（法定後見，任意後見）との連携が考えられるべきである」ことが指摘される。

　ついで，信託にかかわる課税形式は，受益者等課税信託，法人課税信託，その他の受益者課税信託の3類型にわけることができるが，信託課税の基本的課税方式は受益者等課税信託であるとして，受益者等課税信託として分類される課税方式の内容を紹介する。この方式では，信託法上は信託の効力が

第1章　本研究の目的と内容　17

生じた時点で信託財産が受託者に移転するとされるが，課税上は委託者から受益者に贈与がなされたものとして，受益者に贈与税の課税がなされる（委託者の死亡を原因として信託の効力が生じる場合は，遺贈による相続税課税となる）。

　そして，この受益者等課税信託という方式での課税が，みなし受益者の存在する場合，受益者連続型信託という信託形態の場合，そして複数の停止条件付きの受益者がいる場合に，具体的にはどのような課税関係になるのかを検討する。

　以上のような家族信託にかかわる課税関係の基本的な内容を理解したうえで，信託課税の問題点を検討する。家族信託では，信託の効力が生じた時点で，信託財産の評価額が受益者に贈与されたものとして贈与税が課せられることになるが，この受益者が委託者の孫であるというような場合，この時点で贈与税を負担する能力が孫にはない場合もあろう。このような事を考えれば，信託課税における贈与税（相続税）課税の時期（タイミング）について検討すべき問題があることを指摘する。さらに，信託についても民法の遺留分制度の適用があることの問題にも言及する。

　そして，平成18年の信託法改正で大きな注目を浴びたのが「受益者の定めのない信託」である。従来の信託法の解釈としては，信託が成立するための要件として受益者が特定・現存していることまでは必要ないが，受益者を確定しえることが必要であるとされてきた。そこで，公益信託を除いて，受益者を確定できない信託（目的信託）は有効な信託ではないとされることになっていた。信託にかかる課税関係は，受益者等課税が基本的なものとされているが，受益者の定めのない信託の場合には受益者等課税が実現できないことから，受託者への課税がなされることになる。この信託では，自分の死後もペットの世話を確実に実行してもらうための信託の設定や，生まれていない孫への信託の設定が可能となるが，課税関係においては，この信託形態の利用による租税回避への対策として，大きな租税負担が生じる可能性があることを指摘している。

　そして，上述のように受益者等課税信託では信託の効力が生じた時点（信

託受益権による一部の給付しか享受していない段階）で，信託受益権の総額（現在
価値に引き直した額）が委託者から受益者に贈与されたものとして贈与税（効
力が委託者の死亡によって生じる場合は相続税）が課せられることが，家族信託
の活用を制約している。この制約を部分的に取り除くために導入されたと評
価できるものが，受益者への贈与税の非課税措置を定める教育資金贈与信託，
信託等による結婚・子育て資金贈与，そして特定遺贈の制度であり，この内
容を紹介する。

　最後に本論文は，信託の効力が生じた時点で贈与税（相続税）を課す家族
信託の課税のタイミングについて，その根本的な制度の修正がなければ，他
益信託の形態での家族信託の活用には限界があるように感じられるとし，現
状の信託税制という観点から家族信託を見る場合，決して家族信託は「使い
勝手」の良い制度とは評価できないであろうとしている。

高齢社会における租税の制度と法解釈

第2章　制限行為能力者と税務行政

東洋大学教授　高野　幸大

は じ め に

　人は社会を形成し，社会の中で他者との関係を構築して生きる，社会的存在である。社会学において，「社会」を「異なる人間たちが，限られた空間のなかでともに住み合っていくことを可能にする知恵あるいは仕掛けの総体」[1]と定義されることなどからもそのように解することができよう。そして，近代社会[2][3]は，個人がいかなるものからも拘束されない自由を有して

---

(1)　長谷川公一ほか『社会学』（有斐閣・2007年）2頁。

(2)　深田三徳・濱真一郎編『よくわかる法哲学・法思想』（ミネルヴァ書房・2007年）〔戒能通弘執筆〕10頁によれば，「近世，近代という時代区分は曖昧なものであるが，一般的には，近世とは，15世紀から16世紀にかけての時代で，ルネッサンス，宗教改革，大航海時代の到来などが重要な出来事とされている。一方で，近代とは，近世以降の時期で，主権国家の成立，市民社会の成立，産業革命，国民国家の形成などによって，特徴づけられる時代である。」と説明されている。

(3)　ルネサンスの歴史的位置づけについては，「ルネサンス」の概念を定着させたヤコブ・ブルクハルトの『イタリア＝ルネサンスの文化』（1860年初版）のように，14世紀から16世紀までのイタリアの国家・社会・文化にこれを求めるか，15世紀から16世紀で中世と近代を截然と区別することはできず，中世との連続性の上にルネサンスを位置づけるという理解もあるなど，ルネサンスの概念自体が多様な視点から論じられることが指摘されているように，ルネサン

いることを前提として成立する[4]。それゆえ，近代社会を規律する近代法において，他者との関係が，権利と義務の関係，すなわち法関係として成立するとき，その法関係は，当事者の自由な意思により成立することを原則とする[5]。

当事者間に法関係を成立させるための抽象的概念で，権利・義務の発生・変更・消滅という法効果を伴う法的行為[6]は，後述のように，事実行為と対峙されて基本的に精神作用を中核とする概念として構築され，その中核とする精神作用が意思表示であるか否かにより，法律行為と準法律行為に区分されている[7]。

そして，法的行為が有効に成立するためには，自己の行為の結果を判断できる精神能力（意思能力）が行為者に備わっていることが求められ，一般に7〜10歳であれば，この精神能力を有していると解されている[8]。

私的自治の原則の下，意思能力のない者の法律行為は無効とされるが，現

　　スの概念については歴史学研究上種々の批判があり，ルネサンスはその概念自体が多様に解釈されるものである（木下康彦・木村靖二・吉田寅編『改訂版詳説世界史研究』（山川出版社・2008 年）283 頁）。

(4)　宗教改革により，ローマ法皇を頂点とするカトリック教会の権威が失墜した後，ヨーロッパでは 16 世紀の絶対王政時代を経て，17・18 世紀にフランス・イギリスで，絶対君主から所有権を守ることを目的の一として市民革命が起こり，ルネサンス・宗教改革で醸成された，神から自由で自律的な，かつ平等な人間像が開花した。この点に関して，深田・濱編・前掲注（2）〔戒能執筆〕12 頁。なお，マルティン・ルターの宗教改革については，深井智朗『プロテスタンティズム　宗教改革から現代政治まで』（中公新書・2017 年）も参照。

(5)　市民革命で求められたことが，自然法は人間の理性により発見され，人間の本性に合致すると説いたフーゴ・グロティウスに代表される近代自然法論者により正当化されることになる。この点に関して，深田・濱編・前掲注（2）〔戒能執筆〕12 頁。

(6)　近江幸治『民法講義Ⅰ　民法総則〔第 6 版補正版〕』（成文堂・2012 年）167 頁法律行為を説明するための概念の整理としては，一般に，一定の要件とそれに対応する一定の効果から規定される実体法の「規律関係は，より厳密にいえば，一定の『法律要件』のもとに，一定の『法律効果』——法律関係の変動——が発生する，ということであり，一つの社会学的な因果関係である」と論じる。

(7)　精神作用を中核とするものではあるが，行政指導のように法効果を伴わないものは事実行為である。

(8)　近江・前掲注（6）・40 頁。

実の取引において，取引の時点において意思能力を欠いていたがゆえに，当該取引が無効であることを本人が証明しなければならないとすれば，本人にいたずらに困難を強いることになるほか，取引の相手方にも不測の損害をもたらす危険性があることに配慮して，民法は，その1章2節に「行為能力」の規定を置き，意思能力を有しない者ではないが，意思能力が十分でない者を，画一的に「制限行為」能力者と類型化し(9)，制限行為能力者の行った法律行為を「取り消す」ことができることとしている。

また，国際連合は，1956（昭和31）年に，「全人口に占める65歳以上の人口比率・老齢人口比率が7％を超えた社会」を高齢化社会と規定し，わが国は，1970（昭和45）年に高齢化社会に突入した(10)。

有限の時間存在する自然人は，（少なくとも現在の科学技術とその水準のもとにおいて）死を不可避の事実として受け入れざるをえず，程度の差はあっても高齢化の過程で，身体のみならず精神能力の低下と向き合うことがまた不可避的に求められる。

こうしたことは，歴史上の知の巨人と呼ぶべき人物においても例外ではない。例えば，18世紀の哲学者，インマニュエル・カントが，記憶力の減退する中で，その晩年，年若く信頼に足る友人，エーゴレット・アンドレアス・ヴァジアンスキに全財産の管理を委任し，受託したヴァジアンスキもその信頼に応えたように(11)，高齢者が生を全うするには，第三者の援助を必要とすることがまれではない。

---

(9) 近江・前掲注（6）・42-43頁。

(10) 長谷川・前掲注（1）・283頁。なお，土居丈朗「わが国の今後の高齢化はどう進むか」月刊税務事例49巻5号（2017年）48-49頁は，国立社会保障・人口問題研究所の「日本の将来推計人口（平成29年推計）」によれば，高齢化のスピードは5年前の前回推計で見込まれたよりも若干鈍化し，「到達する高齢化人口の割合もより低くなるという結果となって」おり，21世紀の日本の財政負担は前回推計に基づく予想ほど重くはないものの，「2050年頃までの高齢者の人口が全人口に占める割合は，前回と今回の推計でさほど変」わらない，と指摘する。

(11) 池内紀『カント先生の散歩』（潮文庫・2016年）168-169頁，富田恭彦『カント入門－超越論的観念論のロジック』（ちくま学芸文庫・2017年）87頁参照。

後述のように，制限能力者には，①未成年者，②成年被後見人，③被保佐人及び④被補助人の4類型があるが，上記のような意味で，成年被後見人制度のもつ意味は重要である。本研究の全体のテーマが「高齢化社会における租税の制度と法解釈」であることからも，本稿は，成年被後見人を中心的な検討対象として，納税義務者が制限行為能力者であることが，税務行政における私人の公法行為の法効果に与える問題について検討するものである[12]。

I　法的行為に関する基本的（前提的）理解の整理

　法学は，人間の営む社会現象を権利と義務の観点から考察することを目的とするから，権利義務の発生・変更・消滅という法効果を伴う法的行為により構築された法関係の考察を研究対象とする。

　そして，上述のように，精神作用を中核としない事実行為と対峙されて法的行為は，その中核的要素とする精神作用の内容に応じて，私法上（民法上），法律行為と準法律行為に区別され，また，この私法上の法的行為の区別を参考にしてか[13]，公法上（行政法上），行政法関係[14]を構築するための道具概

---

(12)　社会の高齢化に伴い，例えば，八代尚宏「高齢化社会に対応した税制への改革」税研185号（2016年）16頁，八ツ尾順一「家族信託と認知症」月刊税務事例49巻5号（2017年）59頁等，高齢化社会における税制の在り方等が議論されることも少なくない。家族信託についても，島田雄左『あなたの想いを繋げる新しい財産管理　家族信託の教科書』（税務経理協会・2016年），鈴木和宏（ほほえみ信託協会監修）『検討してみよう！ 家族信託の基礎知識』（ファーストプレス・2015年）など，実務家の解説書が公刊されるようになってきていることにも，そのことの一端を窺うことができる。

(13)　新井隆一『行政法における私人の行為の理論〔第2版〕』（成文堂・1980年）11頁（以下，「新井・前掲注（13）『私人の行為』」として引用する。）は，行政法学が他の諸法学に対して遅れをとっていたため「民法における法律行為に関する法理を類推する方法論が余儀」なくされたと指摘する。なお，この点に関する，新井・同書・15頁注（1）も参照。また，新井隆一『行政法〔第4版〕』（成文堂・1980年）122-123頁が，法律行為的行政行為と準法律行為的行政行為の意思表示又は意思通知若しくは観念通知について，その心理的な成立過程を，効果意思，表示意思，表示行為に分けて分析し，また通知の内容をなす意思または観念，意思通知，観念通知の観点から分析し論じるのも，背景な

念としての行政行為を，法律行為的行政行為と準法律行為的行政行為とに区分して行政行為に係る議論が行われてきた(15)。

そこで，まず私法上の法的行為がどのように理解されているか確認をしておくこととする。

法的行為の一である法律行為の典型例は，契約であるところ，契約は申込と承諾という反対方向の意思表示の合致により成立する。そして，意思表示は，効果意思・表示意思・表示行為に要素を分けて説明される(16)(17)。

ここで，効果意思とは，法効果の淵源となる意思をいう。

いしその基礎において，民法の基礎的分析を意識していることを窺わせるものである。

(14)　田中二郎『新版行政法　上巻〔全訂第二版〕』（弘文堂・1974 年）69-70 頁は，行政に係る法関係一般を表現するか，行政法という特殊固有の法に規律される関係をのみを表すかの混同を避けるため，「行政上の法律関係」という表現を用いる。このことについて，新井・前掲注（13）・1 頁も参照。

なお，ドイツの行政法にならい，行政法を行政に関する国内公法と定義することにより，私法の体系と区別された法解釈学の体系を構築し，また独自の研究領域を確定して，公法の体系を研究対象とすることを志向する従来の公法私法二元論（例えば，田中（二）・前掲・24-25 頁参照。）の有用性に疑問を提示し，従来の行政法学のように，行政行為等の行為形式を切り離して，その法的性格を論じることを主眼とすることは「局所的考察」であって，通常，現実の行政は「複数の行為形式が結合して用いられ，あるいは，それらの連鎖として」なされるという現実認識のもとに，「行政過程論」による考察ないし研究の必要性を説く有力学説（塩野宏『行政法Ⅰ　行政法総論〔第 6 版〕』（有斐閣・2015 年））においては，その議論の内容から行政法関係の特殊性ないし性格が問題とされることはないか，少なくとも明示的に論じられることはない。

(15)　田中（二）・前掲注（14）・121 頁，塩野・前掲注（13）・131 頁以下，大浜啓吉『行政法総論〔第 3 版〕』（岩波書店・2012 年）239 頁以下，原田尚彦『行政法要論〔全訂第 7 版補訂版〕』（学陽書房・2011 年）166-167 頁等参照。

(16)　我妻栄『新訂民法総則』（岩波書店・1965 年）239 頁，内田貴『民法Ⅰ　総則・物権総論〔第 4 版〕』（東京大学出版会・2008 年）46 頁等参照。なお，我妻・前掲書・242 頁が，「表示意思を意思表示の要素のうちに加えない」と論じたことを嚆矢として，この理解が民法の通説となっている。また，短いコラムではあるが，前田達明「意思表示とは何か」書斎の窓 652 号（2017 年）18頁も参照。

(17)　内田・前掲注（16）・46 頁は，「このような分析が行われたのは，意思表示理論が成立した 19 世紀の法学が，当時の心理学の影響を強く受けたことに由来しているといわれる。」とする。

「表示された意思に対応する内心の意思」[18]などと説明され，例えば，「北海道のメロンは安くておいしいから沢山売れるだろう」という動機のもとに，「では1箱1万円で100箱買おう」というのが効果意思である，と説明される[19]。すなわち，「1箱1万円で100箱買います」という申込と，それに対する「1箱1万円で100箱売ります」という承諾が合致して，売買契約が成立すると，買主に100万円（＝1箱1万円×100箱）を支払う義務が発生するのは，100万円を支払う義務を負うということを買主が自らの精神作用に基づいて自らに課したからであり，売主にそれと対応して，「100万円を支払え」と請求する権利が発生するのは，売主が自らの精神作用に基づいて，自分の権利の内容を100万円の支払いを請求するという内容に限定したからである。また，買主にメロンの箱100箱を引き渡すことを請求する権利が発生するのは，自己の精神作用に基づいて，自己の権利の内容を，100万円の支払いと引き換えにメロンの箱100箱を引き渡すことを請求するという内容に限定したからであるし，売主に100万円の代金と引き換えに，100箱のメロンの箱を引き渡す義務が発生するのは，売主が自らに100万円と引き換えに100箱のメロンを引渡す義務を課したからである，と解される。

このように，近代自由思想を背景として法効果の発現を個人の精神作用（意思）の自由に求めるからには，当該精神作用の内容とそこから帰結される結果とを行為者が十分に認識していることが前提とされていなければならない。そうでなければ，当該行為者は真に自由であるとは言えないからである[20]。

それゆえ，法律行為が有効なものとして成立するためには，当該精神作用はその内容と結果を十分に認識して行われることがまた前提とされるから，

---

(18)　内田・前掲注（16）・46頁。
(19)　内田・前掲注（16）・46頁。
(20)　近江・前掲注（6）・41頁は，民法が，明文の規定がなくても，法律行為の主体が意思能力を有していることを当然の前提としていることは，意思能力を欠いた者の行為は当然行為者の意思に基づいたものではないという思想によるものであることを示している，とする。

自己の精神作用の結果を判断できる精神能力のもとで行われた行為であることが要請される。

　中世封建社会ないしそれに続く絶対王制の時代に対する反省のもとに個人の自由の実現を志向する近代社会において，「意思」を基本とする理解を「意思理論」と呼び，近代民法は「意思理論」を当然の前提としているように，わが国民法も「意思理論」に基づいている[21]。

　それゆえ，わが国民法において，従来は，「意思主義」の下，効果意思を法律行為の中核的要素とし，法律行為の「縁由」として「動機」は法律行為の要素からは除外されて考察が行われてきた[22]。

　これに対し，民法上は取引の安全の保護という，いわば動的安全性の観点から，すなわち，（内心的）効果意思を重視することにより「相手方に不慮の損失を蒙らせるおそれがある」こと，「個人の心理的意思が法律効果を生ずる主権者だという自然法的な意味における個人意思自治の観念を棄てて，意思表示は，個人間の生活関係を妥当に規律する規範を作るものだという理論をとれば，意思表示は，むしろ，表示行為を本体として，これを純粋に客観的に観察するのが正当だと考える」[23]との認識のもとに，「法律行為及び意思表示の内容は，純粋に定まる。」[24]とし，このような表示主義からは，効果意思は，「表示行為によって外部から推断される意思」と理解され，また，「行為者が，推断された効果意思に対応する内心の意思をもたないときは，その理由のいかんを問わず，これと同一にとり扱うべきものと考えるから，表示意思の欠けた場合をとくに問題とする必要はない」として，「表示意思

---

(21)　近江・前掲注（6）・40-41 頁は，内心的意思は，意思表示・法律行為が有効であるための要件であるとする，私的自治の原則を背景として，意思を基本におく理解を「意思理論」という。この点に関して，川島武宜『民法総則』（有斐閣・1965 年）166 頁参照。

(22)　近江・前掲注（6）・185-186 頁。ただし，「現在では，人の真意は動機にあり，動機と内心的効果意思とは質的に区別されうるものではないとする考えが有力である。」とされる（近江・前掲注（6）・186 頁）。

(23)　我妻・前掲注（16）・239 頁。

(24)　我妻・前掲注（16）・285 頁。

を意思表示の要素に加えない」[25]とするから，表示主義によれば，法律行為は，効果意思と表示行為の2つの要素により組成されることになる。民法上は，意思主義を採用するか表示主義を採用するかは，立法政策の問題であると解されている[26]が，対等な当事者間で成立する取引関係とは異なり，国又は地方公共団体を一方の当事者とする租税法律関係について，この点をどのように解すべきか，なお検討を要するように解される。すなわち，対等な当事者間の取引における動的安全性の要請を考慮する民法の議論ないし理解を，法制上，優越的地位を付与された，課税行政の主体である課税権者，すなわち国・地方公共団体と納税者との法関係を構築する法的行為の理解，とりわけ後述の租税法関係において私人の行う法的行為（例えば納税申告）の理解に直ちに持ち込むことは，課税権者ないし税務行政機関及びその職員の有する法的情報・理解等において納税者が相対的に劣位にあると解されることを考慮すると慎重であるべきではないかと解される。もちろん，このような理解に関しては，納税者も税務に関する専門家である税理士制度を活用することが可能であること，タックスアンサー制度等を通じて納税者が税務に関する情報に接近することも可能であること，税務行政庁も納税者の権利について配慮する環境が整ってきていることなどを配慮して[27]，納税者が税務行政機関の職員等に比較して相対的に劣位にあるということに対する反論があることも考えられる。

　もっとも民法においても，意思主義と表意主義の違いは，表示意思が存在しない場合についてどう考えるかという場合などにあらわれることになるところ，例えば，ワインの競売場でみかけた友人に手を挙げて挨拶したときに，

---

(25)　我妻・前掲注（16）・241-242 頁。
(26)　我妻・前掲注（16）・286 頁。近江・前掲注（6）・186 頁。
(27)　平成 23 年度税制改正案に盛り込まれていた，国税庁長官が納税者権利憲章を作成し，公表すべきことなどを規定した国税通則法の改正案は国会での審議過程で削除され，納税者権利憲章の採用は今後の検討課題とされたものの，平成 23 年度 12 月改正で，質問検査の規定が個別租税法から国税通則法に移されたことにより，質問検査の規定が整備・改善されるなどしている（金子宏『租税法〔第 22 版〕』（弘文堂・2017 年）76 頁，905-906 頁。）。

挙手を競売場では競売の申込と解する慣習がある場合の，契約の成立如何をどう解するか[28]ということで理解が異なることになり，表示主義によれば，表示行為から効果意思が推測されるから，意思表示の成立は認めるが，効果意思がないので，錯誤の問題として扱うべき問題として理解されることになるのに対し，意思主義によれば，表示意思が存在しないので，意思表示が成立しないと解することになる[29]が，いずれにしても，最近では意思主義が有力になっているところ，「表示の意味を探求する際に，当事者がそれに与えた共通の意味を探るのは当然であり，その点ではいずれの立場も実質的な結論は異ならないと思われる。」[30]と指摘されている。

後述のように，申告の法的性格について，その付随的性格の一に法律行為としての部分があるから，その部分について意思表示が成立するか否かということに係る民法の論理構成が有益であるか否か，検討の余地はあるように解される。

また，法律行為が，意思表示を要素とし，意思表示が効果意思を中核的要素として組成されるものであるから，これと対峙されて法的行為を構成する準法律行為は効果意思以外の精神作用を要素とする法的行為ということができる。

準法律行為は，①一定の意欲の通知である意思通知，②ある事実についての認識の通知である観念通知及び③感情の通知を要素とする[31]。そして，特定の意思通知や観念通知に法律の規定が特定の法（規）効果を結びつけて

---

(28)　ドイツで講学上用いられている「トリーアのワイン競売」という例で，これについて，近江・前掲注（6）・188頁参照。
(29)　近江・前掲注（6）・188頁。
(30)　内田・前掲注（16）・270頁。
(31)　近江・前掲注（6）・168-169頁。我妻・前掲注（16）・232-233頁は，法律要件を組成する素因である法律事実を，人の精神作用を要件とする「容態」と人の精神作用を要件としない「事件」とに区分し，容態のうち，準法律行為の構成要素を表現行為と非表現行為（先占・拾得・事務管理など）に分類し，さらに，表現行為を本文の①ないし③に分類する。内田・前掲注（16）・344頁は，意思通知と観念通知とにより構成されると説明する。

いる場合に，法的行為となる。

　行政法においても，行政行為を法律行為的行政行為と準法律行為的行政行為とに分類することから，法律行為的行政行為を「その意思表示について，その心理的な成立過程をたどって分析するならば，行為意思（意思表示又は効果意思（法効果を発生させることを意欲することを内容とする精神作用））をもつにいたらしめた動機（縁由）にもとづいて，行為意思により，効果意思（内心的効果意思）を決定し，表示意思（効果意思を表示することを内容とする精神作用）をもって，表示行為（効果意思を表示する行為）をする，という順序であり，それゆえに，意思表示そのものは，法理論上は，効果意思，表示意思および表示行為をもって，構成されているものである」(32)と説明されるとき，この説明は，意思主義にたっていることが分かる。

　また，準法律行為的行政行為を，「意思通知または観念通知について，その心理的な成立過程をたどって分析するならば，行為意思（意思通知もしくは観念通知または通知の内容をなす意思の決定もしくは観念の認定を自己の行為としてすることを意欲することを内容とする精神作用）をもつにいたらしめた動機（縁由）にもとづいて，行為意思により，通知の内容をなす意思または観念（内心的な通知の内容とすべき意思または観念）を決定または認定し，通知意思（通知の内容をなす意思または観念を通知〔す〕ることを意欲する精神作用）をもって，通知行為（通知の内容をなす意思または観念を通知する行為）をする，という順序であり，それゆえに，意思通知または観念通知そのものは，法理論上は，通知の内容をなす意思または観念，通知意思および通知行為をもって，構成されるものである」(33)と説明される。

　なお，民法の学説は，民法の規定する法律要件が充足されるとき法的効果が発生するという意味で，この法的効果を法律効果と呼び，準法律行為及び法律行為の双方において法律効果の語を用いる。それは，私的自治の原則の下においても，当事者を拘束する，法的に保護するに値する効果が発生する

---

(32)　新井・前掲注（13）・122頁。
(33)　新井・前掲注（13）・122-123頁。

のは，国法がそれを認めたからにほかならない，という理解にもとづくものであり，このような理解の実定法上の根拠は，「法律行為の当事者が法令中の公の秩序に関しない規定と異なる意思を表示したときは，その意思に従う。」と規定する民法 91 条に求められている[34]。

　本稿では，法律行為及び法律行為的行政行為については，その中核的要素である効果意思を淵源とする効果が発生するという意味で，法効果の語を用い，準法律行為及び準法律行為的行政行為においては，実定法律の規定による効果が発生するという意味で，法（規）効果の語を用いる[35]。

Ⅱ　行政法関係における私人の行為の意義

　次に，行政法学が行政法現象における私人の行為をどのように論じてきたかということについて確認をしておこう。

　「行政法学説の一般理論は，行政における作用に関する研究の主軸を行政作用のそれに採り，私人の行為については，行政作用の理論における付随的問題との意識に支配されていた」[36]ことが推測されるところ，「私人の公法的行為」の呼称のもとに「公法関係において私人のなす行為について，その観念と性質とを明らかに」にするとともに，これに「主体性を与え」た学説[37]を嚆矢とし，その後，戦後の行政法学の通説を代表する学説の一が「私人の公法行為」[38]の呼称のもとにその性質を考察するにいたる。しかし，現行憲法が標榜する「民主行政主義の理念は，ひろく，公法における私人の行為の理念と法理を解明すべき学問方法論とその理論とを要請しているとみるべきで」あり，「司法国家主義の現実は，行政法上の一切の争訟について，

---

(34)　我妻・前掲注（16）・242 頁。
(35)　このような用語の用い方は，例えば，新井・前掲注（13）・116 頁等において行われているものであり，本稿もこれに従うものである。
(36)　新井・前掲注（13）『私人の行為』・6 頁。
(37)　美濃部達吉『日本行政法（上）』（有斐閣・1936 年）175 頁以下。
(38)　田中二郎『行政法総論』（有斐閣・1957 年）246 頁以下。

原則として，裁判所に出訴する可能性を与えることにより，行政法における私人の行為に関する判決の進展する方向を示し，その蓄積を豊富にする傾向を生み，民主行政主義の要請する方法論と理論との設定と体系化とに好個の資料を提供して，民主行政主義の理念を裏づけているものということもできる」との問題意識のもと[39]，この問題について，議論を深化させ，理論的体系化をした学説は，「行政法における私人の行為」との呼称を用い，これを「公法における私人の行為から抽出し，法的行為のみならず，事実行為をも，包摂する観念として，論ずる」[40]とする。

　これは一つには，「私人の公法行為」という議論には次のような問題があるとの問題意識からである[41]。

　すなわち，「私人の公法行為」のもとに議論を行う学説は，次のように検討対象を区分する。行政に関する公法行為は「行政権の優越的な意思の発動として行われる公法行為」（＝行政行為）とそれ以外の公法行為（＝行政上の管理行為）に区分され，行政上の管理行為は，「行政庁の行為と私人の行為（私人の公法行為）」とに区分されるところ，私人の公法行為とは，「私人が公法関係においてする行為で，通常，公法的効果を生ずる行為」をいい，公の選挙における投票のように，「私人が国又は地方公共団体の機関としての地位においてする行為」と，納税申告のように，「行政権の相手方として国又は地方公共団体に対してする行為」とに区分される[42]。

　しかし，投票行為のように私人が行政権の行使の主体である国・地方公共

(39)　新井・前掲注（13）『私人の行為』・8-9 頁。
(40)　新井・前掲注（13）『私人の行為』・21 頁。
(41)　新井・前掲注（13）『私人の行為』・21 頁は，「論者に，その法理の構成が，理論上，他の公法における私人の行為の研究の基礎をなすべきものであろうと認識されたからにほかならないのであ」り，「それに，また，行政法における私人の行為の法理の実際的必要の重要性と現在性とが，意識されたことも，否定することはできないであろう。」と論じる。その「重要性と現在性」とが今日どのように変化しているのか，あるいは今日的視点においても依然として「重要性と現在性」を有しているのかについて，どのように解するかということも本稿の検討に際しては重要な問題ではないかと解される。
(42)　田中（二）・前掲注（14）・109-110 頁。

第 2 章　制限行為能力者と税務行政　31

団体の機関として，その地位・資格において行う行為と，私人が行政権の行使の主体である国・地方公共団体およびそれらの機関に対してなす行為またはその相手方としてなす行為とは，法的性格が全く異なり，「包括的に，同一ないし同様の法理をもって，処理されるべきではない。」[43]などの問題意識によるものであることを考慮すると，本稿の対象とする私人の行為は後者のものであるから，本稿においても「行政法における私人の行為」の呼称のもとに考察され論じられた論点をもとに，租税法における私人の行為について，表題と関連するいくつかの問題について検討をすることとしたい。

　上述のように，近代社会を規律する近代法において，他者との関係が，権利と義務の関係，すなわち法関係として成立するとき，その法関係は，当事者の自由な意思により成立することを原則とし，法的行為は，基本的に精神作用を中核とする概念として構築されているから，法的行為が有効に成立するためには，自己の行為の結果を判断できる精神能力（意思能力）が行為者に備わっていることが求められるところ，「行政法における私人の行為も，その行為の主体の何らかの行為をしようとする意思にもとづいてなされる行為であることにおいては，一般の行為と異なるところはないから，これらのことは，行政法の行為の主体について，ひとしく妥当するところであるということができる。」[44]。

　そして，この点に関連しては，私人の公法行為の特色についても，①意思能力と行為能力を必要とし，「一般に意思能力を欠く者の行為は，絶対に無効であり」，行為能力について「少なくとも財産上に関係のある行為については，原則として，民法の無能力に関する規定が類推適用されるものと解すべきであ」ること，②「私人の公法行為において，表意者の意思の欠缺又は意思決定の瑕疵が，その行為の効力にどのような影響を及ぼすかについて，一般的規定はない。」が，「別段の規定のない限り，民法の規定を類推適用す

---

(43)　新井・前掲注（13）『私人の行為』・21 頁。
(44)　新井・前掲注（13）『私人の行為』・40 頁。

べきものと考えてよい」こと，などがつとに指摘されていた[45]。

　しかし，この点についても，行政法における私人の行為を体系的に考察する有力学説は，私法の規定が「一般に，または限定されて公法関係に及ぼされるにしても，それが容認されるからには，本質的な課題として，法の一般原理，すなわち，公法の原理と私法の原理に共通の法原理の存在が前提であろうから，理論上，本来，一方の他方への適用ないし類推適用が問題とさるべきものではなく，その共通の法原理を発見し，私人の行為が，公法関係において具現されて公法的特色を表徴するか，私法関係において具現されて私法的特色を表徴するか，によって，これを，それぞれ，それらに固有的法理に構成し，これを，適用すべきである」と論じて，「私法法規の規定の適用ないし類推適用を公法関係一般に及ぼすことに，問題がある」と指摘する[46]。

　また，行政法における私人の行為は，意思表示を中核的要素とする法律行為的行為，意思表示以外の精神作用を中核的要素とする準法律行為的行為，精神作用を中核としないかあるいは法効果を伴わない事実行為的行為とに分けることができる[47]。そして，一般に，法的行為は，意思表示の個数と存在形態の観点から[48]，単独行為ないし一方的行為，双方行為および合同行為に分けることができるところ，双方行為は公法上の契約を対象として考察することに適していると解され[49]，私法上，一般社団法人の設立行為を典型例とする合同行為は，双方行為のように当事者間で債権・債務関係を発生させることを目的とするものではないと解されることを考慮しても[50]，双方行為とともに土地改良区等の公共組合の設立行為のような合同行為は本稿

---

(45)　田中（二）・前掲注（14）・111頁。
(46)　新井・前掲注（13）『私人の行為』・13頁。
(47)　新井・前掲注（13）『私人の行為』・21-22頁。
(48)　近江・前掲注（6）・170頁。
(49)　新井・前掲注（13）『私人の行為』・22頁。なお，公法上の契約ついて，石井昇『行政契約の理論と手続——補助金契約を題材にして——』（弘文堂・1987年）参照。
(50)　近江・前掲注（6）・171頁。

第 2 章　制限行為能力者と税務行政　33

の検討の対象から除外されることになる(51)。

Ⅲ　租税法関係における私人の行為

1　納税者のする税額の確定行為（申告）の法的性格

　行政法における私人の行為は，意思表示を中核的要素とする法律行為的行為と意思表示以外の精神作用を中核的要素とする準法律行為的行為に分けられ，これら法的行為に対峙して精神作用を中核的要素としない，あるいは法効果を伴わない事実行為的行為に分かたれる(52)ところ，制限行為能力者と税務行政機関ないしその職員との関係を考察するに際して，制限行為能力者と法的行為との関係が中心的課題となると解される。

　まず，租税法における一方的行為として，税額の確定行為の一である申告の法的性格について論じられていることを確認することにする。

　租税法学が考察の対象とする租税法律関係は，国と納税義務者との債権・債務関係を中心とする(53)。そして，国と納税義務者との間の債権・債務関係を確定させる行為（納税義務の確定手続）には，税務行政庁が主体となって行う手続と，納税義務者が主体となって行う手続がある。

　納税義務者が主体となって行う手続である申告納税方式について，国税通則法（以下，「通則法」という。）16 条 1 項 1 号は，「納付すべき税額が納税者のする申告により確定することを原則」とする方式と規定し，税務行政庁が主体となって行う手続である賦課課税方式について，通則法 16 条 1 項 2 号は「納付すべき税額がもっぱら税務署長又は税関長の処分により確定する方式をいう。」と規定する。

　通則法は納税義務の成立と確定とを分けて規定する（15 条・16 条）ところ，成立の時の納税義務は，いつまでに，どれほどの金額の租税を納めるべきか

---

(51)　新井・前掲注（13）『私人の行為』・22 頁参照。

(52)　新井・前掲注（13）『私人の行為』21-22 頁。

(53)　金子・前掲注（27）・27 頁。

ということを，個別的・具体的に義務づけるものではないという意味で，「抽象的納税義務」と呼ばれ，「抽象的納税義務」は，固定資産税等の定時税においては，賦課期日の到来したときに，所得税・法人税等の期間税においては，課税期間が終了したときに成立し，相続税・印紙税等の随時税においては，課税要件を充足する事実が生じたときに成立する[54]。そして，抽象的納税義務は，「特定の納税義務確定手続を経ることによって，いつ（特定の納期限）までに，どれほどの金額（特定の税額）を納付すべきかが確定する，というかたちで，個別的に具体化することにな」り，このように個別的に具体化し，確定した納税義務は，抽象的納税義務に対峙して「具体的納税義務」と呼ばれる[55]。

　抽象的納税義務は，実体租税法規が定める実体的租税要件を充足する事実が存在するときに成立し，それぞれの租税について実体租税法規が定める税額の確定手続を経ることによって，すでに成立している抽象的納税義務の実体的内容の確認があって，具体的な納税義務が確定するという理解により組み立てられている納税義務の成立と確定に関する法理論を「租税要件理論」と呼ぶことがつとに提唱され[56]，この理論は，納税義務の成立から確定までの過程において，課税主体及び納税義務者双方の効果意思の介入の可能性を排除し，納税義務の実体的内容を，もっぱら，実体租税法規の定める法（規）効果として確定させようとするものである[57]。この理解によるとき，納税義務者のする申告は準法律行為的行為であり，税務行政庁が行う賦課処分は準法律行為的行政行為のうち確認（行為）であると，それぞれその法的性格が論じられることになる[58]。

---

(54)　新井隆一『租税法の基礎理論〔第3版〕』（日本評論社・1997年）100頁。
(55)　新井・前掲注（13）・102頁。
(56)　新井・前掲注（13）・103頁。
(57)　新井・前掲注（13）・103-104頁。
(58)　新井・前掲注（13）・123頁以下では，申告という行為は効果意思を中核的要素としてもつものではないから，基本的に法律行為的行為ではなく，過去の観念通知を要素とする準法律行為的行為であると論じ，これを「基本的申告」と呼び，他に「付随的申告」として，法律行為的行為としての性格をもつ部分と

第 2 章　制限行為能力者と税務行政　35

　そして，納税者が主体となって行う税額の確定手続，すなわち申告納税方式において，制限行為能力者は税額確定手続の主体としてどのように位置づけられることになるのか，また，税務行政庁が主体となって行う税額の確定手続，すなわち賦課課税方式において，税務行政庁のする処分の相手方として制限行為能力者はどのように位置づけられるのか，ということが問題となる。

2　制限行為能力者と申告義務の存否

　納税者が主体となって行う税額の確定手続，すなわち申告納税方式において，制限行為能力者は税額確定手続の主体として申告義務を負うのであろうか。

　この点に関して，A の相続開始時に意思無能力であった共同相続人の 1 人（B）について申告を行い納付した者が，他の共同相続人に対して民法701 条 1 項の事務管理に基づく費用償還請求等を行った事件で，原審・名古屋高裁平成 17 年 1 月 26 日判決は「相続税法（平成 4 年法律第 16 号による改正前のもの。以下同じ。）27 条 1 項によれば，相続税の申告書の提出義務は，自己のために相続が開始したことを知った日に発生するところ，相続税法基本通達（昭和 34 年 1 月 28 日付け直資 10 国税庁長官通達，平成 15 年 6 月 24 日付け課資 2－1 による改正前のもの。以下同じ。）27－4 によれば，意思無能力者については，後見人が選任された日から申告書の提出義務が生ずるものと解されるから，A 死亡のころには意思無能力であり，後見人が選任されることもなかった B には，申告書の提出義務は発生していなかった。」と判示したが，最高裁（2 小）平成 18 年 7 月 14 日判決（判時 1946 号 45 頁）は，「相続税法 27 条 1 項は，相続又は遺贈により財産を取得した者について，納付すべき相続税額があるときに相続税の申告書の提出義務が発生することを前提として，その申告書の提出期限を『その相続の開始があったことを知った日の翌日か

　　事実行為としての性格をもつ部分があることを論じる。

ら 6 月以内』と定めているものと解するのが相当である。」と判示する。

　相続税法 35 条 2 項柱書は、「税務署長は、次の各号のいずれかに該当する場合においては、申告書の提出前においても、その課税価格又は相続税額若しくは贈与税額の更正又は決定をすることができる。」と規定し、同条項 1号は、「第 27 条第 1 項又は第 2 項に規定する事由に該当する場合において、同条第 1 項に規定する者の被相続人が死亡した日の翌日から 10 月を経過したとき。」と規定するところ、上記最高裁判決は、同条項について「これは、相続税の申告書の提出期限が上記のとおり相続人等の認識に基づいて定まり、税務署長がこれを知ることは容易でないにもかかわらず、上記提出期限の翌日から更正、決定等の期間制限（平成 16 年法律第 14 号による改正前の国税通則法 70 条）や徴収権の消滅時効（平成 14 年法律第 79 号による改正前の国税通則法72 条 1 項）に係る期間が起算されることを考慮し、税の適正な徴収という観点から、国税通則法 25 条の特則として設けられたものである。このことに照らせば、相続税法 35 条 2 項 1 号は、申告書の提出期限とかかわりなく、被相続人が死亡した日の翌日から 6 か月〔当時――執筆者注〕を経過すれば税務署長は相続税額の決定をすることができる旨を定めたものと解すべきであり、同号は、意思無能力者に対しても適用されるというべきである。」から、「本件申告時において、B に相続税の申告書の提出義務が発生していなかったということはできず、昭和 63 年 3 月 8 日の経過後において B の相続税の申告書が提出されていなかった場合に、所轄税務署長が相続税法 35 条 2 項1 号に基づいて B の税額を決定することがなかったということもできない。」ため、「本件申告に基づく本件納付が B の利益にかなうものではなかったということはできず、上告人の事務管理に基づく費用償還請求を直ちに否定することはできない。」と判示する。これは従来の解釈にも沿うものであり首肯しうるものである[59]。

　いずれにしても、上記最高裁判決によれば、「意思無能力者であっても、

___

(59)　佐藤孝一「評釈」月刊税務事例 49 巻 6 号（2017 年）21 頁参照。北野弘久『コンメンタール相続税法』（勁草書房・1974 年）399 頁も参照。

納付すべき相続税額がある以上，法定代理人又は後見人の有無にかかわらず，申告書の提出義務は発生しているというべきであって，法定代理人又は後見人がないときは，その期限が到来しないというにすぎない。」と解される。

3　制限行為能力者の申告の法的効力

　上述のように，私的自治の原則の下，意思能力のない者の法律行為は無効とされるが，現実の取引において，取引の時点において意思能力を欠いていたがゆえに，当該取引が無効であることを本人が証明しなければならないとすれば，本人にいたずらに困難を強いることになるほか，取引の相手方にも不測の損害をもたらす危険性があることに配慮して，民法は，その1章2節に「行為能力」の規定を置き，意思能力を有しない者ではないが，意思能力が十分でない者を，画一的に「制限行為能力者」と類型化する[60]のは前述のとおりである。そして，制限行為能力者の行った法律行為を「取り消す」ことができることとしている。

　1999（平成11）年の民法改正で，禁治産宣言制度が廃止された際に，新たに成年後見制度が導入されたのは，1970（昭和45）年以降の障害者保護の国際的機運の高まりを背景として，わが国において高齢化社会到来に備えた法制度の整備が要請されていたことによるものである[61]。

　いずれにしても，成年後見制度の基本理念は，障害のある者の，①自己決定の尊重，②残存能力の活用，③日常態化（ノーマライゼーション。「『すべての人がもつ通常の生活を送る権利』を可能な限り保障することを目標に，社会福祉を進めること。」）等といった新しい理念と，本人の保護という従来の理念との調和を図ることである[62]。

　民法は，制限行為能力者の類型の一として，「精神上の障害により事理を弁識する能力を欠く常況にある者」（7条）について「後見開始の審判を受け

---

(60)　近江・前掲注（6）・42-43頁。
(61)　近江・前掲注（6）・45頁。
(62)　ノーマライゼーションの説明も含めて，近江・前掲注（6）・46頁。

た者は，成年被後見人とし，これに成年後見人を付する。」（8条）こととしている[63]。

次に，成年後見人が選任されていない場合の納税申告の主体について考えてみよう。

成年後見人が選任されていない場合にも，第三者が成年被後見人名義で申告することもあると解されるが，その場合，納税申告の主体はどのように解すべきであろうか。そのことに関連して，以下の裁判例を確認しておきたい。

相続につき争いがある中で，自己が相続すべき財産について相続税の法定申告期限を徒過することを危惧して，被相続人の作成した公正証書遺言により「すべての財産」を取得することとされた他の相続人に代わり当該他の相続人の名義で他の養子がした申告は，申告の主体として顕名された者のみによるものと解されることになるのか，それゆえ，実際に申告行為をしたが申告の主体としては顕名されていない者に対して決定がなされるとき，無申告加算税も課されることになるのか否かが，争われた裁判例がある。

相続税の納税義務は，「相続又は遺贈（……）による財産の取得のとき」に抽象的に成立し（国税通則法15条2項4号），相続税法27条1項は上述のように，相続又は遺贈等により財産を取得した者等について「その相続開始があったことを知った日の翌日から10月以内（……）に課税価格，相続税額その他財務省令で定める事項を記載した申告書を納税地の所轄税務署長に提出」することにより具体的に確定する。

この点に関し，福岡地裁平成13年10月23日判決（税資251号順号9009）[64]は，相続税「法27条所定の相続税の納税申告は，納税義務の確定という公法上の効果の発生をもたらす要式行為であることに鑑みれば，相続税の納税申告をした者，すなわち相続税の申告書を提出した者を認定するに当

---

(63) この点の詳細については，本論集の山元俊一「第4章 成年後見に関する税務問題について」参照。

(64) 本件を基に作成した事例の検討について，高野幸大「意思無能力者のためにした相続税の申告等の効力に係る若干の考察」事例研究101号（2008年）49頁参照。

たっては，相続税の申告書に表示されたところに従って判断するべきであ」
り，「これを本件についてみるに，〔相続税〕法27条1項は，『相続又は遺贈
により財産を取得した者』は相続税の申告書を提出しなければならない旨規
定しているところ，上記争いのない事実及び証拠上明らかな事実によれば，
本件申告書の『財産を取得した人』欄には『丙』との記載及び『丙』名下の
押印がされているものの，同欄に原告の氏名の記載や原告名下の押印がされ
ているとは認められないのであるから，本件申告書を提出した者は丙である
と認めるほかなく，原告が本件申告書を提出したと認めることはできない。」
と判示し，控訴審・福岡高裁平成14年5月16日判決（税資252号順号9122）
は，「これを本件についてみるに，〔相続税〕法27条1項は，『相続又は遺贈
により財産を取得した者』は相続税の申告書を提出しなければならない旨規
定しているところ，上記争いのない事実及び証拠上明らかな事実によれば，
本件申告書の『財産を取得した人』欄には『丙』との記載及び『丙』名下の
押印がされているものの，同欄に控訴人の氏名の記載や控訴人名下の押印が
されているとは認められないのであるから，本件申告書を提出した者は丙で
あると認めるほかなく，控訴人が本件申告書を提出したと認めることはでき
ない。また，本件和解の結果，丙が相続人でないことになったことにより，
本件申告が無効であるとしても，それは後に明らかとなった事実をもとにそ
のように判断されたに過ぎないのであるから，本件申告が現実に行われた時
点で本件申告書を控訴人が提出したものと解釈できるものでもない。さらに，
ある者が自己のものとして行った申告及び納税が，納付された金員の資金源
の如何によって，他の者の申告及び納税であると認める余地はないから，丙
が乙の財産から本件申告による税額を納付していたからといって，控訴人が
本件申告をしたと認めることが可能となるものでもない。」と判示する。

　相続税法27条1項が，相続又は遺贈により財産を取得した者等は，「課税
価格，相続税額その他財務省令で定める事項を記載した申告書を納税地の所
轄税務署長に提出しなければならない。」と規定し，納付すべき相続税額の
確定のためにする納税者の申告を要式行為としていることは，上記福岡地裁

平成 13 年 10 月 23 日判決も判示するとおりである。これは，申告という法的行為の内容の安定や，当該法的行為の存在についての証拠保全等のためである。そのように解すると，相続税申告書の「財産を取得した人」欄の記載により，申告の主体を判断すべきである。

　成年後見人が選任されている場合については，成年後見人を受任している税理士が相続税の申告を行うことの可否を如何に解するかという問題があるが，この点についての検討は，本論集の別稿に譲る。

4　制限行為能力者の法的行為受領能力

　制限行為能力者に対して決定処分がなされても，「受領能力がないから，その効力が発生」しないのではないかとの疑問が提示されることがある[65]。「決定のような受領を要する行政行為にあっては，受領能力が問題となるのであるが，納税申告をなすについての意思能力と決定を受領するについての意思能力とは，通常，同一人については，後者の保有の可能性が前者の保有の可能性よりも大であろうし，納税申告についての意思能力なき者が必ずしも決定の受領についての意思能力なき者であるとは限らないし，行政法学は，行政行為の受領能力を極めて広義に解しているから，具体的納税義務を負わない納税申告についての意思能力なき者の範囲は，極めて限定される」[66]と解されている。

　更正又は決定の手続に関し，国税通則法 28 条 1 項は，「第 24 条から第 26 条まで（更正・決定）の規定による更正又は決定（以下「更正又は決定」という。）は，税務署長が更正通知書又は決定通知書を送達して行なう。」と規定し，同法 12 条は，「国税に関する法律の規定に基づき税務官庁が発する書類の一般的な送達手続として郵便及び信書便（……）による送達並びに交付送達につき通則的に規定」する[67]。そして，「送達を受けるべき者が，未成年

---

(65)　「解説」判例タイムズ 1222 号 157 頁。

(66)　新井・前掲注（13）『私人の行為』・45 頁。

(67)　志場喜徳郎ほか共編『国税通則法精解〔平成 28 年改訂〕』（大蔵財務協会・

者，成年被後見人（民法 8 条），被保佐人（同法 12 条）又は被補助人（同法 16条）である場合においても，この条には別段の規定が存しないので，これらの者の住所又は居所に送達することができるものと解される。」とされている[68]。

また，国税通則法 84 条 10 項は，「再調査の請求についての決定は，再調査の請求人（……）に再調査決定書の謄本が送達された時に，その効力を生ずる。」と規定し，同法 101 条 3 項は，「裁決は，審査請求人（……）に裁決書の謄本が送達された時に，その効力を生ずる。」と規定する。

そして，再調査の請求についての決定及び審査請求についての裁決は，法12 条等の定めるところにより送達される[69]。

出訴期間の起算日に関して裁決のあったことを知った日がいつかということが争われた事件で，仙台高裁平成 10 年 8 月 27 日判決（税資 237 号 1141 頁）は，「うつ病に罹患しており，医師から重要な決定等は先送りするように指導されていたことから，書類等を閲読する日を日曜日と決めていたので，本件裁決書謄本が配達された平成 7 年 12 月 15 日ではなく，次の日曜日である同月 17 日以降に，本件裁決書謄本を閲読した」との納税者の主張を排斥し，「原告はその本人尋問で，本件裁決にかかる手続が原告にとり重要であったことを認めており，本件裁決書謄本を閲読すること自体は原告が重要な決定を行うこととは異なるのであるから，前記の理由で本件裁決書謄本を配達日の後に閲読したとの供述は直ちには信用できない。」と判示した原審・福島地裁平成 10 年 4 月 3 日判決（税資 231 号 446 頁）を是認する。この裁判例からも法的な行為の実体的な内容についての判断能力と行政庁の法的行為を受領するについての意思能力を区別して解されていることが窺える。

いずれにしても，上述の学説等の理解からして，制限行為能力者の決定処分の受領能力については必ずしも否定されるべきものではないと解される。

2016 年）224 頁。
(68)　志場ほか共編・前掲注（67）・227 頁。
(69)　志場ほか共編・前掲注（67）・1055 頁。

もっとも，民法98条の2本文は，「意思表示の相手方がその意思表示を受けた時に未成年者又は成年被後見人であったときは，その意思表示をもってその相手方に対抗できない。」と意思表示の内容を了知する能力である受領能力に係る受領制限行為能力者について規定する。受領制限行為能力者については上述の理解は修正されて，行政庁は法的行為の到達を主張することができないと解すべきであろう。ただし，被保佐人及び被補助人を受領制限行為能力者とはしておらず，受領能力について行為能力よりも緩和しているから[70]，これらの者については上述の理解がなお妥当するように解されるし，民法98条の2は少なくとも上述の理解とその方向を同じくするものであると解される。

いずれにしても，民法99条1項は「代理人がその権限内において本人のためにすることを示してした意思表示は，本人に対して直接にその効力を生ずる。」と規定し，同法条2項は「前項の規定は，第三者が代理人に対してした意思表示について準用する。」と規定するから，成年後見人が選任されていれば，代理人として税務行政庁の法的行為を受領する受動代理権を行使することができると解される[71]。成年後見人が選任されていない場合，税務行政庁は，成年被後見人に対する法的行為の到達を主張することができないことになるから，税務行政庁から民法7条に列挙された後見開始の審判の請求権者に働きかけて成年後見人を選任してもらえる制度を法定することなどが検討されるべきであろう。

Ⅳ　行政法における私人の行為に係る意思能力・行為能力

納税申告と意思能力について，ここで簡単に述べておこう。

法の一般理論によれば，行為の主体は，「自己の行為の意義を知り，その

---

(70)　近江・前掲注（6）・236頁。
(71)　能動代理と受動代理について，近江・前掲注（6）・238頁参照。

結果について，とりわけて，その法効果の如何について，通常人に通常要求される程度の判断をなしうる精神能力を具備しなければなら」ず，「行政法における私人の行為も，その行為の主体の何らかの行為をしようとする意思にもとづいてなされる行為であることにおいては，一般の行為と異なるところはないから」，このことは行政法における私人の行為についても妥当する[72]。

　ここで，意思能力のない主体によってなされた納税申告については，つとに次のように解されている[73]。

　「意思能力なき者といえども，実定租税法規に定められる租税要件を充足する事実の存在という事実現象と帰属関係にたつことがないわけではない。そして，その時は，意思能力なき者といえども，抽象的納税義務を負うことは一般論として是認されるところであり，実定租税法規も，一般に，この是認のうえに定立されているものである。しかるに，この抽象的納税義務を具体化する納税申告が，意思能力なき者によってなされたがゆえに，無効であるとすれば，意思能力なき者は，抽象的納税義務を負っているにもかかわらず，現実には，納税義務を負わないことになり，課税権の実現における租税の公平の原則と平等の原則に反することになる。また，意思能力のなき者の行為を不成立とし，無効とする法制度の目的は，もっぱら，意思能力のなき者の利益の保護にあるのであるから，課税権の実現のように厳格に法に覊束せられる法現象においては，意思能力なき者なるがゆえに，特に不利益を蒙ることはありえない，などの理由から，意思能力なき者の申告は，有効であるとして，一般的法理に例外を認めようとすることも，あながち理由のないことではない。しかし，ここにいう意思能力とは，納税申告についての意思能力をいうのである。それゆえ，意思能力なき者の納税申告が抽象的納税義務の真正な具体化についてその可能性と蓋然性に乏しく，しかも，意思能力なき者が，抽象的納税義務より過大な具体的納税義務を確定する納税申告を

---

(72)　新井・前掲注（13）『私人の行為』・39-40頁。
(73)　新井・前掲注（13）『私人の行為』・43-44頁。

なし，しかもこれを真正なものにする税務行政庁の更正もないときは，意思能力なき者がこれを自ら修正して納税申告をする可能性と蓋然性もまた乏しいから，この重畳する可能性と蓋然性の乏しさは，意思能力ある者に比較して，著しく，意思能力なき者の利益を侵害することとならざるをえない。このような考慮のうえに，意思能力なき者の納税申告は，不成立であり，無効であるとしても，著しく，租税の公平や平等の原則を侵害することにはならないであろう。なぜなら，意思能力なき者の納税申告が不成立であり，無効であっても，税務行政庁は，その者に対して，決定の処分をなす可能性が大であろうからである。」

このような理解は，先に引用した最高裁（2小）平成18年7月14日判決とも整合性を有しており，基本的に首肯しうるものである。ただし，制限行為能力者の決定の受領能力をどう解するかということが問題であろう。受領制限行為能力者とはされていない被保佐人及び被補助人に対してなされた決定の意味及び内容をそれらの者が十分に理解できないまま具体的納税義務を負うことがないように配慮することが必要であるし，成年後見人が選任されていない場合，税務行政庁は成年被後見人に対する決定等の法的行為の到達を主張することができないこととなるから，少なくとも成年被後見人について税務行政庁から民法7条に列挙された後見開始の審判の請求権者に働きかけて成年後見人を選任してもらえる制度を法定することなどが検討されるべきであることは前述のとおりである。

V　行政法における私人の行為の代理

一般に，行政法における私人の行為について，「その実体的法効果の帰属と，それゆえに，これに関する意思決定とが行為の主体に一身専属的であることを要件とするもの，つまり代理に親しまないものを除いては，実定法規に特別の定めのあるものでない限り，一般に，その代理が可能なものである」[74]と解されている。

税理士法2条1項1号は，税務代理を税理士の業務の一として定めている。それゆえ，業として行なうのでなければ，申告について税理士でないものが代理してこれを行なうことも妨げられないと解される[75]。

しかし，相続当時，意思能力がない状態にあった相続人の1人である配偶者に代わり共同相続人である子の1人が相続税の申告をした場合，どのように解するべきであろうか。このような場合，配偶者が当該子に代理権を付与したとは考えられない。

そうであるとすると，先に引用した福岡高裁平成14年5月16日判決の判示するように，意思無能力がない状態にあった配偶者本人のした申告と解されることになり，上述のように，「意思能力なき者の納税申告は，不成立であり，無効である」[76]ということになる。

この点に関して，最高裁（2小）平成18年7月14日判決（判タ1222号157頁）は，「相続税法（平成4年法律第16号による改正前のもの。以下同じ。）27条1項によれば，相続税の申告書の提出義務は，自己のために相続が開始したことを知った日に発生するところ，相続税法基本通達（昭和34年1月28日付直資10国税庁長官通達，平成15年6月24日付課資2−1による改正前のもの。以下同じ。）27−4によれば，意思無能力者については，後見人が選任された日から申告書の提出義務が生ずるものと解されるから，A死亡のころには意思無能力であり，後見人が選任されることもなかったBには，申告書の提出義務は発生していなかった。そして，相続税法35条2項1号は，意思無能力者には適用されないと解されるから，Aが死亡した日の翌日から6か月後の日である昭和63年3月8日の経過後に，Bの相続税の申告書が提出されないままであったとしても，税務署長が同号に基づいて税額を決定することはなかった。そうすると，本件申告は，Bの利益にかなうものであったと認めることはできず，かえってBに納税義務を生じさせるという不利益な

---

(74)　新井・前掲注（13）『私人の行為』・62頁。

(75)　新井・前掲注（13）『私人の行為』・66頁。

(76)　新井・前掲注（13）『私人の行為』・43-44頁。

ものであったと認められるから，〔Bに代って相続税の申告をした〕上告人
は，本件納付について事務管理に基づく費用償還請求をすることはできな
い。」とした原審判決を是認できないとして，「『その相続の開始があったこ
とを知った日』とは，自己のために相続の開始があったことを知った日を意
味し，意思無能力者については，法定代理人がその相続の開始のあったこと
を知った日がこれにあたり，相続開始のときに法定代理人がないときは後見
人の選任された日がこれに当たると解すべきであるが（相続税法基本通達27-
4(7)参照），意思無能力者であっても，納付すべき相続税額がある以上，法定
代理人又は後見人の有無にかかわらず，申告書の提出義務は発生していると
いうべきであって，法定代理人又は後見人がないときは，その期限が到来し
ないというにすぎない。」し，「相続税法35条2項1号は，同法27条1項又
は2項に規定する事由に該当する場合において，当該相続の被相続人が死亡
した日の翌日から6か月経過したときは，税務署長はその申告書の提出期限
前でも相続税額の決定をすることをできる旨を定めている。これは，相続税
の申告書の提出期限が上記のとおり相続人等の認識に基づいて定まり，税務
署長がこれを知ることは容易でないにもかかわらず，上記提出期限の翌日か
ら更正，決定等の期間制限（……）や徴収権の消滅時効（……）に係る期間
が起算されることを考慮し，税の適正な徴収という観点から，国税通則法の
特則として設けられたものである。このことに照らせば，相続税法35条2
項1号は，申告書の提出期限とかかわりなく，被相続人が死亡した日の翌日
から6か月を経過すれば税務署長は相続税額の決定をすることができる旨を
定めたものと解すべきであり，同号は，意思無能力者に対しても適用される
というべきである。」と判示する。

　相続税の申告書の提出義務の存否に係る，この判決の判示は，その提出義
務の要件について相続税法27条1項が「当該被相続人からこれらの事由
〔相続又は遺贈――執筆者補足〕により財産を取得したすべての者に係る相
続税の課税価格（……）の合計額がその遺産に係る基礎控除額を超える場合
において，その者に係る相続税の課税価格（……）に係る第15条から第19

条まで，第19条の3から第20条の2まで及び第21条の14から第21条の18までの規定による相続税額があるとき」と規定することからして基本的に首肯しうるものである。

そして，各相続人の相続税額について規定する同法17条は，「相続又は遺贈により財産を取得した者に係る相続税額は，その被相続人から相続又は遺贈により財産を取得したすべての者に係る相続税の総額に，それぞれこれらの事由により財産を取得した者に係る相続税の課税価格が当該財産を取得したすべての者に係る課税価格の合計額のうちに占める割合を乗じて算出した金額とする。」と規定するから，遺産分割が行われた場合には，遺産分割割合に従い各相続人の相続税額を算出することになるし，同法27条1項の要件から除外されている，配偶者に対する相続税額の軽減に係る同法19条の2は，分割が行われていない財産には適用されない（同条2項）ことに鑑みると，各相続人の相続税額を算出するためには，遺産分割が有効に成立している必要がある。

この点に関連して，民法826条2項は，「親権を行う者が数人の子に対して親権を行う場合において，その1人と他の子との利益が相反する行為については，親権を行う者は，その一方のために特別代理人を選任することを家庭裁判所に請求しなければならない。」と規定するところ，親権者が未成年の子を代理して参加した遺産分割協議が同条に違反して無効になるか否かが争われた事件で，最高裁（1小）昭和49年7月22日（集民112号389頁）は，「民法826条2項所定の利益相反行為とは，行為の客観的性質上数人の子ら相互間に利害の対立を生ずるおそれのあるものを指称するのであって，その行為の結果現実にその子らの間に利害の対立を生ずるか否かは問わないものと解すべきであるところ，遺産分割の協議は，その行為の客観的性質上相続人相互間に利害の対立を生ずるおそれのある行為と認められるから，前記条項の適用上は，利益相反行為に該当するものといわなければならない。したがって，共同相続人中の数人の未成年者が，相続権を有しない一人の親権者の親権に服するときは，右未成年者らのうち当該親権者によって代理される

一人の者を除くその余の未成年者については，各別に選任された特別代理人がその各人を代理して遺産分割の協議に加わることを要するのであって，もし一人の親権者が数人の未成年者の法定代理人として代理行為をしたときは，被代理人全員につき前記条項に違反するものというべきであり，かかる代理行為によって成立した遺産分割の協議は，被代理人全員による追認がないかぎり，無効であるといわなければならない」と判示する。この裁判例は未成年者に係るものであるが，共同相続人中に成年被後見人が含まれている場合にも遺産分割協議を行うためには，後見監督人がいる場合を除いて（民法860条ただし書），後見人がいても特別代理人を選任する必要がある（同法860条本文，同法826条1項）。こうした手続を踏んで有効な遺産分割（東京高裁昭和58年3月23日決定・家月36巻5号96頁参照）を行わなければ納付すべき相続税額があるか否か判断できない場合があることに留意する必要がある。

　いずれにしても上述の最高裁判決も，上述のような場合，事務管理の側面から問題解決を導く可能性を示唆している。

　もっとも事務管理が成立するためには，民法697条の規定する4つの要件，すなわち①義務なく，②他人のために，③事務の管理を始めた者が（1項），④その事務の性質に従い，最も本人の利益に適合する方法によって，また，本人の意思に従って事務管理をすること（1項・2項）が必要である。そして，事務管理における「事務」とは，法的行為，事実行為のいずれでも良いと解されているから[77]，申告や課税処分の受領あるいは納付のような法的行為についても応用できる制度であると解される。しかし，他人のために行うという事務管理意思（上記要件の②）が必要であるから[78]，同じ申告行為であっても事務管理意思を持って行うときに他人のための事務となることに注意をする必要がある[79]。

---

(77)　内田貴『民法Ⅱ　債権各論〔第3版〕』（東京大学出版会・2011年）556頁。
(78)　内田・前掲注（77）・556頁。
(79)　内田・前掲注（77）・556頁は，このような事務を「主観的他人の事務」と呼ぶ。

第2章 制限行為能力者と税務行政 49

　この点に関連して，兄弟A・Bで共有する不動産を単独で賃貸し，Aに帰属すべき賃料収入も自己に帰属するものとして過大に申告したBが，不動産収入の2分の1に相当する金額の不当利得返還請求権を取得したと主張するAに対して，当該不動産に係る固定資産税，Aが父母の相続の際に負担すべき相続税額を納付したことにより事務管理に基づく費用償還請求権等の反対債権を取得したとして争われた事件で，最高裁（3小）平成22年1月19日判決（判時2070号51頁）は，事務管理に基づく費用償還請求権を有すると判断した原審判決の一部を破棄し，「所得税は，個人の収入金額から必要経費及び所定の控除額を控除して算出される所得金額を課税標準として，個人の所得に対して課される税であり，納税義務者は当該個人である。本来他人に帰属すべき収入を自己の収入として所得金額を計算したため税額を過大に申告した場合であっても，それにより当該他人が過大に申告された分の所得税の納税義務を負うわけではなく，申告をした者が申告に係る所得税額全額について納税義務を負うことになる。また，過大な申告をした者が申告に係る所得税を全額納付したとしても，これによって当該他人が本来負うべき納税義務が消滅するものではない。したがって，共有者の1人が共有不動産から生ずる賃料を全額自己の収入として不動産所得の金額を計算し，納付すべき所得税の額を過大に申告してこれを納付したとしても，過大に納付した分を含め，所得税の申告納付は自己の事務であるから，他人のために事務を管理したということはできず，事務管理は成立しないと解すべきである。」と判示する。

　基本的申告は，「性質上内容が事実に合致することを要する観念通知を不可欠の中核的要素とする準法律行為的行為である」[80]ところ，申告の内容を納税者が自己の利益に変更しようとする場合のための手続として，通則法は23条に更正の請求を法定しているから，その趣旨に鑑みて，申告が過大である場合には，原則として，更正の請求の手続によらなければならず，他の

---

(80)　新井・前掲注（13）『私人の行為』134頁。

救済手段によることは許されないと解されている[81]。この裁判例は，租税法学のこうした理解と整合的なものであり，首肯しうるものである。

なお，通則法は，41条に「第三者の納付及びその代位」の規定をおき，同条1項は「国税は，これを納付すべき者のために第三者が納付することができる。」とする。

お わ り に

本稿は，当初の意図とは異なり，既存の議論をなぞることにとどまり，また，問題点の検討も意に満たないものにとどまった。事例研究等の場を通じて更に検討を続けることで，読者諸兄のご海容を乞いたいと思う。

---

(81)　金子・前掲注（27）・880頁。なお，同書は，これを「更正の請求の原則的排他性」と呼ぶ。

高齢社会における租税の制度と法解釈

第3章　生計の形態・遺言形式等と
相続税

金沢大学准教授　**平川　英子**

は じ め に

　急速に高齢（化）社会の進む日本において，高齢化にかかわる租税法上の制度および法解釈をめぐる諸問題の一つとして，本稿では，高齢者をとりまく生計の形態の変化が相続税に与える影響および遺言の形式と相続税上の問題を中心に考察する。

　まず，生計の形態をめぐっては，高齢者の暮らし方の変化に着目する。これまで高齢者の暮らし方として，典型的には配偶者や子との同居がイメージされてきたように思われる。そして税制はそのようなイメージを前提に構築されてきたと考えられる。しかし，今日，そのような前提を考え直す必要が生じているのではないだろうか。というのは，高齢化と少子化が進む中で，家庭の介護能力が低下し，介護施設等の公的サービスにより介護需要をまかなうことが必要であり，また不可避なものとなっている。さらに，意識の上でも，典型的な同居よりも別居を選好する傾向がある。本稿Ⅰでは，こうした高齢者の暮らし方の変化が，とくに相続税との関係でいかなる影響を持つものかを考察する。

　次に，遺産の処分の方法として遺言のあり方に着目する。遺産をいかにス

ムーズに（相続が争続にならないように）相続人等に承継させるかは，財産を有する高齢者にとって悩ましい問題である。遺言は遺産の処分について自己の意思を表明する方法として一般的であると思われるところ，遺言がかえって争続を深刻化・激化させることもある。本稿IIでは，「相続させる」旨の遺言の有用性に着目しつつ，そのような遺言の相続法上（特に遺留分との関係）および相続税法上の問題について検討する。

最後に，近年，相続法の分野では非嫡出子法定相続分違憲決定やそれを受けた民法改正など大きな変化がみられる。本稿IIIでは，こうした相続法における変化が相続税法に与える影響について取り上げることとする。

I　生計の形態をめぐる諸問題

生計の形態をめぐる諸問題として，高齢者の家族形態や生活状況の変化と小規模宅地等の課税の特例の適用関係に関する問題を中心に検討する。小規模宅地等の課税の特例（以下，本件特例という）は，租税特別措置法に規定される特別措置に位置づけられるものの，その制度趣旨（被相続人と一定の関係を有する相続人等の生活基盤の維持）に照らせば，近年における相続税の課税強化とあいまって，相続税の負担を考えるうえで，最も重要な制度の一つと言って過言ではないだろう。同制度については，平成25年度税制改正において，以下に述べるように，一定程度は現代の高齢者を取り巻く家族形態や生活状況の変化を踏まえたものに改正されていると評価できるものの，なお問題も残っている。

そこで，本章1では，本件特例について，とくに居住用宅地についてその概要，本件特例の沿革および立法趣旨，平成25年度税制改正の内容について整理する。次いで2では被相続人が相続開始の直前において老人ホーム等に入居していた場合について，3では二世帯住宅について，それぞれ平成25年度税制改正前後での取り扱いを比較・検討し，高齢者の暮らし方と上記改正による取り扱いの変化の意味について考察する。

第3章 生計の形態・遺言形式等と相続税 53

1 小規模宅地等の課税の特例
－特定居住用宅地等をめぐる平成 25 年度改正を中心に
⑴ 小規模宅地等の課税の特例の概要

本件特例は，個人が相続又は遺贈により取得した財産のうち，当該相続の開始の直前において，当該相続若しくは遺贈に係る被相続人又は当該被相続人と生計を一にしていた当該被相続人の親族（以下，被相続人等という）の事業の用又は居住の用に供されていた宅地等で，一定の建物または構築物の敷地の用に供されているもののうち，本件特例を受けるものとして選択をしたもの（選択特例対象宅地等という）については，限度面積要件を満たす場合の当該選択特例対象宅地等（以下，小規模宅地等という）に限り，小規模宅地等の区分に応じて定められている一定割合を乗じて計算した金額を相続税の課税価格に算入するものである。その割合は，次の通りである（措法 69 条の 4第 1 項）。

① 特定居住用宅地等，特定同族会社事業用宅地等および特定居住用宅地等に該当する小規模宅地等……その価額の 20%

② 貸付事業用等宅地等……その価額の 50%

また，限度面積要件は次の通りである（措置法 69 条の 4 第 2 項）

① 特定事業用宅地等または特定同族会社事業用宅地等……当該選択特例対象宅地等の面積合計が 400 平米以下であること

② 特定居住用宅地……当該選択特例対象宅地等の面積合計が 330 平米以下であること

③ 貸付事業用宅地等……次のイ，ロ，ハの規定により計算した面積の合計が 200 平米以下であること

　　イ） 特定事業用宅地等である選択特例対象宅地等がある場合の当該選択特例対象宅地等の面積を合計した面積に 400 分の 200 を乗じて得た面積

　　ロ） 特定居住用宅地等である選択特例対象宅地等がある場合の当該選択特例対象宅地等の面積を合計した面積に 330 分の 200 を乗じて得た

面積

ハ）　貸付事業用宅地等である選択特例対象宅地等の面積を合計した面
　　積

なお，平成 25 年度税制改正により，これらの限度面積要件については，
特定事業用宅地等，特定同族会社事業用宅地等および特定居住用宅地等のみ
を特例の対象として選択する場合には，それぞれの限度面積まで適用可能と
されている（したがって，完全併用の場合，最大 730 平米まで当該特例を適用する
ことができる）。

本稿では，本件特例の対象となる宅地等のうち，とくに特定居住用宅地等
をめぐる諸問題について検討するため，次に，特定居住用宅地等の意義につ
いて確認する。

特定居住用宅地等とは，被相続人等の居住の用に供されていた宅地等（そ
の宅地等が 2 以上ある場合は，主として居住の用に供していた宅地をいう。措令 40
条の 2 第 8 項各号）で，当該被相続人の配偶者または次に掲げる要件のいずれ
かを満たす当該被相続人の親族（当該被相続人の配偶者を除く）が相続又は遺
贈により取得したものをいう（措法 69 条の 4 第 3 項 2 号）。

イ）　当該親族が相続開始の直前において当該宅地等の上に存する当該
　　被相続人の居住の用に供されていた一棟の建物(1)に居住していた者で
　　あって，相続開始時から申告期限まで引き続き当該宅地等を有し，か
　　つ，当該建物に居住していること。

ロ）　当該親族（当該被相続人の居住の用に供されていた宅地等を取得した者
　　に限る）が相続開始前三年以内に相続税法の施行地内にあるその者又
　　はその者の配偶者の所有する家屋（当該相続開始の直前において当該被相
　　続人の居住の用に供されていた家屋を除く）に居住したことがない者であ

---

(1)　被相続人の居住の用に供されていた一棟の建物が建物の区分所有等に関する法
　　律第一条の規定に該当する建物である場合には，当該被相続人の居住の用に供
　　されていた部分，それ以外の場合は，被相続人又は当該被相続人の親族の居住
　　の用に供されていた部分をいう（措置令 9 項）。

り，かつ，相続開始時から申告期限まで引き続き当該宅地等を有して
いること（当該被相続人の配偶者又は相続開始の直前において当該被相続人
の居住の用に供されていた家屋に居住していた親族で政令で定める者がいな
い場合に限る）。

ハ）　当該親族が当該被相続人と生計を一にしていた者であって，相続
開始時から申告期限まで引き続き当該宅地等を有し，かつ，相続開始
前から申告期限まで引き続き当該宅地等を自己の居住の用に供してい
ること。

　特定居住用宅地等の適用対象になるパターンを整理すると次のようにな
る[2]。まず，配偶者が，被相続人等の居住用宅地を取得した場合には，本件
特例の適用が認められる。配偶者以外の親族が取得した場合には，それぞれ
次の要件を満たす必要がある。被相続人の同居親族が被相続人の居住の用に
供されていた宅地を取得した場合，当該親族が申告期限まで保有を継続し
（保有継続の要件），かつ当該建物に居住を継続している（居住継続の要件）場
合に本件特例の適用が認められる（上記イ））。この場合，被相続人と同居親
族が同一生計であったか別生計であったかを問わない[3]。次に，被相続人と
その親族が別居していた場合に，本件特例の適用が認められるのは次のよう
なケースである。まず，被相続人と当該別居親族とが生計を一にしていた場
合，当該親族の居住の用に供されていた宅地を当該親族が取得した場合は，
保有継続の要件および居住継続の要件を満たすことによって，本件特例の適
用が認められる（上記ハ））。次に，被相続人と当該別居親族が別生計であっ
た場合には，当該親族が相続開始前3年以内に自己（またはその配偶者）の所
有する家屋に居住したことがなく，被相続人の配偶者または同居親族がいな
い場合に限り，保有継続の要件を満たせば本件特例の適用を受けることがで

---

(2)　ケース別に本件特例の適用可否について分析したものとして，岩下忠吾「小規
　　模宅地等の減額特例制度」税務事例研究128号58頁以下（2012）が詳しい。
(3)　後述の裁判例等にみるように，同居の場合には，生計一を前提としていると考
　　えられる。

きる（上記ロ））。

以上の本件特例の適用要件をみると，特定居住用宅地等にかかる本件特例
は，主として被相続人の配偶者，同居親族および同一生計親族を対象にして
いることがわかる。次に，このことを本件特例の沿革および立法趣旨からも
確認しておこう。

(2) 本件特例の沿革および立法趣旨[4]

本件特例は，昭和58年の税制改正により，それまでの通達の取り扱いを
発展させて立法化された。従前，被相続人の事業または居住の用に供されて
いた宅地については，その「最小限必要な部分については，相続人等の生活
基盤維持のために欠くことができないものであって，その処分について相当
の制約を受けるのが通常である。このような処分に制約のある財産について
通常の取引価格を基とする評価額をそのまま適用することは，必ずしも実情
に合致しない向きがあるので，これについて評価上，所用のしんしゃくを加
えることとし」（傍点は筆者），これらの宅地については，通常の方法で評価
した価額の80％相当額によって評価することとされていた（旧通達・昭50
年6月20日付直資5－17「事業又は居住の用に供されていた宅地の評価につい
て」[5]）。

昭和58年税制改正において，取引相場のない株式の相続税の評価の合理
化に関連して，「最近における地価の動向にも鑑み，個人事業者等の事業の
用又は居住の用に供する小規模宅地の処分についての制約面に一層配意し，
特に事業用土地については，事業が雇用の場であるとともに取引先等と密接
に関連している等事業主以外の多くの者の社会的基盤として居住用にはない
制約を受ける面があること等に鑑み，従来の通達による取り扱いを発展的に
吸収して相続税の課税上特別の配慮を加えることとし[6]」，小規模宅地等に

---

(4) 池上岳彦「相続税における小規模宅地等の負担軽減のあり方」税研184号38
頁以下（2015），橋本守次『ゼミナール相続税法』（大蔵財務協会，2015）1040
頁などを参照。

(5) 『DHC コンメンタール相続税法』4047の2頁。

(6) 大蔵財務協会『昭和58年版 改正税法のすべて』177頁。

第3章　生計の形態・遺言形式等と相続税　57

ついての相続税の課税価格の計算の特例として立法化されることとなった。

　この後，減額割合の引き上げや，適用対象面積の拡大など度々の改正を経て，制度の拡充が図られてきた[7]。平成22年度改正では，相続人等による事業または居住の継続への配慮という制度趣旨を踏まえ，申告期限まで居住を継続しない宅地等（改正前，200 m² まで 50% 減額）を適用対象から除外すること，一の宅地等について共同相続があった場合には取得者ごとに適用要件を判定すること，一棟の建物の敷地の用に供されていた宅地等のうちに特定居住用宅地等の要件に該当する部分とそれ以外の部分がある場合には部分ごとに按分して軽減割合を計算すること，特定居住用宅地等は主として居住の用に供されていた一の宅地等に限られることを明確化することといった見直しが行われた[8]。

　以上によれば，特定居住用宅地等にかかる本件特例の趣旨は，相続人等の居住の継続を通じた生活基盤の維持にあるのであるところ，本件特例は，そのような配慮を必要とする範囲を，主として被相続人の配偶者，同居親族，同一生計親族，持ち家なし別居親族としてきた。このうち前三者は被相続人との間に生計の一体性が認められることからすると[9]，本件特例は，主として被相続人と生計を一にする相続人等の生活基盤の維持を目的としてきたと考えられる。相続人の居住の継続という点からすれば，生計の別なく適用があってもよさそうなものの，本件特例はそのような仕組みになっていない。

(3)　平成25年度税制改正の内容と改正趣旨

　平成25年度税制改正では，「相続税について，相続税の再分配機能の回復，格差の固定化の防止等の観点から，相続税の基礎控除及び税率構造が見直さ

---

(7)　本件特例の制度の推移を簡潔にまとめた近時の論考として，池上・前掲注（4）を参照。
(8)　前掲注（5）4049の5頁。
(9)　自己の居住用家屋を持たない親族は，いずれ被相続人の居住用家屋に居住することを予定していたとも考えられ，潜在的に被相続人との生計の一体性をもっているとみることもできよう。

れる[10]」こととなり，【表1】の通り，基礎控除額の引き下げ，税率の引き
上げが行われた。

表1　平成25年度相続税の改正

	平成26年12月31日まで		平成27年1月1日以後		
基礎控除	5,000万円＋1,000万円×法定相続人の人数		3,000万円＋600万円×法定相続人の人数		
税率	1,000万円以下の部分	10%	1,000万円以下の部分		10%
	3,000万円　〃	15%	3,000万円　〃		15%
	5,000万円　〃	20%	5,000万円　〃		20%
	1億円　〃	30%	1億円　〃		30%
	3億円　〃	40%	2億円　〃		40%
			3億円　〃		45%
	3億円超の部分	50%	6億円　〃		50%
			6億円超の部分		55%

　『平成25年版　改正税法のすべて』によれば，相続税の基礎控除について
は，昭和63年以降，バブル期の地価高騰を背景に累次にわたり引き上げら
れてきたところ，その後，地価が下落し，バブル期以前の水準に戻ったにも
かかわらず基礎控除等の水準が据え置かれたままになっているため，相続税
の負担はバブル期以前の水準に比べ大幅に軽減されていることから，「物
価・地価が現在と同等であった昭和50年代後半の水準を参考に，この時期
に適用されていた水準まで引き下げることとし，具体的には昭和50年から
62年まで適用されていた水準（定額部分2,000万円，比例部分400万円）を当
時からの物価・地価の変化率で現在価値に修正し，定額部分3,000万円，比
例部分600万円」とされることとなった[11]。また，税率については，「昭和
63年以降，基礎控除の引き上げと同様に，主にバブル期の地価高騰等によ
る税負担の増加に対処するとともに，所得税や諸外国の事例も踏まえ，大幅
な緩和（ブラケット幅の拡大，ブラケット数の縮小，最高税率の引き下げ）が行わ
れ」たところ，「地価が下落した現在においては，こうした税率構造の緩和

---

(10)　大蔵財務協会『平成25年版　改正税法のすべて』587頁。
(11)　前掲注（10）567頁。

第3章　生計の形態・遺言形式等と相続税　59

が相続税の有する資産再分配機能を低下させる一因になって」いることから，最高税率の引き上げおよび税率区分の見直しにより，「より高い遺産額の場合を中心に再分配機能の回復を図るとの考え方に基づいて相続税の税率構造の見直しを行う」こととされた[12]。

このように相続税法の本則において，相続税の課税の強化が図られた一方で，この改正に伴い，小規模宅地等の特例が見直され，制度の拡充が図られている。具体的にいえば，特定居住用宅地等に係る特例の適用対象面積の上限が330 m²（改正前240 m²）に拡大されたこと，特定事業用宅地等および特定居住用宅地等のみを特例の対象として選択する場合には，それぞれの限度面積（特定事業用宅地等400 m²，特定居住用宅地等330 m²）まで併用して適用が可能とされることとなった。その趣旨は，『平成25年版　改正税法のすべて』によれば，「今般の相続税の見直しにおいて，基礎控除が引き下げられ，最高税率が引き上げられる結果，地価の高い都市部に土地を有する者の負担がより増すことが想定されます。特に，土地については，生活・事業の基盤である一方，切り分けて売却することに困難が伴うとともに，都市計画上も土地の細分化が生じてしまうことから，一定の配慮が求められます。こうした状況に配慮し，今般の相続税・贈与税の見直しに係る自民党・公明党・民主党による三党協議において，小規模宅地等の特例の見直しを盛り込むことについて意見が一致し，この特例について見直しが行われることとなりました[13]」（傍点は筆者）とされる。

その結果，上記の通り，適用対象面積の上限が引き上げられることとなった。この点について，特定居住用宅地等に係る適用対象面積の拡充において，新たな適用対象面積の上限である「330 m²」は，「大都市圏においてこの特例を適用している事案の平均的な宅地面積である360 m²（三大都市圏の既成市街地等の圏内に所在する税務署ごとの実績），全国の居住用の土地面積の平均である300 m²（土地基本統計（平成20年度）における全国平均）等を勘案し

───────────────

(12)　前掲注（10）570頁。
(13)　前掲注（10）587頁。

て定められたもの[14]」（傍点は筆者）とある。従来の適用対象面積である 240
m² は，「三大都市圏における一戸建て住宅の平均的な敷地面積（220 m²）」をも
とにしているところ，三大都市圏における「一戸建ての平均」から「特例を
適用している事案の平均」をもってきたことは，すなわちこの拡充が大都市
圏の資産家のためということを意味している。ここであえて「全国の宅地の
平均（300 m²）」を持ち出したことは，「大都市圏においてこの特例を適用し
ている事案の平均的な宅地面積（360 m²）」がいかに「小規模」でないかを暗
に示唆しているように思われる。

　前述の通り，相続税の本則において，富裕層への課税を強化する方針を打
ち出す一方で，「小規模宅地」の名のもとに，大都市圏の資産家をより優遇
することとなる本件特例の拡充は，納税者に対するある種の欺瞞ではないだ
ろうか。まさに平成 25 年の改正において指向された「租税負担の（実質的）
公平という観点から消費税率の引き上げに連動して富裕層の租税負担率を増
大させるとする政策目的に矛盾する内容を有している[15]」。仮に，従来の生
活基盤の維持に加えて，「土地の細分化」への考慮も含めるというのであれ
ば，それは当初の「小規模宅地等の特例」の立法趣旨とは異なるものであり，
本件特例がより積極的な意味を持つようになったとも考えられる。

2　老人ホームへの入居と小規模宅地等の課税の特例の適用関係

　本件特例の対象となる特定居住用宅地等とは，相続開始の直前において，
被相続人等の居住の用に供されていた宅地等とされている。被相続人が，相
続開始の直前において，老人ホーム等に入居し，自宅に戻ることなく，そこ
で亡くなった場合，従前の自宅敷地は相続開始の直前において被相続人の
「居住の用」に供されていた宅地といえるだろうか。字義通りに解釈すれば，
当該宅地等に住んでいない以上，「居住の用」に供しているとは言いがたい。
一方で，老人ホーム等に入居したとしても，本人としては自宅に戻りたいと

---

(14)　前掲注（10）587 頁。
(15)　首藤重幸「相続税改革の動向」税研 168 号 44 頁（2013）。

いう意思があり，家財道具等を従前の自宅に残したままになっているケースも多く存在する。

さらに，今後ますます，高齢化に伴い，自宅を離れて病院や老人ホームに入所し，治療や介護を受けているケースが一般化していくように思われる。また，少子高齢社会において，家族内における介護能力が低下していく中で，老人ホーム等の介護施設を利用することは，高齢者の福祉だけでなく高齢者を包摂する家族の福祉にとって，重要であり，また必要でもあることに留意しなければならない。老人ホーム等への入居にあたって，本件特例の適用の可否が，高齢者や高齢者の家族の選択を歪めることのないよう，制度設計をする必要があると思われる。

そこで，以下では，被相続人が相続開始の直前において，病院や老人ホーム等，自宅外に生活の拠点を置いていた場合の本件特例の適用関係について，平成25年度税制改正の前後でどのように変わったかを確認する。

(1) 平成25年度税制改正前の取り扱い

平成25年度税制改正前の取り扱いにつき整理する。まず，病気治療のために入院し，退院することなく亡くなった場合については，平成25年度税制改正前においても，入院後も被相続人の生活の拠点は入院前の自宅に置かれているものとして，空き家となっていた期間の長短を問わず，特定居住用宅地等にあたると解されてきた[16]。

一方で，被相続人が老人ホームに入居している場合には，その老人ホーム

---

(16) 国税庁・質疑応答事例「入院により空家となっていた建物の敷地についての小規模宅地等の特例」によれば，「病院の機能等を踏まえれば，被相続人がそれまで居住していた建物で起居しないのは，一時的なものと認められますから，その建物が入院後他の用途に供されたような特段の事情のない限り，被相続人の生活の拠点はなおその建物に置かれていると解するのが実情に合致するものと考えられます。したがって，その建物の敷地は，空家となっていた期間の長短を問わず，相続開始直前において被相続人の居住の用に供されていた宅地等に該当します。」とされている。参照 URL：https://www.nta.go.jp/shiraberu/zeiho-kaishaku/shitsugi/sozoku/10/06.htm（2017年4月26日最終確認）。

がその被相続人の相続開始の直前の居住場所と考えられることから，老人ホームへの入居前に被相続人の居住の用に供されていた宅地等は，本件特例の対象外とされていた。ただし，そのような場合にも，「個々の事例のなかには，その者の身体上又は精神上の理由により介護を受ける必要があるため，居住していた建物を離れて，老人ホームに入所しているものの，その被相続人は自宅での生活を望んでいるため，いつでも居住できるような自宅の維持管理がなされているケースがあり，このようなケースについては，諸事情を総合勘案すれば，病気治療のため病院に入院した場合と同様な状況にあるものと考えられる場合もありますから，一律に生活の拠点を移転したものとみるのは実情にそぐわない面[17]」があることから，被相続人が相続開始の直前において老人ホームに入所していた場合について，次の①から④に掲げる状況が客観的に認められるときには，被相続人が居住していた建物の敷地は，相続開始の直前においてもなお被相続人の居住の用に供されていた宅地等に該当するものとして差し支えないとすると取り扱ってきた。

① 被相続人の身体又は精神上の理由により介護を受ける必要があるため，老人ホームへ入所することとなったものと認められること

② 被相続人がいつでも生活できるようその建物の維持管理が行われていたこと

③ 入所後あらたにその建物を他の者の居住の用その他の用に供していた事実がないこと

④ その老人ホームは，被相続人が入所するために被相続人又はその親族によって所有権が取得され，あるいは終身利用権が取得されたものでないこと

上記のような取り扱いであったため，被相続人が，制度上，終身利用権が

---

(17) 国税庁・質疑応答事例「老人ホームへの入所により空家となっていた建物の敷地についての小規模宅地等の特例（平成25年12月31日以前に相続又は遺贈により取得した場合の取り扱い）」を参照。参照URL：https://www.nta.go.jp/shiraberu/zeiho-kaishaku/shitsugi/sozoku/10/15.htm（2017年4月26日最終確認）。

第 3 章　生計の形態・遺言形式等と相続税　63

存在しない特別養護老人ホームに入居していた場合には，本件特例が適用される一方で，特別養護老人ホームへの入居を希望しつつも，入居できないために終身利用権を取得して有料老人ホームに入居したような場合には，④の要件を満たさず，本件特例の適用を受けることができなかった。

　この④の点が争われたものに東京地判平成 23 年 8 月 26 日（税務訴訟資料 261 号順号 11736）[18]がある[19]。本件で原告は，終身利用権の有無によって本件特例の可否が左右されることは不合理であると主張した。とりわけ大都市部においては特別養護老人ホームに入所することは極めて困難であって，やむを得ず有料老人ホームに入所するのが実情であること，特別養護老人ホームには制度上終身利用権が存在しないものの途中で退去を求められることはほとんどなく，一方，有料老人ホームの終身利用権といっても実質的に終身利用権が確実に保証されているわけではないので，両者に実質的な差異はなく，終身利用権にかかる要件は不合理であると主張した。

　これに対し，課税庁は，特別養護老人ホームと有料老人ホームとでは，その目的，入所者，設備および運営の基準等が異なるのであり，どちらに入所していたかによって本件特例の可否が異なるのはむしろ当然であると主張し

---

(18)　東京地判平成 23 年 8 月 26 日の事実の概要は次の通りである。平成 18 年に死亡した乙とその妻丙は，従前，本件家屋に居住していた。平成 17 年 2 月，乙が肺炎のため入院した。丙は持病のため，乙の入院後，本件家屋において一人で生活することができなくなり，乙の入院後，ショートステイのできる老人保健施設に入所した。乙らは，平成 17 年 2 月以降，ともに介護を必要とする状態であり，原告および訴外丁の介護をうけて本件家屋で生活することが困難であったため，同年 4 月 16 日，終身にわたる施設の利用権（終身利用権）を取得し，本件老人ホームに入居した。乙らは，本件老人ホームへの入居後も，本件家屋に家財道具を置いたままにしており，ガスの供給契約は解除したものの，電気および水道の契約は継続していた。また，乙らの住民基本台帳上の住所は，本件老人ホームへの入居後も，本件家屋の所在地とされていた。乙らが老人ホームに入居して以降は，本件家屋は空き家となっており，本件相続の開始の直前において，原告および訴外丁はこれに居住しておらず，生計も別にしていた。

(19)　本件のほか，老人ホームに入居したことにより本件特例の適用が否定されたその他のケースとして，国税不服審判所裁決・平成 20 年 10 月 2 日（裁決事例集 76 集 450 頁），国税不服審判所裁決・平成 24 年 8 月 2 日（裁決事例集未登載），国税不服審判所裁決・平成 25 年 10 月 25 日（裁決事例集未登載）がある。

た。課税庁は，「特別養護老人ホームは，制度上，身体上又は精神上の障害があるために常時の介護を必要とする者が入所する施設であるのに対し，有料老人ホームは，常時の介護を必要とするか否かにかかわらず入所することが可能な施設である」こと，「特別養護老人ホームでは，入所者の終身にわたる施設の利用が前提とされておらず，いわば一時的な利用とされているのに対し，有料老人ホームでは，入居期間は契約により自由に決められるものとされている」とする。このように，被相続人が病院に入院していた場合と，老人ホームに入居していた場合とで，実情に即した取り扱いに踏み込むものの，特別養護老人ホームか有料老人ホームかについては，制度上の前提（一時利用か終身利用か）によって取り扱いの可否が左右されていたのである。

　これに対し，東京地裁は，「ある土地が本件特例に規定する被相続人等の『居住の用に供されていた宅地』に当たるか否かは，被相続人等が，当該土地を敷地とする建物に生活の拠点を置いていたかどうかにより判断すべきであり，具体的には，〔1〕その者の日常生活の状況，〔2〕その建物への入居の目的，〔3〕その建物の構造及び設備の状況，〔4〕生活の拠点となるべき他の建物の有無その他の事実を総合考慮して判断すべきものと解するのが相当」であるとし，本件については，〔1〕亡乙らは，本件老人ホームに入居した平成17年4月16日から本件相続の開始の日である平成18年12月9日までの約1年8か月の間，亡乙が入院のために外泊をしたほかに外泊をしたことはなく，専ら本件老人ホーム内で日常生活を送っていたこと，〔2〕亡乙らは，平成17年2月以降，両名ともに介護を必要とする状況となったところ，本件家屋において原告及び訴外丁の介護を受けて生活することが困難であったことから，終身利用権を取得した上で本件老人ホームに入所したもので，その健康状態が早期に改善する見込みがあったわけではなく，また，本件家屋において原告等の介護を受けて生活をすることが早期に可能となる見込みがあったわけでもなかったのであって，少なくとも相当の期間にわたって生活することを目的として本件老人ホームに入居したものであること，及び〔3〕本件老人ホームには，浴室や一時介護室，食堂等の共用施設が備わっており，本件居室

第3章　生計の形態・遺言形式等と相続税　65

には，ベッドやエアコン，トイレ等の日常生活を送るのに必要な設備等が整えられていたことが各認められ，以上からすれば，〔4〕亡乙らが，本件老人ホームに入居した後も，本件家屋に家財道具を置いたまま，これを空き家として維持しており，電気及び水道の契約も継続していたことを考慮しても，本件相続の開始の直前における亡乙らの生活の拠点が本件老人ホームにあったことは明らかというほかないとした。従って，本件相続の開始の直前において，亡乙らの生活の拠点が本件家屋にあったと認めることはできないから，本件家屋敷地が本件特定に規定する被相続人等の『居住の用に供されていた宅地』に当たるということはできないと判示した（棄却，確定）。

　以上の通り，被相続人が老人ホームに入所していた場合の取り扱いについて，改正前は，被相続人が特別養護老人ホームに入所していた場合には本件特例の適用が認められ，終身利用権を得て入所する有料老人ホームの場合には適用が認められなかった。そのような取り扱いの差異は，前者が制度上，一時利用を建前とするのに対し，後者が一応，終身利用を前提とすることから生じていた。しかし，高齢に伴う介護の必要性は，高齢になればなるほど高くなるのが通常であり，制度上，自宅に帰って生活できることを目標にした一時利用をうたっていても，現実には入所後，自宅に帰れるほどには回復することができず，そのまま老人ホームで最期を迎えるほうが一般的であろうかと思われる。

　ここで後掲【表2】は老人ホーム等の入所者数を老人ホームの分類ごとに集計したものである。特別養護老人ホームの入所者数が40万人台を推移する一方で，有料老人ホームの入所者数が大幅に増えている。特別養護老人ホームは公的な施設であり，施設の増設や定員増に制約があることから[20]，入所を希望する者のすべてが入所できるわけではない。平成26年の厚生労働省の調査によれば，特別養護老人ホームの入所申込者は，約52.4万人で

---

(20)　2014年時点において，特別養護老人ホームは全国に約7,800施設あり，2009年から7万4,800人分の定員枠が増設されているものの，それ以上に待機者が増えている（日経新聞2014年3月25日付）。

表2　老人ホーム等の入所者数

単位：人

	平成20年	平成21年	平成22年	平成23年	平成24年	平成25年	平成26年
特別養護老人ホーム	416,052	408,622	396,356	420,827	429,415	439,737	453,682
養護老人ホーム	62,075	60,013	58,054	56,381	56,860	56,962	56,963
軽費老人ホーム	83,098	80,976	78,176	79,648	80,561	81,411	81,672
有料老人ホーム（サービス付き高齢者向け住宅以外）	140,798	148,402	161,625	179,505	221,907	257,777	285,160
有料老人ホーム（サービス付き高齢者向け住宅であるもの）	＝	＝	＝	＝	＝	22,713	52,283

※特別養護老人ホームの入所者数は厚生労働省『介護サービス施設・事業所調査』
　各年版より，それ以外の施設の入所者数は厚生労働省『平成26年度社会福祉施
　設等調査』の「第4表　施設の種類，年次別所在者数」により筆者作成。なお，
　調査方法の変更等による回収率変動の影響を受けているため，数量を示す所在者
　数の実数は前年以前と単純に年次比較できない。

表3　特別養護老人ホームの入所申込者の概況

単位：万人

	要介護1〜2	要介護3	要介護4〜5	計
全体	17.8 （34.1%）	12.6 （24.1%）	21.9 （41.8%）	52.4 （100%）
うち在宅の方	10.7 （20.4%）	6.6 （12.7%）	8.7 （16.5%）	26.0 （49.6%）
うち在宅でない方	7.1 （13.6%）	6.0 （11.4%）	13.2 （25.3%）	26.4 （50.4%）

※要介護1〜2の人数には，要支援等で入所申込みをされている方の人数を含む。
※千人未満四捨五入のため，合計に一致しないものがある。
出典：厚生労働省・プレスリリース平成26年3月25日。
参照URL：http：／／www．mhlw．go．jp／file／04 - HoudouhAppyou - 12304250 -
Roukenkyoku-KoureishAshienkA/0000041929.pdf（2017年4月26日最終確認）。

あり，そのうち入所の必要性が高い要介護4及び5で在宅の入所申込者数は
8.7万人という（【表3】を参照）。入所申込者の中には，入所の必要性・緊急
性が高いわけГではないけれども早めに申込みをしているケースがあるようだ

が，それでも特別養護老人ホーム側から見て「真に入所が必要な人」が入所申込者全体の一割強程度，存在するという調査報告がある[21]。これらの数値に照らすと特別養護老人ホーム入所待機者は深刻な状態にあるといえそうである。急速な高齢化が進む中で，特別養護老人ホームに入りたくても入れない状況があり，その受け皿として有料老人ホームが果たしている役割は大きい。

　このような老人ホームをめぐる厳しい現実に鑑みると，特別養護老人ホームに入所している場合と有料老人ホームに入所している場合とで，その実態に差がない場合についても，制度の建前（一時利用か終身利用か）で本件特例の適用の可否が決まるという従前の課税実務の取り扱いは，課税上の取り扱いの平等原則に反するのものではないかとも考えられる。

(2)　平成25年度税制改正後の取り扱い

　平成25年度税制改正により，措置法69条の4第1項本文に，「被相続人の……居住の用」の後に括弧書き「（居住の用に供することができない事由として政令で定める事由により相続の開始の直前において当該被相続人の居住の用に供されていなかった場合（　略　）における当該事由により居住の用に供されなくなる直前の当該被相続人の居住の用を含む）」が挿入された。これにより，相続開始の直前において被相続人が老人ホーム等に入居しており，従前の被相続人の居住していた家屋が空き家となっていた場合であっても，本件特例の適用が可能になった[22]。租税特別措置令40条の2第2項は，政令で定める事由を次のように規定する。

　①　介護保険法19条1項に規定する要介護認定又は同条2項に規定する

---

(21)　社会保障審議会・介護給付費分科会第90回（平成24年5月17日）資料7（平成22年度「特別養護老人ホームにおける入所申込の実態に関する調査研究」より。参照URL：http://www.mhlw.go.jp/stf/shingi/2r9852000002Axxr-Att/2r9852000002Ay1l.pdf（2017年4月26日最終確認）。

(22)　ただし，被相続人の居住の用に供されなくなったあとに，あらたにその宅地等を事業の用または被相続人とその被相続人と生計を一にしていた親族以外の者の居住の用に供した場合には，本件特例の適用を受けることはできない（措令40条の2第3項）。

要支援認定を受けていた被相続人その他これに類する被相続人として財務省令で定めるもの[23]が次に掲げる住居又は施設に入居又は入所をしていたこと。

- 認知症対応型老人共同生活援助事業（老人福祉法 5 条の 2 第 6 項）が行われる住居

- 養護老人ホーム（老人福祉法 20 条の 4）

- 特別養護老人ホーム（老人福祉法 20 条の 5）

- 軽費老人ホーム（老人福祉法 20 条の 6）

- 有料老人ホーム（老人福祉法 29 条 1 項）

- 介護老人保健施設（介護保険法 8 条 28 項）

- サービス付き高齢者向け住宅（高齢者の居住の安定確保に関する法律 5 条 1 項）

② 障害者の日常生活及び社会生活を総合的に支援するための法律 21 条 1 項に規定する障害支援区分の認定を受けていた被相続人が同法 5 条 11 項に規定する障害者支援施設（同条 10 項に規定する施設入所支援が行われるものに限る。）又は同条 15 項に規定する共同生活援助を行う住居に入所又は入居をしていたこと。

以上のように，平成 25 年度税制改正において，老人ホームに入居していた場合における本件特例の適用については，特別養護老人ホームであれ有料老人ホームであれ本件特例が適用されるように立法的解決が図られた。このことは，すでに指摘した老人ホームをめぐる現状を受け止めた結果であると思われる。また，平成 27 年 4 月 1 日以降，特別養護老人ホームへの入所は，原則として「要介護 3」以上に限定されることとなり，今後は要介護 1〜2 の高齢者は在宅または有料老人ホーム等で介護等を受けることが中心になる。特別養護老人ホームだけでは増え続ける介護需要に応えられないことから，

---

(23) 相続の開始の直前において，介護保険法施行規則 140 条の 62 の 4 第 2 号（厚生労働大臣が定める基準に該当する第一号被保険者）に該当していた者（租税特別措置施行規則 23 条の 2 第 2 項）をいう。

第3章　生計の形態・遺言形式等と相続税　69

有料老人ホーム等がその受け皿とならざるを得ないことを見越しての改正で
あったようにも思われる。いずれにせよ，本件特例の適用の可否によって，
老人ホームへの入所の選択が制限されることがなくなるであろうことは，高
齢者とその家族の福祉の観点から評価される。

3　高齢者とその家族の居住形態と小規模宅地等の特例における「同居」の意義

　小規模宅地等の特例は，そもそも被相続人の配偶者や同居の親族，生計を
一にする親族等の生活基盤の維持を目的とするものである。すなわち，被相
続人の所有する宅地等の上で生活する者たちが，被相続人の死亡を契機に，
相続税の負担のためにその土地から追われることのないようにすることが，
この制度の本来の目的である。本件特例の適用を受けられる者は，配偶者，
同居親族，生計一親族であるが，これらの者に共通する要素は，被相続人と
生計を一にするという点である。配偶者は通常，生計を一にすると考えられ
ている。また，親族が同居している場合，「明らかに互いに独立した生活を
営んでいると認められる場合」でない限り，生計を一にすると考えられてい
る。そうすると，本件特例の要件にはいずれも被続人との間に生計の一体性
があることが含まれている。すなわち，本件特例は，残された相続人のうち，
特に被相続人と生計を一にしていた者たちの生活の保護の必要性からの措置
であると位置づけられる。

　さて，この被相続人との生計の一体性に関して，平成25年度税制改正に
おいて，重要な変更があることに着目したい。それは「同居」の意義におけ
る二世帯住宅の取り扱いである。

(1)　平成25年度税制改正前の二世帯住宅の取り扱い

　被相続人と同居していた親族が，被相続人らの居住の用に供されていた宅
地等を取得した場合は，特定居住用宅地等として本件特例が適用される（69
条の4第3項2号イ）。平成25年度改正前は，条文上，当該同居親族について，
「被相続人の居住の用に供されていた家屋に居住していた者」（傍点は筆者）

とされていた。この「家屋」に関して，課税庁は，「被相続人が1棟の建物でその構造上区分された数個の部分の各部分を独立して住居その他の用途に供することができるものの独立部分の一に居住していたときは，当該独立部分をいう」（措通69の4-21）と解してきた。そのため，構造上内部で行き来が可能な二世帯住宅（構造上区分されていない二世帯住宅）については，全体を一つの住居と捉え，被相続人と親族が同居していたものと解し，全体について特定居住用宅地等に該当するものとして，本件特例の適用が可能とされてきた[24]。一方で，構造上内部で行き来が不可能な二世帯住宅（構造上区分された二世帯住宅）の場合，それぞれの区分ごとに独立した家屋と考え，被相続人が居住していた部分に対応する宅地等については，他の要件を満たせば特定居住用宅地等に該当するものの，それ以外の部分は特定居住用宅地等に該当しないものとして本件特例の適用を認めない取り扱いとされていた[25]。

　例えば，被相続人Xが，生前，次のような（【図】を参照）構造上区分された二世帯住宅を所有し（建物はXの単独所有），1階部分にXおよびその配偶者が居住し，2階部分に被相続人の子Aの家族が居住し，XとAとは別生計であったとする。このケースにおいて，Xが死亡し，当該二世帯住宅の敷地である宅地等をAが相続し，相続開始時から申告期限まで引き続き当該宅地等を有し，かつ，相続開始前から申告期限まで引き続き当該宅地等を自己の居住の用に供していた場合，本件特例の適用関係は次の通りである。

　この場合，改正前では，1階部分と2階部分はそれぞれが独立した家屋と考えられることから，Xの居住部分に対応する宅地等の部分については，取得者ごとの要件を満たせば特定居住用宅地等に該当するものの，XとAとは別生計であるから，Aの居住部分に対応する宅地等の部分は特定居住用宅地等に該当しないこととなる（特定居住用宅地等の範囲）。また，XとAとはそれぞれ独立した住居に居住していることになるため，AはXの同居親族（「相続開始の直前において当該宅地等の上に存する当該被相続人の居住の用に

---

(24)　前掲注（10）588頁。
(25)　前掲注（10）589頁。

第3章 生計の形態・遺言形式等と相続税　71

図　二世帯住宅の具体例

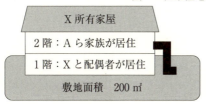

2階部分は外階段で出入りし、建物内部で行き来できない構造

供されていた家屋に同居していた者」旧特措法69条の3第2項2号イ）に該当せず(26)，同居親族に係る小規模宅地等の特例を適用することができない。さらに，Xに配偶者がいること，AとXとは別生計であることから，他の要件を満たすことができないため（旧特措法69条の3第2項2号ロ，ハ），このAのようなケースの場合，本件特例の適用は認められないこととなる。

　仮にこのケースで，当該二世帯住宅が構造上内部で行き来が可能であったならば，全体を一つの住居と捉え，当該住宅の敷地全体がXの居住の用に供されていた宅地となるうえに，AはXの同居の親族にあたり，当該宅地等の全体が特定居住用宅地等に該当し，敷地全体について本件特例の適用が可能となる。このように，建物の外観からは窺い知れない内部の事情で本件特例の適用の可否が決まることは，まったくもって「納税者からは分かりにくい状況(27)」にあると批判されたことは想像に難くない。

(2)　平成25年度税制改正後の二世帯住宅の取り扱い

　そこで，平成25年度の税制改正の際，「外見上は同じ二世帯住宅であるのに内部の構造上の違いにより課税関係が異なることは不合理との指摘を踏まえ，……二世帯住宅であれば内部で行き来ができるか否かにかかわらず，全体として二世帯が同居しているものとしてこの特例の適用が可能とされ，こ

---

(26)　なお，旧措置通69の4-21（平成25年改正前のもの）では，構造上区別のある二世帯住宅の各住居部分に被相続人と相続人が居住していた場合に，当該二世帯住宅を被相続人が全部所有しており，被相続人に配偶者および同居親族がいない場合には，実務上の取り扱いとして，当該相続人を同居親族として認めていた。
(27)　前掲注（10）589頁。

れを法令上も明確化することとされ(28)」た。

　具体的には，被相続人の居住の用に供されていた「家屋」が，「一棟の建物（当該被相続人，当該被相続人の配偶者又は当該親族の居住の用に供されていた部分として政令で定める部分に限る。）」と改められた。ここで「政令で定める部分」とは，被相続人の居住の用に供されていた一棟の建物が建物の区分所有等に関する法律1条の規定に該当する建物である場合には，当該被相続人の居住の用に供されていた部分をいい（措令40条の2第10項1号），それ以外の場合には，被相続人または当該被相続人の親族の居住の用に供されていた部分（同2号）とされる。この「建物の区分所有等に関する法律1条の規定に該当する建物」とは，建物の独立した部分ごとに所有権の目的とすることができる建物を指すところ，「構造上区分所有しうる建物が当然に区分所有建物に該当するわけではなく，区分所有の意思を表示する必要があると解されていることから，通常は区分所有建物である旨の登記がされている建物とな(29)」る。

　上述の具体例に即していえば，この二世帯住宅が区分所有建物でない場合には，Xの居住部分のみならず，Aの居住部分も含めて「一棟の建物」とされ，当該「一棟の建物」の敷地全体が特定居住用宅地等に該当し，AはXの同居親族に該当することとなることから，敷地全体について本件特例の適用が可能となる。

　他方で，この二世帯住宅が区分所有建物であり，1階部分はX，2階部分はAの所有として登記されている場合，X居住の1階部分に対応する敷地の部分のみが特定居住用宅地等に該当することになる。そして，XとAとは別居となることから，措法69条の4第3項2号イに該当せず，さらに，Xの配偶者がおり，またAは自己所有の家屋に居住していることから同ロに該当せず，XとAとは別生計であるから同ハにも該当しない。したがって，この場合，Aはいずれの要件も満たさず，本件特例の適用を受けるこ

---

(28)　前掲注（10）589頁。
(29)　前掲注（10）589頁。

第3章　生計の形態・遺言形式等と相続税　73

とはできない。

　以上によれば，改正後においては，構造上の区分による取り扱いの違いはなくなるものの，区分所有であるか否かによって，本件特例の適用範囲および適用の可否が左右されることになる。

(3)　二世帯住宅の取り扱いの変化の意味

　以上のような二世帯住宅にかかる取り扱いの変化は，本件特例における「同居」の意義にとって，どのような意味を持つのであろうか。

　従前，「同居」の意義に関して，条文上，「家屋」という用語が用いられていたことから，通達は「同じ家屋」に起居することを「同居」と解釈し，二世帯住宅が一つの「家屋」に該当するかは，構造上の区分の有無で判断することとしてきた。これに対しては，外観から窺い知ることのできない内部の構造上の問題で，本件特例の適用の可否が決まることは，納税者にとってわかりにくいという批判があるのももっともと思われる。

　とはいえ，そのような通達の判断基準が全く意味のないものでもないと思われる。構造上の区分の有無は，建築基準法上，一戸建てか長屋（または共同住宅）かの区別に関係しており，それぞれ建築基準法上の規制が異なっている。建築基準法上，長屋または共同住宅は，各住戸が独立して一つの住戸となるような構造を備えている。そうすると，各住戸部分は，物理的に区分され，それ単体としても取引が可能といえる。このような構造上区分された二世帯住宅の場合，各住戸部分をもって独立の家屋とすることにも十分な意味があったと思われる。そして，被相続人と相続人とがそれぞれ別の家屋で生活していたということは，被相続人と相続人とは別生計であったことを推定させる一つの要素である（別居であっても，同一生計のことはありえる）。

　一つの住居に二つの世帯が住むという典型的な同居スタイルとは異なる，二世帯住宅というスタイル（一つの建物の中に二つの住居があり，別々に生活している）について，本件特例の制度趣旨からどこで線引きするかということを考えた場合に，内部で自由に行き来ができるのであれば（構造上の区分のない二世帯住宅），二つの世帯の間の生計の一体性が推定され，これを保護の対

象に含める（解釈としては，同居に含める）こととしたと考えれば，従前の通達の取り扱いは制度趣旨に合致し，妥当であったと考えられる。したがって，従前の条文（「家屋」）のままに，「納税者にわかりにくい」というだけで，通達の解釈を変え，構造上の区分の有無に関係なく，二世帯住宅であれば同居と取り扱うことはできなかったのではないだろうか。

　一方で，実際問題として，見た目は同じ二世帯住宅が内部構造の違いで取り扱いが異なるのは，一般の納税者にとっては「わかりにくい」し，構造上区分され，区分された独立部分ごとに取引が可能であるといっても，二世帯住宅の各住戸を個別に処分するのは現実には困難であるように思われる（他の相続人が取得して住むか，せいぜい賃貸するくらい）。さらに，人々の意識としても，従来の典型的な同居（一つの家屋に二つの世帯が一緒に住む）だけでなく，二世帯住宅もまた「同居」と考えられるようになってきた（さらに言えば，二世帯住宅という「同居」の方法を好むようになってきた）とすれば，従前の取り扱いに不合理を感じるのももっともである。

　平成25年度税制改正は，従前の「家屋」を「一棟の建物」と変え，二世帯住宅について構造上の区別の有無にかかわらず，2つの世帯が同居しているものと扱うこととした。この改正は，上記のような「同居」感を反映したものと考えられるだけでなく，単に従来の取り扱いが「わかりにくい」からという以上の意味（本件特例の趣旨にかかわる問題）もあるように思われる。かつての「典型的な同居」の場合，被相続人と同居親族との間の生計の一体性ゆえに，残された同居親族に要保護性があると考えられる。他方，同居していても別生計のことはあり得るところ，二世帯住宅の場合，典型的な同居とは異なり，別生計である可能性が高いとすると，生計維持という観点からの要保護性は低いと考えられる。そうであるとすれば，この改正は，従来の残された同居親族の生活基盤の保護以上に，より積極的な意味があるのではないだろうか。そして，それは，現代的な「同居」感を受け入れると同時に，そのような「同居」の在り方を推進する（支援する）ということではないだろうか。

(4) 高齢者とその家族の居住形態－「同居」をとりまく事情

　高齢者やその家族がどのような居住形態をとっているのか。これについては，同居率の低下があげられよう。かつての親・子・孫という三世代が一つ屋根の下に起居するというような同居の形態は減り，親世代・子世代の互いのプライバシーの尊重や生活の気楽さから，別居が好まれるようになってきたといわれる。

　例えば，厚生労働省・国民生活基礎調査によれば，平成27年6月現在において，65歳以上の者は3,465万8,000人いる。その家族形態は，「子と同居」の者が1,352万6,000人（65歳以上の者の39.0％）で最も多く，これに「夫婦のみの世帯」が1,346万7,000人（38.9％）と拮抗し，次いで，単独世帯が624万3,000人（18.0％）となっている。家族形態に占める「子との同居」の構成割合は，現在もなお最も多いものの，平成元年には6割を占めていたことに比べれば，高齢期の家族形態の在り方として「子との同居」が減少しているといえるだろう（【表4－1】を参照）。さらに，調査年次が少し古くなるが，老後の生活において子との同居を希望する割合が減少傾向にあるというデータもあり（【表5－1】を参照），同居という家族形態は今後も減少していくかに思われる。

　しかし一方で，65歳以上の者の家族形態を年齢階級別にみると，「75歳以上」の者は「65～74歳」の者に比べ「子との同居」の割合が高くなっており（【表4－2】を参照），高齢になるほど子との同居を希望する者が多くなる（【表5－2】を参照）。高齢期に入り，配偶関係の変化や心身の健康・介護の不安を考えるとき，子との同居を希望する意識が強くなるのであろう。また，注目されるのが，「子供が近くにいれば別居してもいい」という最近でいうところのいわゆる「近居」希望が，いずれの年代においても大きな割合を占めることである（【表5－2】を参照）。

　このような家族形態の在り方や意識を背景として，近年，少子化対策の一

表4-1　65歳以上の者の家族形態の年次推移

年　次	65歳以上の者	単独世帯	夫婦のみの世帯	子と同居	子夫婦と同居	配偶者のいない子と同居	その他の親族と同居	非親族と同居
				推　計　数	（単位：千人）			
昭和61年	12,626	1,281	2,784	8,116	5,897	2,219	409	37
平成元年	14,239	1,592	3,634	8,539	6,016	2,524	445	29
4	15,986	1,865	4,410	9,122	6,188	2,934	549	41
7	17,449	2,199	5,125	9,483	6,192	3,291	611	31
10	20,620	2,724	6,669	10,374	6,443	3,931	816	36
13	23,073	3,179	7,802	11,173	6,332	4,841	878	41
16	25,424	3,730	9,151	11,571	5,995	5,576	916	55
19	27,584	4,326	10,122	12,034	5,406	6,629	1,056	45
22	29,768	5,018	11,065	12,577	5,203	7,374	1,081	27
25	32,394	5,730	12,487	12,950	4,498	8,452	1,193	33
26	34,326	5,959	13,043	13,941	4,728	9,213	1,339	44
27	34,658	6,243	13,467	13,526	4,347	9,179	1,370	52
				構　成　割　合	（単位：％）			
昭和61年	100.0	10.1	22.0	64.3	46.7	17.6	3.2	0.3
平成元年	100.0	11.2	25.5	60.0	42.2	17.7	3.1	0.2
4	100.0	11.7	27.6	57.1	38.7	18.4	3.4	0.3
7	100.0	12.6	29.4	54.3	35.5	18.9	3.5	0.2
10	100.0	13.2	32.3	50.3	31.2	19.1	4.0	0.2
13	100.0	13.8	33.8	48.4	27.4	21.0	3.8	0.2
16	100.0	14.7	36.0	45.5	23.6	21.9	3.6	0.2
19	100.0	15.7	36.7	43.6	19.6	24.0	3.8	0.2
22	100.0	16.9	37.2	42.2	17.5	24.8	3.6	0.1
25	100.0	17.7	38.5	40.0	13.9	26.1	3.7	0.1
26	100.0	17.4	38.0	40.6	13.8	26.8	3.9	0.1
27	100.0	18.0	38.9	39.0	12.5	26.5	4.0	0.1

注：平成7年の数値は，兵庫県を除いたものである。

引用　厚生労働省『平成27年　国民生活基礎調査』6頁より。

参照 URL：http://www.mhlw.go.jp/toukei/sAikin/hw/k-tyosA/k-tyosA 15/dl /02.pdf（2017年4月26日最終確認）。

第3章　生計の形態・遺言形式等と相続税　77

表4-2　年齢階級別にみた65歳以上の者の家族形態

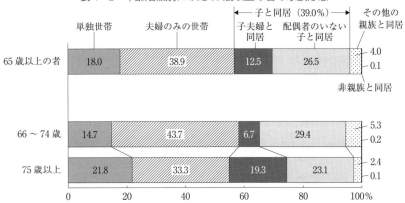

引用　厚生労働省『平成27年　国民生活基礎調査』6頁より。
参照URL：http://www.mhlw.go.jp/toukei/sAikin/hw/k-tyosA/k-tyosA15/dl/02.pdf（2017年4月26日最終確認）。

表5-1　老後生活における子どもとの同・別居について

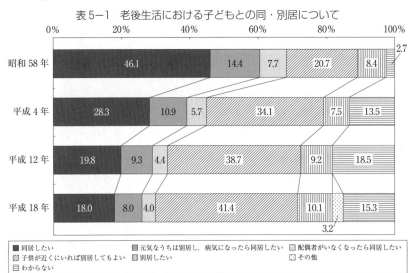

引用　厚生労働省『平成18年高齢期における社会保障に関する意識等調査報告書』14頁。
参照URL：http://www.mhlw.go.jp/houdou/2008/08/h0805-1.html（2017年4月26日最終確認）。

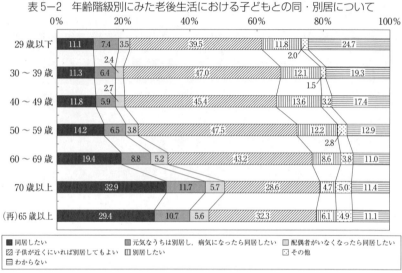

引用　厚生労働省『平成 18 年高齢期における社会保障に関する意識等調査報告書』15 頁。
参照 URL：http://www.mhlw.go.jp/houdou/2008/08/h0805-1.html（2017 年 4 月 26 日最終確認）。

環として，親世帯とその子世帯の三世代同居ないし近居[30]が推進されている。少子化社会対策大綱（平成 27 年 3 月 30 日閣議決定）は，多様な主体による子や孫育てに係る支援の充実を掲げ，その方策として三世代同居や近居支援のための優遇策等を検討することをあげ，三世代同居に向けた住宅の建設，リフォーム工事への補助，UR 賃貸住宅を活用した親子の近居等の支援が講じられている。

上記のような政策と，本件特例における二世帯住宅の取り扱いの改正を照らし合わせて考えると，本件特例は，本来の目的であった被相続人と生計を一にする相続人等の生活基盤の維持以上の意味，すなわち現代的な「同居」の推進という別の意味を持つようになったと評価できるのではないだろうか。

---

(30)　近居は別居にあたるため，本件特例の適用を受けるには，相続人はいわゆる「家なき子」に該当する必要がある。

あるいは，現代的な「同居」を推進することによって，相続人等の生活基盤の維持のみならず，被相続人の生前の生活基盤の維持を図る目的があるとみえなくもない。

4　小規模宅地等の課税の特例における「生計を一にする」の概念

　ところで，二世帯住宅の取り扱いについて，改正後も，二世帯住宅の各住居部分が区分所有されている場合には，「同居」と扱われないことはすでに確認した通りである。

　このように区分所有されている二世帯住宅の場合であっても，ＸとＡとが生計を一にしているのであれば，ＸとＡの各住居部分に対応する敷地（すなわち当該二世帯住宅の敷地全体）が特定居住用宅地等に該当することになる。そして，Ａは，Ｘと生計を一にしていた者であって，相続開始時から申告期限まで引き続き当該宅地等を有し，かつ，相続開始前から申告期限まで引き続き当該宅地等を自己の居住の用に供していることから，措置法69条の4第3項2号ハの要件を満たし，当該敷地の全体について本件特例の適用を受けることができる。

　また，本稿では居住用宅地を中心に検討してきたため，取り上げてこなかったが，「生計を一にする」の概念をめぐって，本件特例の対象のうち特定事業用宅地について次のような問題があるので付言しておきたい。まず，相続開始の直前において，被相続人本人が個人事業を行っており，相続開始後に，相続人が事業を承継する場合であれば本件特例が適用される。一方で，被相続人の生前に，相続人が当該個人事業を承継していたケースにおいては，被相続人と当該相続人が生計を一にしていたのでなければ，本件特例の適用を受けることができない。このことは，近年，スムーズな事業承継が喫緊の課題となっていることに鑑みれば，重大な問題である。

　以上のとおり，本件特例の適用において，「生計を一にする」という概念は非常に重要である。そこで，改めて「生計を一にする」の概念について検討しておきたい。

「生計を一にする」という概念は，相続税法のみならず所得税法，法人税法等においても，使用されているが，法律上，明確な定義が与えられているわけではない[31]。この点，例えば，所得税法基本通達 2 − 47（生計を一にするの意義）によれば，「生計を一にする」とは，「必ずしも同一の家屋に起居していることをいうものではな」く，勤務・修学等の都合上他の親族と日常の起居を共にしていない親族であっても，余暇には当該他の親族のもとで起居を共にしている場合や，これらの親族間で常に生活費等の送金が行われている場合には「生計を一にする」ものとされている。その反面，「親族が同一の家屋に起居している場合には，明らかに互いに独立した生活を営んでいると認められる場合を除き，これらの親族は生計を一にする」ものとされる。法人税法基本通達 1 − 3 − 4 では，「有無相助けて日常生活の資を共通にしていることをいうのであるから，必ずしも同居していることを必要としない」，また国税通則法基本通達 46 条関係 9 は，「納税者と有無相助けて日常生活の資を共通にしていることをいい，納税者がその親族と起居を共にしていない場合においても，常に生活費，学資金，療養費等を支出して扶養している場合が含まれる。なお，親族が同一の家屋に起居している場合には，明らかに互いに独立した生活を営んでいると認められる場合を除き，これらの親族は生計を一にするものとする。」とする。すなわち，「生計を一にする」とはもっぱら経済的側面を指し，その判断にあたっては物理的要素も考慮される（同居している場合は通常「生計を一にする」とみられる等）。同様の考え方を最高裁も採用していると考えられる[32]。

本件特例の適用の有無をめぐって「生計を一」にしていたといえるかが争

---

(31) 「生計を一にする」概念について，実務上の判断要素をまとめた書籍として，藤本純也・草木隆行・三宅直樹『「生計を一にする」要件の可否判断』（清文社，2012）がある。これによれば，「生計を一にする」か否かの判断要素として，居住家屋の不動産登記，居住家屋についての親族間の家賃等のやり取り，家屋の物理的構造，生活費の支払い状況，住民票や国民健康保険上の世帯などが総合考慮されているとされる。

(32) 例えば，最判平成 17 年 7 月 5 日（税務訴訟資料 255 号順号 10070）など。

われた事例に，国税不服審判所裁決平成 20 年 6 月 26 日（裁決事例集 75 号 645 頁）(33)がある。請求人は，被相続人の所有する宅地上に，被相続人の居住家屋とは別の家屋（請求人所有）を建て，被相続人とは別居して生活していた。請求人は，「生計」とは「暮らし・生活」を意味し，「生計を一にする」とは，生活費等の費用を負担しあうことだけでなく，生活を一体にしていることをいうとし，被相続人は死亡する 3 年前から病院に入院しており，独立して暮らせる状態ではなく，被相続人の銀行口座の管理，入院費等の生活費の支払い，被相続人居宅の管理等を請求人が行っており，生活は一体であったと主張した。これに対し，課税庁は，「生計を一にする」とは，日常生活の資を共通にすることをいうとし，本件については，請求人は被相続人と同居しておらず，また，請求人と被相続人との間で日常生活のために費用を負担しあう状況にはなかったと認められるとした。

　審判所は，本件特例にいう「生計を一にしていた」とは，「同一の生活単位に属し，相助けて共同の生活を営み，ないしは日常生活の資を共通にしている場合をいい，『生計』とは，暮らしを立てるための手立てであって，通常，日常生活の経済的側面を指すものと解される。したがって，被相続人と同居していた親族は，明らかにお互いに独立した生活を営んでいると認められる場合を除き，一般に『生計を一にしていた』ものと推認されるが，別居していた親族が『生計を一にしていた』ものとされるためには，その親族が被相続人と日常生活の資を共通にしていたことを要し，その判断は社会通念に照らして個々になされるところ，少なくとも居住費，食費，光熱費その他日常の生活に係る費用の全部又は主要な部分を共通にしていた関係にあったことを要すると解される。」とし，本件事例の事実関係によれば，「生計を一」にしていたとはいえないとした。

　以上のように，「生計を一にする」と認定されるためには，被相続人と主に消費生活面での「日常生活の資」をともにしていたことを示すさまざまな

---

(33)　評釈として，鹿志村裕「小規模宅地の特例の適用要件たる『生計を一にしていた』の意義」税務事例 41 巻 11 号 21 頁以下（2009）がある。

事実を立証しなければならないとされている。一方で，二世帯住宅における「同居」の取り扱いが平成 25 年度税制改正により緩やかになったと評価できることからすれば，「生計を一にする」についても柔軟な解釈が求められるように思われる。

　例えば，上述のような生前に被相続人の個人事業を承継していたケースなどについては，相続開始後に事業を承継するケースと比較して，残された相続人の生活基盤の維持という点で，その要保護性に実質的な差はないと思われるし，むしろスムーズな事業承継を図る観点からは生前に事業承継される方が望ましいともいえる。このような場合に，被相続人と承継者たる相続人の生計の一体性について，日常生活の資を稼ぐ手段を共通にするという要素を含める解釈の余地があるように思われる。

II　遺言の形式－「相続させる」旨の遺言と相続税

　特定の財産を特定の相続人に渡したいと考える場合，生前にどのような方法をとりうるだろうか。死亡後における自己の財産の処分方法について自己の意思を明らかにする方法として，遺言によることが考えられる。もちろん，保険や信託等の方法もありうるが[34]，これまで一般的な方法としては，遺言が想定されてきたと考えられる。典型的には，ある特定の財産あるいは全財産を特定の相続人等に「相続させる」旨の遺言である。そこで，本稿では，「相続させる」旨の遺言と相続税上の基礎的な問題について整理し，このような遺言の作成にあたって，相続人間の紛争や相続税上の予想外の税負担を避けるために，慎重な手続と考慮が必要であることを指摘したい。特定の財産を特定の相続人に残したいという被相続人の思いが，かえって相続を争続にし，さらに相続税上の問題が火に油を注ぐようでは，誰にとっても不幸な

---

(34)　高齢社会における保険および信託と税制上の諸問題については，本研究における辻美枝「年金・保険と租税」および首藤重幸「高齢社会と信託税制」において考察されている。

ことである。

1 「相続させる」旨の遺言の効果

　民法は，遺言による財産の処分について，相続分の指定（902条），遺産分割方法の指定（908条），遺贈（964条）を定める。相続分の指定は，例えば「遺産の3分の1をAに，3分の2をBに相続させる」などのように相続分の割合を定めるもので，具体的にどの遺産をどの相続人が相続するかは，遺産分割協議を経て決定されることになる。特定の遺産を特定の相続人に「相続させる」旨の遺言について，それが，遺産分割の方法を指定したものであるのか，遺贈であるかが議論されてきた。

　これについて，最高裁は，特定の遺産を特定の相続人に「相続させる」趣旨の遺言は，「遺言書の記載から，その趣旨が遺贈であることが明らかであるか又は遺贈と解すべき特段の事情のない限り，遺贈と解すべきではない。」「したがって，右の『相続させる』趣旨の遺言は，……遺産の分割の方法を定めた遺言であり，……このような遺言にあっては，遺言者の意思に合致するものとして，遺産の一部である当該遺産を当該相続人に帰属させる遺産の一部の分割がなされたのと同様の遺産の承継関係を生ぜしめるものであり，当該遺言において相続による承継を当該相続人の受諾の意思表示にかからせたなどの特段の事情のない限り，何らの行為を要せずして，被相続人の死亡の時（遺言の効力の生じた時）に直ちに当該遺産が当該相続人に相続により承継されるものと解すべきである」（最判平成3年4月19日・民集45巻4号477頁）として，遺産分割方法の指定であるとした。

　「遺産分割方法の指定」か「遺贈」かの区別は，かつては登録免許税の税負担の点で，「相続」と「遺贈」とで税率が異なっており（平成15年の改正により，受遺者が相続人の場合の遺贈については相続と同税率となっている），課税実務上の意味があったほか，両者には以下のような違いがある。

　①　遺贈であれば受遺者はいつでも遺贈の放棄をすることができるのに対し，遺産分割方法の指定の場合，相続放棄しなければ放棄できない。

84

② 登記手続きにおいて，遺贈の場合には登記義務者たる相続人との共同
申請となるが，遺産分割方法の指定の場合，単独申請での所有権移転登
記が可能である。

③ 「相続させる」趣旨の遺言による権利の移転は，法定相続分または指
定相続分の相続の場合と本質において異なるところはなく，法定相続分
または指定相続分の相続による不動産の権利の取得については，登記な
くしてその権利を第三者に対抗することができる[35]。遺贈の場合，遺
贈の効果を第三者に主張するためには，所有権移転登記等の対抗要件を
具備する必要がある。

以上によれば，特定の財産を速やかに特定の相続人に承継させたい場合，
上記②および③の点に，「相続させる」旨の遺言を用いるメリットがあると
考えられる。

2 「相続させる」旨の遺言と遺留分減殺請求権

特定の遺産を特定の相続人に「相続させる」旨の遺言の場合，相続分の指
定とは異なり，当該特定の遺産は，被相続人の死亡時（遺言の効力の生じた
時）に，直ちに当該相続人に承継されることとなる（遺産分割協議をする必要
がない）。また，「相続させる」旨の遺言は，遺産分割方法の指定と解されて
いるところ，遺贈と異なり，単独で所有権移転登記が可能であり，また登記
なくしてその権利を第三者に対抗することができる。これらの点は，事業承
継など特定の遺産を特定の相続人に承継させたい場合に，「相続させる」旨
の遺言を用いる利点といえる。

ところで，被相続人の遺産全てを特定の相続人に「相続させる」旨の遺言
は，遺産分割方法の指定とともに，相続分の指定をするものと解されるとこ
ろ，指定相続分は遺留分を侵害することはできない（民法 902 条 1 項但書き）。
このため，当該相続人に対し，他の相続人から遺留分減殺請求がされること

---

(35) 最判平成 14 年 6 月 10 日・裁判集民 206 号 445 頁。

がありうる。遺留分減殺請求権は，形成権と解されており，遺留分減殺請求権が行使されると，受遺者が取得した財産は遺留分侵害の限度で遺留分権者に帰属することとなる。このように遺留分減殺請求が行使された場合，相続税法上，次の【設例1】の①ないし③の各段階について課税関係を考える必要がある。

【設例1】相続人はAとBの二人。遺産すべてを特定の相続人（A）に「相続させる」旨の遺言がある。

①　相続開始時に，すべての遺産はAに帰属する。

②　Bが遺留分減殺請求権を行使する。

　→行使時点で，遺留分侵害の限度（4分の1）で，遺産の一部はBに帰属。

③　現物返還・価額弁償により具体的な財産の帰属が決まる。

　本稿では，相続税の法定申告期限前に遺留分減殺請求があった場合に，Aは，遺留分相当額を控除して申告できるかどうか(1)，申告後に遺留分減殺請求があった場合，Aは，いつの時点で更正の請求をすべきか(2)について検討する。

(1)　法定申告期限前に遺留分減殺請求権の行使があった場合

　上記【設例1】のケースにおいて，法定申告期限前に遺留分減殺請求があった場合，Aは，相続税の申告において，当該遺留分相当額を控除して申告することができるだろうか。Aは，遺言によって，いったんは被相続人の全ての財産を取得するものの（①の段階），Bによる遺留分減殺請求権の行使によって，遺留分侵害の限度で当該財産の一部は，Bに帰属することとなる（②の段階）。遺留分減殺請求権を形成権と解する民法理論を前提に考えると，②の段階で，遺産の一部はBに帰属することとなるので，Aは遺産の4分の3を，Bは遺産の4分の1を課税価格として申告することができるように思われる。

　ところが，課税実務では，遺留分減殺請求に基づく返還・弁償すべき額が

未確定な場合には，遺留分減殺請求権がないものとした場合における各相続人の相続分を基礎として課税価格を計算するとしている（相続税法基本通達11の2−4）。したがって，申告期限までにAとBとの間で，現物の返還または価額弁償が確定していない場合には，Aは，すべての遺産をAの課税価格に含めて申告することになる。

　Aは返還または弁償すべき額が確定した段階で更正の請求をなしうること（相続税法32条1項3号），遺留分減殺請求権を行使した段階では，Bは実際には財産を得ていないので納税資金の確保に困難があることもありうることからすれば，民法理論との整合性はともかく，実務上の取り扱いとしては妥当であるように思われる[36]。

---

(36)　同旨として国税不服審判所裁決平成24年5月15日（裁決事例集87集327頁）がある。本裁決の評釈として，長島弘「遺産全部を特定の相続人に『相続させる』旨の遺言と遺留分減殺請求の可否」月刊税務事例47巻3号42頁は，裁決の結論に賛成する。なお本件の事実の概要および審判所の裁決は次の通りである。

　【事実の概要】本件被相続人Aは，医療法人の理事長であり，平成19年8月に死亡した。Aの法定相続人には，被相続人の子であるX（審査請求人）および配偶者のBがいる。Aは，平成17年10月21日に，Aの全ての財産をXに相続させる旨の遺言公正証書を作成した。Bは，平成19年7月30日にAが甲生命保険と契約していた全期間払込10年養老保険4口（本件養老保険）を解約し，同日，解約返戻金21,623,072円のうち1,000万円（解約返戻金から1,000万円を控除した残額11,623,072円を本件金員という）をA名義の乙銀行通常貯金口座に入金した。Xは，Bより平成19年11月29日付の遺留分減殺請求書と題する書面の送付を受け，その後，Bは平成21年7月に遺留分減殺請求訴訟を提起した。

　課税庁は，Xの課税価格について，本件金員の額（11,623,072円）および丙火災保険から支払われる所得補償金（7,333,334円）を加算し，遺留分相当額および葬式費用の額（7,883,676円）を控除せず，Bの課税価格について，相続開始前3年以内贈与にかかる財産の価額（21,851,000円）を加算する更正処分を行った。すなわち課税庁は，遺留分減殺請求に基づく返還または弁償すべき額が確定していないため，相続税法基本通達11の2−4に基づき遺留分減殺請求がなかったものとして課税価格を計算すべきであるとして更正処分を行ったものである。

　【審判所裁決】遺産全部を特定の相続人に「相続させる」旨の遺言の場合，「当該相続人に法定相続分を超える遺産を相続させることになるから，当該遺言は，遺産の分割方法の指定と同時に民法第902条1項に規定する相続分の指

第3章　生計の形態・遺言形式等と相続税　87

(2)　申告後に遺留分減殺請求権の行使があった場合

　申告後に，遺留分減殺請求権が行使された場合にも，遺留分減殺請求権の法的性質から，本章(1)で検討したところと同様の問題が生じうるが，これについては相続税法32条1項3号により立法的に解決されている。すなわちAは，②の遺留分減殺請求権が行使された段階ではなく，③の具体的な財産の帰属が確定した段階で更正の請求を行うことになる。

　では，相続税法32条1項3号にいう「遺留分による減殺の請求に基づき返還すべき，又は弁償すべき額が確定したこと」とはいかなる状態をさすのであろうか。国税不服審判所裁決平成25年1月8日（裁決事例集90集246頁)(37)は，遺言により遺産のすべてを取得した相続人が，遺産の土地を訴外

　　定をしたものと解され，同項ただし書きの規定により遺留分に関する規定に違
　　反することができないことにより，遺留分を侵害された相続人は，財産を取得
　　した相続人に対し，遺留分減殺請求権を行使することができることとなる。」
　　「遺留分減殺請求権が行使されると，相続分の指定は遺留分を侵害している程
　　度において失効し，遺留分権者に帰属すると解されるが，遺留分減殺請求権を
　　行使された相続人が請求どおり速やかに履行する場合はともかく，遺留分減殺
　　請求権を行使された相続人とそれを行使した相続人との間で，遺留分減殺請求
　　の効果及び履行について争われることは現実に数多く見られることであり，こ
　　のように当事者間で遺留分減殺請求の効果及び履行について争っている状況に
　　おいて，不確定事実を基として相続税の課税価格を計算することは事実上困難
　　であることから，基本通達11の2−4は，遺留分減殺請求に基づき返還すべき
　　又は弁償すべき額が確定するまでの間，遺留分減殺請求がなかったものとして
　　課税価格を計算する旨定めるものであり，当該取り扱いは，当審判所において
　　相当と認められる。」
(37)　本件の事実の概要および審判所の裁決は次の通りである。
　　【事実の概要】本件被相続人は，平成18年1月某日に死亡し，本件相続が
　　開始した。本件相続にかかる共同相続人は，被相続人の子X（審査請求人）
　　のほか4名の子（E，F，G，H）である。被相続人は，平成16年4月1日付
　　で，被相続人の財産すべてをXに相続させる旨の遺言をし，本件遺言書は，
　　平成18年8月，家庭裁判所において検認された。被相続人が所有していた土
　　地（本件土地）は，平成18年8月に，本件相続を原因とする被相続人からX
　　への所有権移転登記が経由された。Xは，平成18年9月28日付で，甲社と
　　の間で本件土地の不動産売買契約を締結した（同日付で，Xから甲社への所
　　有権移転登記が経由された）。EおよびGは，平成19年2月13日付内容証明
　　郵便で，Xに対し遺留分減殺請求をし，平成20年9月に遺留分減殺請求訴訟
　　を提起した。Eらは，平成21年8月に，甲社を被告として，本件土地の真正

会社に売却した後に，遺留分権利者が遺留分減殺請求訴訟を提起するとともに，当該会社に対し，本件土地につき遺留分に相当する各持分10分の1ずつの所有権移転登記手続きをすることを求める訴訟を提起した事案である。当該会社が請求を認諾したことから，受遺者たる相続人が更正の請求を行ったところ，課税庁は遺留分減殺請求訴訟が係属中であることを理由に，本件相続にかかる遺留分につき確定的な判断がされたとものとは認められないとして拒否処分を行った。

　審判所は，相続税法32条3号に該当するか否かの判断は，「遺留分減殺請求に基づき返還すべき又は弁償すべき額が確定した」と評価しうる事実が認

な登記名義の回復を原因としてＥらに各共有持分10分の1ずつの所有権移転登記手続きをすることを求める訴訟を提起し，甲社は平成22年12月に行われた口頭弁論期日において，請求を認諾した（本件認諾）。Ｘは，本件認諾によって，Ｅらの本件土地に関する遺留分割合に相当する持分の取得が確定したので相続税法32条3号事由に該当するとして，更正の請求を行った。課税庁は，本件認諾の既判力は，遺留分減殺請求を原因とするか否かの判断についてまで及ぶものではなく，本件更正の請求の時点では，本件土地に関する価額弁償請求を含めた本件遺留分減殺請求訴訟が係属中であることから，本件土地に関して遺留分請求における確定的な判断がなされたものとは認められないとして，更正をすべき理由がない旨の通知処分を行った。

【審判所裁決】「民法第1040条第1項本文の規定は，遺留分権利者が，遺留分減殺請求によって目的物を取り戻して占有や登記を回復することができた場合に，これに加えて価額弁償の請求も認めるものではないから，Ｅらは，本件認諾の後，本件遺留分減殺請求訴訟において本件土地に係る価額弁償を請求することはできず，本件土地について遺留分減殺請求に基づき返還すべき又は弁償すべき額が変動することはない。そうすると，本件認諾の日に，遺留分減殺請求権者であるＥらは，本件土地について遺留分に相当する共有持分権を取り戻すことが確定し，これにより，請求人が遺留分減殺請求に基づき返還すべき又は弁償すべき額が確定したというべきである。」「相続税法第32条第3号に該当するか否かの判断は，遺留分減殺請求に基づき返還すべき又は弁償すべき額が確定したと評価しうる事実が認められるか否かによるべきものであって，……遺留分減殺請求訴訟についての判決が確定した場合や，遺留分減殺請求訴訟についての訴訟上の和解等が調書に記載されて確定判決と同一の効力を有することとなった場合に限られるものではないから，〔1〕本件認諾に係る既判力の客観的範囲を根拠として同号該当性を判断することはできないというべきであるし，〔2〕本件においては，本件認諾の日に本件遺留分減殺請求訴訟が終了していなかったことは，同号該当性の判断の結論に影響を及ぼすものではない。」

第3章 生計の形態・遺言形式等と相続税 89

められるか否かによるべきものであって，遺留分減殺請求訴訟についての判決が確定した場合や，遺留分減殺請求訴訟についての訴訟上の和解等が調書に記載されて確定判決と同一の効力を有することとなった場合に限られるものではないとし，本件遺留分権利者らは，本件認諾の後，本件遺留分減殺請求訴訟において本件土地に係る価額弁償を請求することはできず，本件土地について遺留分減殺請求に基づき返還すべき又は弁償すべき額が変動することはないことから，本件認諾をもって「遺留分減殺請求に基づき返還すべき又は弁償すべき額が確定した」と評価できるとした。

3 「相続させる」旨の遺言と小規模宅地等の課税の特例

　本稿Iで検討したように，小規模宅地等の課税の特例は，相続税の負担軽減のための重要な方法の一つである。遺言の作成にあたり，遺産の中に，本件特例の対象となりうる宅地がある場合には，当該宅地を本件特例の対象を受けることができる者に「相続させる」ことが，相続税の負担を考えるうえでは重要である。さらに，本章(2)で検討したように，全ての財産を特定の相続人等に「相続させる」旨の遺言は，他の相続人の遺留分を侵害するものであり，遺留分減殺請求権の行使があれば，受遺者が取得した財産は遺留分侵害の限度で遺留分権者に帰属することとなる。遺言を作成するにあたっては，少なくともこれらの点に留意する必要があろう。

　そこで，相続財産の中に本件特例の適用対象となる宅地と，適用要件を満たす相続人Aと満たさない相続人Bがおり，Aに財産の全てを「相続させる」遺言があったものの，Bから遺留分減殺請求権が行使されたというケース（【設例2】を参照）について検討する。

【設例2】相続人は被相続人の子であるAとBの二人。相続財産は，被相続人の居
　　住家屋の敷地となっている土地（相続時の時価4億円，財産評価基本通達による
　　財産評価額3億円）である。被相続人は，生前，すべての財産をAに相続させ
　　る旨の遺言を作成していた。Bは，遺留分減殺請求権を行使して，申告時点にお

いて，遺留分減殺請求訴訟が係属中である。Ａは被相続人と同居していたところ，本件土地につき，小規模宅地等の特例を適用して申告した。

① 遺留分減殺請求訴訟において，本件土地につきＢに４分の１を認める判決が確定し，Ｂの持ち分を４分の１とする所有権移転登記がなされた。Ｂは特例の要件を満たさない。

② Ａが本件土地のすべてを取得する代わりに，Ｂは，相続時の時価４億円の４分の１にあたる１億円の価額弁償金を得た。

　この場合，特例対象宅地は本件土地のみであり，本章(1)の検討によれば，Ａは遺言によって本件土地を取得したとして，相続税の申告をすることになる。その際，本件土地はすでに分割された財産と考えられるので，Ａは，本件土地につき，小規模宅地等の特例を選択して申告をすることになろう（なお，措置令 40 条の 2 第 5 項によれば，特例対象宅地等の全てを取得した個人が一人である場合には，選択特例対象宅地等の明細書，限度面積要件を満たすことの証明書の書類を添付する[38]）。この場合，Ａの課税課各は 6,000 万円，Ｂは 0 となり，Ａの納付すべき相続税の額は 220 万円となる。

相続財産：土地　3 億円（財産評価基本通達に基づく財産評価額），4 億円（時価）

【当初のＡの申告】

課税価格の合計額　6,000 万円－基礎控除 4,200 万円（3,000 万円＋600 万円×2人）＝1,800 万円（課税遺産総額）

Ａの課税価格　3 億円×20％＝6,000 万円（特例適用）

---

(38)　相続財産の中に，分割された財産と分割されていない財産があり，いずれも特例対象宅地に該当する場合に，当該分割された特例対象宅地について小規模宅地等の特例の適用を受けるためには，当該未分割の特定対象宅地等を共有で取得しているすべての者の当該選択についての同意を証する証書を添付する必要がある。国税不服審判所裁決平成 26 年 8 月 8 日（裁決事例集 96 集 185 頁）を参照。本裁決の評釈として，寺澤典洋「相続税の小規模宅地等の特例について，特定適用対象土地を取得した相続人全員の同意を証する書類の提出がないことから，同特例の適用はないとした事例（平成 26 年 8 月 8 日）の検討」月刊税務事例 47 巻 6 号 9 頁がある。

第 3 章　生計の形態・遺言形式等と相続税　91

相続税の総額　220 万円（1,800 万円×15%−50 万円＝220 万円）
　A の納付すべき金額　220 万円

　当初の申告後に，①の事情が生じた場合，各自の課税価格が変わり，また
B は特例の要件を満たさないことから，遺産の総額が基礎控除の額を超え，
相続税の納付税額が生じる。このため A も B も修正申告をする必要がある。
仮にこのケースにおいて，B が本件特例の適用要件を満たしていれば，B は
期限後申告（相法 30 条 1 項）において，当該土地について本件特例を適用し
て申告できるものと考えらえる[39]。しかし，B が本件特例の適用要件を満
たしていない場合には，B の取得した部分については，本件特例の適用が受
けられず，課税遺産総額が増額するため，B のみならず A にも税負担が生
じる。A が単独で本件土地を相続した場合と比べると，A にとっては相続
した土地の持ち分が減るうえに，相続税の負担が生じることになる。

【①の場合】
　課税価格の合計額　1 億 2,000 万円−基礎控除額 4,200 万円＝7,800 万円（課税
遺産総額）
　　A の課税価格　2 億 2,500 万円×20%＝4,500 万円（特例適用）
　　B の課税価格　7,500 万円（特例適用なし）
　相続税の総額　1,640 万円（7,800 万円×30%−700 万円＝1,640 万円）
　　各人の納付すべき税額　A：615 万円　B：1,025 万円
　A　1,640 万円×4,500 万円／1 億 2,000 万円＝615 万円
　B　1,640 万円×7,500 万円／1 億 2,000 万円＝1,025 万円

　そこで，②のように，特例の適用を受けられる A が土地の全部を相続す
る代わりに，B に価額弁償（民法 1041 条 1 項）を行うとしたらどうなるだろ

___

[39]　国税庁・質疑応答事例「遺留分減殺に伴う修正申告及び更正の請求における小
　　　規模宅地等の選択替えの可否」を参照。参照 URL：http://www.nta.go.jp/
　　　shiraberu/zeiho-kaishaku/shitsugi/sozoku/10/04.htm（2017 年 4 月 26 日最
　　　終確認）。

うか。価額弁償の場合，各人の相続税の計算においては，代償分割と同様の取り扱いとなる。相続税法基本通達11の2−9（代償分割が行われた場合の課税価格の計算）に即して考えれば，Aの課税価格の計算においては，土地の評価額から弁償債務の額を控除し，他方，Bについては弁償金の額を課税価格に算入する。この場合，Aの納付税額は0，Bの納付税額は1,040万円となるから，Aは更正の請求を行い，他方Bは期限後申告を行うこととなる。このように，Bが土地の時価4億円をもとに算出された価額弁償金1億円を受け取る場合は，①の場合と比べ，相続税の負担においてAにとっては有利なものの，土地の財産評価額（3億円）と弁償金算定の基礎とされた時価（4億円）が異なるために，Bにとっては負担増となる。

なお，このケースでBが本件特例の適用要件を満たしている場合に，土地の返還に代えて価額弁償を受けた場合はどうか。この点につき，価額弁償を受けた遺留分権利者が，土地の返還を受けていれば本件特例の適用を受けることができたのであるから，課税価格の計算につき相続税通達11の2−10（2）（弁償金の圧縮）の適用に当たっては，相続税評価額そのものではなく，本件特例を適用した後の金額とすべきと主張したところ，このような主張は排斥されている[40]。

【②の場合】
　課税価格の合計額　1億円−基礎控除4,200万円＝5,800万円
　　Aの課税価格　3億円×20%−1億円（弁償債務）＝▲4,000万円＝0円
　　Bの課税価格　1億円（弁償金）
　相続税の総額　1,040万円（5,800万円×30%−700万円＝1,040万円）
　　各人の納付すべき税額　A：0円　B：1,040万円
　A　1,040万円×0円/5,800万円＝0円
　B　1,040万円×5,800万円/5,800万円＝1,040万円

そこで，相続税基本通達11の2−10に従い弁償金の圧縮をすることが考

（40）　国税不服審判所裁決平成25年8月29日（裁決事例集92集347頁）を参照。

第3章　生計の形態・遺言形式等と相続税　93

えられる。この場合において，圧縮計算の際，分子に算入すべき代償分割の対象となった財産の相続開始の時における価額（財産評価額）は，本件特例を適用した価額（6,000万円）ではなく，本件特例適用前の金額（3億円）によることとされている。その理由として，本件特例は，相続税法22条の時価を基礎とし，一定の場合に課税価格の計算上の減額を行うもので，法22条の時価評価の原則規定とは次元を異にする相続税の課税価格の計算上の特例規定であるからとされる[41]。また，本件特例適用後の評価額で圧縮することは，本来であれば，特例が適用されないBにも，特例の恩恵が及ぶこととなり，本件特例の制度趣旨からすれば妥当ではない。

　以上にしたがって，弁償金の圧縮をすると，次の通りとなり，Aは②の場合と同様，税負担が生じない上に，Bの課税価格が圧縮される結果，Bの納付すべき税額は460万円となり，①の場合に比べて，AにとってもBにとっても有利な結果となる。

【弁償金を圧縮した場合】
　課税価格の合計額　7,500万円－基礎控除4,200万円＝3,300万円
　　Aの課税価格　3億円×20%－<u>1億円×3億円/4億円</u>＝▲1,500万円＝0円
　　Bの課税価格　<u>1億円×3億円/4億円</u>＝7,500万円
　相続税の総額　460万円（3,300万円×20%－200万円＝460万円）
　　各人の納付すべき税額　A：0円　B：460万円
　A　460万円×0円/7,500万円＝0円
　B　460万円×7,500万円/7,500万円＝460万円

　ところで，本件特例の適用のない場合であれば，弁償金の圧縮を行うことで，①のように現物分割を行った場合と，価額弁償を行った場合とで税負担は異ならない（【参考】を参照）。そもそも相続税基本通達11の2－10は，代償財産の額の評価にあたり，①代償債務の額は，代償財産の交付を受ける者

---

(41)　野原誠編『相続税基本通達逐条解説』（平成27年版，大蔵財務協会，2015年）220頁参照。

94

が代償分割の対象となった財産を手放す代わりに，それを補填するために交付を受けるもので，本来ならば取得できたであろう相続財産の代わりとして決められるものであること，②代償財産の交付を受ける者については，その代償財産は直接被相続人から承継取得したものではないが相続により取得した財産として相続税の課税対象となるものであることからすれば，一定の場合には，代償債務の額の評価を本来であれば取得できたであろう相続財産の価額に基づいて行うことにも正当な理由があると認められる[42]との趣旨に基づくものであり，現物分割と代償分割との場合で課税価格の計算上の公平を目的とするものであるからである。

【参考】ＡおよびＢのいずれについても小規模宅地等の特例の適用のない場合
　設例２に挙げた各ケースについて，ＡおよびＢの納付すべき税額は次の通りとなる。

【①の場合】
　課税価格の合計額　３億円－基礎控除額4,200万円＝２億5,800万円（課税遺産総額）

　　Ａの課税価格　２億2,500万円/Ｂの課税価格　7,500万円

　相続税の総額　8,910万円（２億5,800万円×45％－2,700万円＝8,910万円）

　　各人の納付すべき税額　Ａ：6,682万5,000円　Ｂ：2,227万5,000円

　Ａ　8,910万円×２億2,500万円/３億円＝6,682万5,000円

　Ｂ　8,910万円×7,500万円/３億円＝2,227万5,000円

【②の場合】
　課税価格の合計額　３億円－基礎控除4,200万円＝２億5,800万円

　　Ａの課税価格　３億円－１億円（弁償債務）＝２億円

　　Ｂの課税価格　１億円（弁償金）

　相続税の総額　8,910万円（２億5,800万円×45％－2,700万円＝8,910万円）

　　各人の納付すべき税額　Ａ：5,940万円　Ｂ：2,970万円

　Ａ　8,910万円×２億円/３億円≒5,940万円

---

(42)　野原・前掲注（41）218頁。

第3章　生計の形態・遺言形式等と相続税　95

　　B　8,910万円×1億円/3億円≒2,970万円
【弁償金を圧縮した場合】＝【①の場合】と同様の結果になる。
　課税価格の合計額　3億円−基礎控除4,200万円＝2億5,800万円
　　Aの課税価格　3億円−1億円×3億円/4億円＝2億2,500万円
　　Bの課税価格　1億円×3億円/4億円＝7,500万円
　相続税の総額　8,910万円（2億5,800万円×45％−2,700万円＝8,910万円）
　　各人の納付すべき税額　A：6,682万5,000円　B：2,227万5,000円
　　A　8,910万円×2億2,500万円/3億円＝6,682万5,000円
　　B　8,910万円×7,500万円/3億円＝2,227万5,000円

4　遺言と異なる遺産分割をした場合の課税関係：贈与税

　共同相続人は，被相続人が遺言で禁じた場合を除き，いつでも協議により遺産の分割をすることができる（民907条）。そこで，特定の遺産を特定の相続人に「相続させる」旨の遺言があった場合に，共同相続人の間でこれと異なる遺産の分割をすると，【設例3】のように相続人間での贈与とされ，贈与税の課税関係が生じるのであろうか。

【設例3】相続人はAとBの二人。遺産すべてを特定の相続人Aに「相続させる」
　旨の遺言あり。
　①　相続開始時に，すべての遺産はAに帰属する。
　②　協議により，AはBに遺産の一部を分割することに同意。
　　→いったんAに帰属した財産をBに贈与？　……贈与税？

　これにつき，国税庁・タックスアンサーNo. 4176[43]によれば，「特定の相続人に全部の遺産を与える旨の遺言書がある場合に，相続人全員で遺言書の内容と異なった遺産分割をしたときには，受遺者である相続人が遺贈を事実上放棄し，共同相続人間で遺産分割が行われたとみるのが相当です。したが

---

(43)　国税庁ホームページ・タックスアンサーを参照。参照URL：http://www.
　　nta. go. jp/taxanswer/sozoku/4176. htm（2017年4月26日最終確認）。

って，各人の相続税の課税価格は，相続人全員で行われた分割協議の内容によることとなります。なお，受遺者である相続人から他の相続人に対して贈与があったものとして贈与税が課されることにはなりません」とあり，この場合には，贈与とは扱われないこととなる。一方で，合意による遺産分割協議のやり直しは，相続人間での贈与とされることに注意が必要である[44]。

Ⅲ　近年の相続・相続法をめぐる変化と相続税

最後に，近年の相続や相続法をめぐる変化と，それが相続税に及ぼす影響について付言しておきたい。とくに，非嫡出子相続分差別違憲決定は，相続実務のみならず，相続税法が相続税額の算定において法定相続分による按分の方法を用いているために，課税実務上も対応を迫るものであった。また，諸外国の法制をみると，同性婚など日本とは異なる婚姻制度を承認する国がある。日本では相続税法上，配偶者には手厚い租税軽減措置がある。ここにいう配偶者は，婚姻の届出をしている配偶者を意味し，いわゆる内縁関係にある配偶者には適用がない。ところで，国際相続に関連して，被相続人が外国人である場合における相続に関する適用法令は，原則，被相続人の本国法によるところ（法の適用に関する通則法 36 条），外国人である被相続人の本国法において，内縁の配偶者に，事実婚制度などにより「日本における婚姻関係にある配偶者」と同様の法的地位が与えられている場合，相続税法上，「配偶者」に該当するものとして取り扱うべきであろうか[45]。

このように近年，相続・相続法をめぐる大きな変化がみられるところ，こうした変化が相続税に与える影響を検討する必要があろう。そこで，本稿の関心から，非嫡出子法定相続分差別違憲決定について，同決定を受けた課税

---

(44)　相続税基本通達 19 の 2−8 参照。

(45)　小林栢弘「国際化と相続―外国人の相続に係る本国と相続税法の用語の解釈を中心として」税研 184 号 57 頁以下（2015）は，これを積極に解し，同性婚についても，同様に本国法において同性婚が法的に認められている場合には，相続税法の適用上も配偶者に該当すると解すべきであるとする。

上の取り扱いについて検討する。

1 非嫡出子法定相続分差別違憲決定と民法の改正

　最大決平成 25 年 9 月 4 日は，非嫡出子の法定相続分を嫡出子の 2 分の 1 と定めた旧民法 400 条 4 号但書きについて，「遅くとも平成 13 年 7 月当時において，憲法 14 条 1 項に違反していた」とし，「本決定の違憲判断は，甲の相続の開始時から本決定までの間に開始された他の相続につき，本件規定を前提としてされた遺産の分割の審判その他の裁判，遺産の分割の協議その他の合意等により確定的なものとなった法律関係に影響を及ぼすものではないと解するのが相当である」とした。本件最大決を受けて，平成 25 年 12 月 5 日第 185 国会において民法の一部を改正する法律が成立し，当該条文は改正され（但書きのうち「嫡出でない子の相続分は，嫡出である子の相続分の二分の一とし」の部分を削除），同月 11 日に公布・施行され，平成 25 年 9 月 5 日以後に開始した相続について適用されることとなった（民法附則 2 項）[46]。

　相続税法は，相続税の総額を求めるにあたり，民法に定める法定相続分に準拠して計算するため（相続税法 16 条），課税庁は本件決定に応じた対応を迫られることになった。すなわち，相続税の総額は，遺産の総額から基礎控除額を控除した金額を，法定相続分に応じて取得したものとした場合における各取得金額につき，それぞれ税率を乗じて計算した金額の合計額であること，相続税の税率が累進税率であることから，法定相続分が変わることによって各相続人に適用される税率が変わり，相続税の総額それ自体が変わるこ

---

[46]　本件最大決については，多数の評釈等があるが，差し当たり本件事案を受けた相続税上の問題について検討する論考として，手塚崇史「非嫡出子の相続分差別違憲判断と相続税等への影響」T＆A master　516 号 20 頁以下（2013），中里実「判批」ジュリ 1465 号 8 頁以下（2014），山岡美樹「非嫡出子に関する民法の一部改正と相続税額の計算－最高裁判決を受けて」税経通信 2014 年 3 月号 8 頁以下（2014）がある。また，本件最大決前の論考として，林仲宣「相続税の視点からみる非嫡出子の相続分規定」税法学 566 号 315 頁以下（2011）がある。

とがあるからである[47]。具体的に，本件最大決の事案に即して，相続税の総額を比較すると，改正前は4,155万3,000円であるのに対し，改正後は4,153万7,500円となり[48]，相続税の総額が減ることになる。本件事案ではその差額は僅かといえるかもしれないが，遺産総額が多額の場合や，嫡出子と非嫡出子の人数等によっては，税額上，大きな差がでる場合もありうる。

2　違憲決定を受けた課税実務上の取り扱い

本件最大決を受け，国税庁は本件にかかる相続税法上の取り扱いについて，次のような見解を明らかにしている。すなわち「平成25年9月5日以後，申告（期限内申告，期限後申告及び修正申告をいいます。）又は処分により相続税額を確定する場合（平成13年7月以後に開始された相続に限ります。）においては，「嫡出でない子の相続分は，嫡出である子の相続分の2分の1」とする民法第900条第4号ただし書前段（以下「嫡出に関する規定」といいます。）がないものとして民法第900条第4号の規定を適用した相続分に基づいて相続税額を計算します。[49]」そして，具体的には，次のような取り扱いとなっている。

①　平成25年9月4日以前に相続税が確定している場合

違憲決定で，嫡出に関する規定についての違憲判断が「確定的なものとなった法律関係に影響を及ぼすものでない」旨の判示がなされていることに鑑み，平成25年9月4日以前に，申告又は処分により相続税額が確定

---

(47)　非嫡出子法定相続分差別違憲決定が相続税法の解釈・運用に与える影響については，小林栢弘『相続税法の論点』（大蔵財務協会，2015年）の「第5章　非嫡出子の法定相続分に係る最高裁判決と相続税法」および「第6章　民法の法定相続分と相続税法上の相続分等に基づく税額計算の検証」において詳細に分析されている。

(48)　山岡・前掲注（46）13頁の試算による。

(49)　国税庁「相続税法における民法第900条第4号ただし書前段の取り扱いについて（平成25年9月4日付最高裁判所の決定を受けた対応）」（平成25年9月）を参照。参照 URL：http://www.ntA.go.jp/sonotA/sonotA/osirAse/dAtA/h25/sAikosAi_20130904/index.htm（2017年4月26日最終確認）。

している場合には，嫡出に関する規定を適用した相続分に基づいて相続税額の計算を行っていたとしても，相続税額の是正はできない。また，嫡出に関する規定を適用した相続分に基づいて，相続税額の計算を行っていることのみでは，更正の請求の事由には当たらない。

② 平成25年9月5日以後に相続税額が確定する場合

イ）平成25年9月4日以前に確定していた相続税額が異動する場合

平成25年9月4日以前に，申告等により相続税額が確定している場合において，同年9月5日以後に，相続人が，財産の申告漏れ，評価誤り，相続税法32条1項に掲げる理由等により更正の請求や修正申告を行う場合，改めて相続税額を確定する必要があるため，これらの新たに確定すべき相続税額の計算に当たっては，嫡出に関する規定がないものとして民法900条4号の規定を適用した相続分に基づいて，更正の請求又は修正申告に係る相続税額を計算する。また，課税庁が，財産の申告漏れ等の理由により更正または決定を行う場合も同様に取り扱われる。

ロ）平成25年9月5日以後に新たに相続税額が確定する場合

平成25年9月5日以後に，相続税の期限内申告または期限後申告をする場合には，嫡出に関する規定がないものとして民法900条4号の規定を適用した相続分に基づいて，期限内申告又は期限後申告に係る相続税額を計算する。また，相続税の申告義務があると認められる相続人が，当該申告をしていなかったことが明らかとなった場合には，上記と同様に，嫡出に関する規定がないものとして民法900条4号の規定を適用した相続分に基づいて，決定に係る相続税額を計算する。

以上によれば，課税庁は平成25年9月5日の前後において相続税額が確定しているか否かによって取り扱いを異にしている。本件民法の規定は，遅くとも平成13年7月には違憲の状態にあったのであるが，平成13年以後に開始した相続であっても，本件最大決までに申告あるいは決定等によって税額が確定している場合には，法定相続分に差がないものとして計算した税額によることはできず，また，そのことのみを理由として更正の請求もできな

いとされているのである。このように，課税庁は，本件最大決が違憲判断は決定時において「確定的なものとなった法律関係に影響を及ぼすものでない」との判示から，課税関係もまた確定的となっている場合には，違憲とされた法定相続分をもって相続税額の計算をしていることのみをもって，課税のやり直しを認めないとする。

　しかし，このような限定に問題はないのだろうか。確かに，上記判示の趣旨が違憲判断による波及効果を最小限にとどめることにあるとすれば，「確定的なものとなった法律関係」の射程は広く，課税関係も含まれると考えることができよう。とはいえ，最高裁は明示的には課税関係について言及していないこと，課税庁自身がその見解で述べるように，当初の申告等に申告漏れや評価の誤りがあった場合には更正の請求をなしうるのであり，その場合には改正後の条文に即して計算されることとなること，法定相続分の異動による税額の減額は場合によっては大きな額になることもあること，相続税は死亡時の一回的な課税であり，相続税の納税義務があるケースで非嫡出子が関係する事案はそれほど多くないと考えられること(50)，以上のことからすれば課税庁の見解のように限定的な取り扱いとすることは問題があるのではないだろうか。これについては，平成25年9月4日以前に相続税が確定している場合でも，法定納期限から5年（租税債権の消滅時効）までは更正の請求を認め減額更正処分を行い，法定納期限から5年を経過している場合には，平成13年7月以降に開始された相続については過納税額の不当利得返還請求を認めることが，妥当な解決方法(51)であるように思われる。

---

(50)　財務省によれば，相続税の課税件数割合（年間死亡者数に占める年間課税件数の割合）は，例えば平成25年度において4.3%とされる。財務省「相続税の課税件数割合及び相続税・贈与税収の推移」を参照。参照 URL：http://www.mof.go.jp/tAx_policy/summAry/property/141.htm（2017年4月26日最終確認）。
(51)　中里実「判批」ジュリ1465号9頁（2014）。

おわりに

　本稿では，高齢社会において，高齢者をとりまく生計の形態の変化が相続税に与える影響，遺言の形式と相続税上の問題，近年の相続法をめぐる変化と相続税の問題について考察した。以上の通り，高齢者のおかれた生活環境や，相続をめぐる法および慣行は大きく変化しつつあるように思われる。とりわけ高齢者の老後の暮らし方という点では，高齢化により介護の必要性が高まる一方で，少子化によってその担い手を家庭内に見出すことが困難になっている。高齢者が適切な介護を受け，安心して老後の生活を送ることができることは，高齢者の福祉はもとより，高齢者を支える家族，そして少子高齢社会を迎えた日本にとって重要な課題である。そのような社会の変化を税制の設計や租税法の解釈に適切に反映させていくことが必要であろう。

高齢社会における租税の制度と法解釈

第4章　老人施設の運営・利用と租税

税理士　**藤曲　武美**

I　老人施設の種類

　老人施設といっても様々の施設がある。老人福祉法においては，「老人福祉施設」とは，老人デイサービスセンター，老人短期入所施設，養護老人ホーム，特別養護老人ホーム，軽費老人ホーム，老人福祉センター及び老人介護支援センターをいうとされている（老人福祉法5の3）。これらのうち典型的な老人福祉施設とされる老人ホーム及びいわゆる有料老人ホームについて簡単に整理する。

(1)　**養護老人ホーム**

　65歳以上の低所得の者で，常時の介護は必要ではないが身体または精神の機能の低下が認められ，さらに，家族等による援助を受けることができず自宅での生活が困難な者を対象とし，入所させ食事サービス，機能訓練，その他日常生活上の必要な便宜を提供する施設である（老人福祉法20の4）。地方公共団体によるものが半数以上を占め，建設費，運営費の大半は国，地方公共団体によって賄われている。平成25年10月現在の施設数は953施設である（独立行政法人福祉医療機構・wam net の掲載数値による。以下同じ）。

⑵ 特別養護老人ホーム

65歳以上の者で，身体上または精神上著しい障害があるために常時の介護を必要とし，自宅で介護を受けることが困難な者を対象とし，入浴，排せつ，食事等の介護，相談及び援助，社会生活上の便宜の供与その他の日常生活上の世話，機能訓練，健康管理及び療養上の世話を行う施設である（老人福祉法20の5）。養護老人ホームに比較し，著しい障害があって症状が重く療養を要するものが対象である。設置主体は地方公共団体，社会福祉法人である。平成25年10月現在の施設数は6,754施設である[1]。

⑶ 軽費老人ホーム

高齢等（原則60歳以上）のため独立して生活するには不安がある者，または自炊ができない程度に身体機能の低下が認められる者で，家族による援助を受けることができない者を対象とし，食事サービスその他日常生活上の必要な便宜を提供する施設である（老人福祉法20の6）。軽費老人ホームには，A型（高齢等のため独立して生活するには不安があり，家族による援助を受けることが困難な者），B型（自炊が可能な者），ケアハウス（身体機能の低下により自立した日常生活を営むことに不安があり，家族による援助を受けることが困難な者）の3種類がある。軽費老人ホームの設置主体は社会福祉法人，地方公共団体等である。平成25年10月現在の施設数は2,198施設（A型213，B型22，ケアハウス1,963）である。

⑷ 有料老人ホーム

老人を入居させ，入浴，排せつ若しくは食事の介護，食事の提供又はその他の日常生活上必要な便宜などの介護等の供与をする事業を行う施設であり，上記の老人福祉法の老人福祉施設に該当しないものをいう。設置主体の大半は民間の事業会社で，一部は社会福祉法人等である。設置主体は都道府県に対して届出義務がある（老人福祉法29①）。有料老人ホームには，介護付（介護サービスを提供するもの），住宅型（介護が必要になったら訪問介護などのサービ

---

(1)　東京都内の特別養護老人ホームの定員人数は4万3千人（平28年4月現在）で待機高齢者は3万717人に上る（日本経済新聞　平29.5.11朝刊記事より）。

スを提供），健康型（介護が必要になったら退去）の3つの類型がある。平成25年10月現在の施設数は8,502施設である。

(5) サービス付き高齢者向け住宅

平成23年の「高齢者の居住の安定確保に関する法律」の改正により創設された登録制度に登録されている住宅をいう。一定の面積，設備とバリアフリー構造等を有する高齢者向けの賃貸住宅または有料老人ホームであって，高齢者を入居させ，状況把握サービス，生活相談サービス等の福祉サービスを提供する。少なくとも安否確認と生活相談のサービスを提供することが規定されている。設置主体は民間事業者や社会福祉法人，医療法人，福祉NPO法人である。平成25年4月現在の施設数は5,505施設である。

(6) 認知症高齢者グループホーム

要介護者，要支援者であって認知症である者を入居させ，入浴，排せつ若しくは食事等，介護その他の日常生活の世話及び機能訓練を行う共同生活の住居施設である（老人福祉法5の2⑥）。設置主体の大半は民間の事業会社で，一部は社会福祉法人等である。平成25年10月現在の施設数は12,124施設である。

本稿では，これらの老人福祉施設，有料老人ホームのうち件数が多く，かつ税務上の問題に係る裁判例，裁決例等が存在する有料老人ホームを中心にして，税務上のいくつかの問題について取り上げる。

II 有料老人ホームの入居一時金等と税務問題

1 入居一時金の問題と法的整備

有料老人ホームに関する税務問題でよく問題となるのは，入居一時金に関する問題である。主に次のような課税問題がある。

(1) 入居一時金の法人税における収益計上金額と収益計上時期

(2) 入居一時金を入居契約者である入居者以外のものが負担した場合の贈与税，相続税の課税問題

(3) 入居一時金等に係る消費税等の課税，非課税問題

ところで，これらの課税問題を検討するにあたっては，有料老人ホームにおける入居一時金とはどのようなものであり，その法的性格について整理しておく必要がある。

有料老人ホームの入居一時金の法的性格等について整理するにあたっては，前提的なこととして税務問題以前にその仕組みが不明朗であるとして社会的にも問題となり，老人福祉法等の改正により，制度整備が行われてきたことを踏まえておく必要がある。数千万円以上の入居一時金を入居時に 30% 償却し，残額を 5 年間で償却するというような契約のものも相当数が存在した。有料老人ホームの倒産なども発生し，入居一時金の保全措置が問題となったり，入居一時金の返還訴訟などが発生し，社会問題化した。これらを受けて，老人福祉法の改正が行われ，有料老人ホームの入居一時金の法的な整備が行われた。

2　平成 23 年改正前の入居一時金の性格

下記 4 に述べる平成 23 年老人福祉法の改正前においては，入居一時金の授受及び入居一時金の入居時一時償却の慣行があったことから，これらを踏まえて入居一時金の性格をどのように考えるのかが問題となった。平成 23 年老人福祉法の改正前の有料老人ホームの入居一時金（夫婦二人入居の入居一時金 4,050 万円（入居一時金 3,750 万円＋二人入居に伴う加算入居金 300 万円），初期償却率 15%，想定居住期間 15 年）について，消費者契約法 10 条に違反していないか否かが争われた事案[2]の裁判例（名古屋高判平 26.8.7）では，平成 23 年老人福祉法の改正前の有料老人ホームの入居一時金について，次のようにその性質を判示している。

---

(2)　消費者契約法 10 条は，民法，商法等の規定の適用による場合に比し，「消費者の権利を制限し，又は消費者の義務を加重する消費者契約の条項であって」，民法 1 条 2 項の「権利の行使及び義務の履行は，信義に従い誠実に行わなければならない。」とする基本原則に反して消費者の利益を一方的に害するものは，無効とする。

第4章　老人施設の運営・利用と租税　107

「本件入居一時金は，Aらが，本件施設の居室等を原則として終身にわたって利用し，各種サービスを受け得る地位を取得するための対価であったというべきである。そして，本件入居一時金の支払により，原則として終身居室等を利用し，サービスを受けることができるようになること，入居一時金の15%を初期償却するほかは，契約終了までの期間が15年未満の場合には，利用経過月数を控除した残月数に対応した残金を返却し，15年を経過した場合には返却しないとされていること，また，15年を経過した場合には管理費等の支払のほかには，利用料の支払を要しないとされていることからすると，<u>本件入居一時金の中には，償却期間である15年を想定居住期間とする居室・サービスの利用料金（家賃相当額を含む。）の前払部分と，契約が利用者の終身にわたり継続することを保証するための対価的要素（契約が15年を超えて継続する場合に備えるための相互扶助的な要素）ないしそうした終身の利用権を設定するための対価（いわば権利金）的要素が含まれた部分</u>（以下「本件終身利用対価部分」という。）とがあり，後者が本件初期償却条項により償却される部分と解するのが相当である。」（下線は筆者）

すなわち，入居一時金は次の(1)，(2)の性格を有するとしている。

(1)　居室・サービスの利用料金（家賃相当額を含む。）の前払部分

(2)　契約が利用者の終身にわたり継続することを保証するための対価的要素（契約が15年を超えて継続する場合に備えるための相互扶助的な要素）ないし，終身の利用権を設定するための対価（いわば権利金）的要素（居室・サービスの終身利用の対価）

3　老人福祉法の平成18年改正

平成18年改正では，有料老人ホームに関する契約，入居一時金等の利用料をめぐるトラブルの増加を背景として次のような改正が行われた。

①　有料老人ホームの設置，廃止等に関する都道府県知事への事前届出の義務付け（平成23年改正前老人福祉法29①～③）

②　帳簿作成義務の設置（同法29④），重要事項説明書の交付（同法29⑤）

③　前払金の算定基礎の書面化と保全義務化（同法 29⑥）

④　「有料老人ホーム設置運営標準指導指針」において，利用料等について契約締結日から 90 日以内の契約解除の場合，一時金の全額を返還する短期解約特例制度の追加

4　老人福祉法の平成 23 年改正

　「介護サービスの基礎強化のための介護保険法等の一部改正法（平 23.6.22 公布）」により，老人福祉法の一部改正（以下「平成 23 年改正」という。）が行われた。有料老人ホームにかかる入居一時金については，次のように改正が行われた。

(1)　権利金等の禁止と入居一時金の性格の明確化

　有料老人ホームにおいては，「家賃，敷金及び介護等その他の日常生活上必要な便宜の供与の対価として受領する費用を除くほか，権利金その他の金品を受領してはならない。」と明記し，権利金等の受領を明確に禁止した（老人福祉法 29⑥）。入居一時金に権利金等の名目のものを含め，かつ入居時償却の理由の一つとされ，入居者にとっては何に対する対価であるのかが不明確であり，トラブルの原因の一つとなっていたことから，権利金等の受領が禁止された。

　これにより，入居一時金の内容は，「家賃，敷金及び介護等その他の日常生活上必要な便宜の供与の対価として受領する費用（「家賃等」という。）」に限定されたことから，これら家賃等の前払金である性格を明確にし，そのことにより中途契約終了の場合の返還金の中身も明確にした。

　それまでにおいては，入居一時金＝家賃等の前払金という考え方に対して，上記 2(3)で述べたように入居一時金には終身利用権の対価（権利金的要素）としての性格があるとの考え方が根強くあったが，少なくともこの改正法の施行以後は，前払金としての性格に 1 本化されたといえる[3]。なお，改正法の

---

(3)　この改正については平成 24 年 3 月 31 日までに設置届がされた有料老人ホームについては平成 27 年 3 月 31 日までについては経過措置が設けられている。

第 4 章　老人施設の運営・利用と租税　109

施行後に初期一時償却ができるかは，下記(3)②(ii)の「想定居住期間を超えて
契約が継続する場合に備えて受領する額」に相当する金額については，初期
一時償却ができるという考え方や，できるだけ初期一時償却を認めるべきで
はないという考え方もある(4)。

(2)　短期間での契約解除と全額返還

利用者保護の観点から，有料老人ホームへの入居後短期間（3月以内）に
契約が終了した場合には原則として入居一時金の全額を返還することを法律
で義務付けた（老人福祉法29⑧）。具体的には，次の金額を返還することとし
た。

① 　3月以内の終了の場合

前払金から実際の利用期間分の利用料を控除した額

② 　想定居住期間内の場合

契約終了から想定居住期間までの利用料に相当する額

(3)　入居一時金の算定根拠，想定居住期間等

上記の改正を踏まえて，次のように細目が決定された。

① 　入居一時金の償却年数（＝想定居住期間）は，入居者の終身にわたる居
住が平均的な余命等を勘案して想定される期間とすること。例えば，入
居年齢に応じた簡易生命表により平均余命を勘案して居住継続率を算定
し，その居住継続率が50％となる期間とする。

② 　入居一時金の算定根拠については，想定居住期間を設定した上で，次
のいずれかにより算定することを基本とすること。

(i) 　期間の定めがある契約の場合

1ヶ月分の家賃相当額×想定居住期間（月数）

(ii) 　終身にわたる契約の場合

1ヶ月分の家賃相当額×想定居住期間（月数）＋想定居住期間を超えて
契約が継続する場合に備えて受領する額*

---

(4)　この考え方を取るものに「東京都有料老人ホーム設置運営指導指針」などがあ
る。

＊想定居住期間を超えて契約が継続する場合に備えて受領する額については，具体的な根拠により算出された額とすること。例えば，入居年齢に対応して簡易生命表より生存率がゼロとなる年齢までの期間に応じて生存率を考慮して計算した額などである。なお，この部分については，上記2で紹介した裁判例の判示では，想定居住期間を超えて継続して居住する場合に備えるための相互扶助的な要素とする考え方がある（名古屋高判平26.8.7）。

5 入居一時金の諸問題と税務問題との関連

上記1(1)〜(3)にあげた入居一時金をめぐる税務問題は，少なからず社会的に問題化した入居一時金の返還問題と関連している。要するに有料老人ホームの入居一時金の性格が非常にあいまいであること，平成23年老人福祉法改正前の入居一時金の性格は単に家賃等の前払金とはいえなかったことから，その性格をどのように考えるべきか，そのことと関連して入居一時金の償却について償却期間をどう考えるべきかなどの税務問題が生じてきたといえる。本稿では，過去の裁判例等を検証し，平成23年改正前の入居一時金の性格と関連して税務問題をとらえ，平成23年改正によりそれらの税務問題がどのような影響を受けて，平成23年改正後ではどのように考えるべきかを整理する。

Ⅲ 有料老人ホームの入居一時金の法人税における収益計上時期

有料老人ホームの入居一時金について，法人税の収益計上時期が問題となった事案（東京高判平23.3.30）[5]について検討する。この事案は平成23年老人福祉法改正前の入居一時金に関するものである。

---

(5) 一審は東京地判平22.4.28，上告審は最決平24.8.15（不受理決定で高裁判断が確定）。

1 事案の概要

本事案は，処分行政庁（以下「Y」という。）が，有料老人ホームを運営するX社に対し，X社の平成15年度から平成17年度（以下「本件各事業年度」という。）の各法人税確定申告において，入居者から入居に際して受領する金員（以下「入居一時金」という。）の収益計上時期等に税務処理の誤りがあり，所得の金額が過少に又は欠損金額が過大に申告されているとして，本件各事業年度の法人税の各更正処分，各賦課決定処分をしたところ，X社がこの更正処分等を不服として，その取り消しを求めた事案である。

2 前提となる事実

(1) 当事者等

X社は昭和48年設立の財団法人であり，全国7か所で有料老人ホーム（老人福祉法29条1項所定のもの）を設置運営する法人である。

(2) 老人ホーム入居契約の内容

X社が，運営する有料老人ホームの入居者との間で交わす入居契約には，終身入居契約，短期入居契約，A入居契約の3種類がある。

(1) 終身の入居を予定する契約（以下「終身入居契約」という。）の内容

この契約は，以下のとおり，入居者が，X社に対し，入居一時金を支払い，X社が入居者に対し，原則として入居者の死亡まで，施設を利用させ，介護等の役務を提供することを主たる内容とする契約である。入居者は，入居一時金を支払って終身にわたり専用住居及び共用利用施設を利用する権利を取得し，X社は，入居者の介護，健康相談及び健康診査，生活全般の相談・助言を行うなどの役務を提供する。

入居者は，毎月，「管理費」を支払い，食事費用並びに専用住居内における水光熱費等を負担する。終身入居契約は，入居者が死亡したとき，入居者が解約を申し出たとき，又は入居者が同契約の条項に違反したときなど一定の事由に基づきX社が契約を解除したときに終了する。

(2) 終身入居契約の返還金

終身入居契約が入居日から5年以内に終了したときは，X社は，入居者に対し，終身入居金の一部の「返済」として，契約書別表に定める額（月単位で計算した入居期間に応じて逓減する額）を返金する。

終身入居契約が，入居日から3か月以内に，入居者の解約の申出又は入居者の死亡により終了した場合であって，専用住居が明け渡されたときは，X社は入居者に対して終身入居金の一部の「返済」として，本件終身入居金から，明渡しまでの日割りの施設利用料相当額等を除き全額を無利息で返金する。

(3) その他の契約

終身入居契約以外に，契約期間を1年とする短期入居契約，1年契約を更新することができる「A入居契約」がある。

(3) X社確定申告の内容

(1) X社は，入居契約に基づき受領した入居一時金について，終身入居金等のうち，X社算定の「返済保証金」相当額及び「入居者基金」相当額は，X社の益金に該当しないものとした。

(2) それ以外の部分は，一定の計算に基づき分割した額が，入居者の平均居住年数，平均余命等を勘案してX社の定める一定の年限（以下「想定入居期間」という。）内の各事業年度の益金として計上される処理をした。

(3) その他の短期入居金及びA入居契約の施設利用料は，その全額が益金として，その契約日の属する事業年度の益金として計上して各事業年度の法人税の各確定申告を行った。

(4) Yの更正処分等

Yは，平成19年4月に本件各確定申告について，収入すべき金額は入居一時金全額であり，その入居一時金のうち，返金しないことが確定した額が，その返金しないことが確定した時期の属する事業年度の収入すべき金額になる税務処理をすべきであるとして，本件各事業年度に属する入居一時金に係る収入を再計算し，法人税の更正処分等を行った。

第4章 老人施設の運営・利用と租税 113

3 裁判所の判断

(1) 益金となるべき金員の範囲について

X社は，入居一時金のうち，中途終了返済条項の適用がある部分（終身入居金等）の一部は，いわば「掛け捨ての保険料」として，中途終了返済条項の適用があった際の返済金の財源としてプールするもの（返済保証金預り相当額）であるから，X社の益金の範囲に含まれないと主張するが，次に述べるようにX社の主張には理由がない。

① 返済保証金預り相当額の非債務性

終身入居契約における中途終了返済条項の定めは，返済保証期間内に解約した入居者に対し，入居者から受領した入居一時金の一部額を返還すると定めているのである。X社が主張するように，X社が，個々の入居者から返済保証金相当額を預かり，返済保証期間内に解約する入居者が発生した場合に，その預り金全体から返済保証金相当額の支出事務を代行するなどといった内容の定めとはなっていない。そして，中途終了返済条項の定めによれば，X社は，少なくとも返済保証期間の経過後は，個々の入居者に対し，X社のいう返済保証金勘定に対応した債務を負っているわけではないのであるから，返済保証期間の経過後も，それを負債として処理することは許されず，返済保証金勘定部分も含め，益金として計上すべきものである。

② 資金計画に基づく返還義務引当てについて

有料老人ホームの資金計画を立てる上では，入居一時金として受領した金員のうち，中途終了返済条項の対象となる額を返還する可能性のある金員として考えるのではなく，実際に中途終了返済条項が適用されて返還しなければならなくなるであろう額を見積もり，その額に相当する割合部分を返還義務の引当てとして考えることにも一応の合理性があるということはできようが，税務上，そのような引当てをしたことをもって，当該部分を負債勘定として処理することは，実質的に，税法に定めのない引当金の損金算入を認めるに等しく，許されないといわざるを得ない。

以上のとおり，X社が入居一時金として受領した金員は，X社が返済保

証金勘定に区分した部分を含め，少なくとも返済保証期間の経過後は，原告の益金の範囲に含まれるとするのが相当である。

⑵　入居一時金の収益の帰属すべき事業年度

①　X社の主張

X社は，入居一時金の収益のうち，X社が契約の属する日の事業年度の益金として計上していなかった部分（以下「終身前受金」という。）は，収益の計上時期に関する実現主義，権利確定主義，費用収益対応の原則に照らせば，終身にわたる役務の提供義務等に対応する収益であるから，その収益を「想定入居期間」で按分した各部分が，その想定入居期間内の各事業年度に帰属する益金になると考えるべきであると主張した。終身にわたる施設利用，サービス提供との対応関係を重視することにより，入居契約上の返済保証期間ではなく，平均余命等を考慮して設けられた想定入居期間により，益金を按分すべきであると主張した。

X社の会計・税務処理基準は，主務官庁の通知が，有料老人ホームの「損益計画」について，「一時金の…償却期間は平均余命を勘案し決められていること」とするのに準拠し，監査法人からも監査適正意見を受けているのであるから，法人税法22条4項の「一般に公正妥当と認められる会計処理の基準」に該当することが明らかである。しかも，X社は，昭和58年に京橋税務署の担当官からこれを許容する旨の意見も確認した上で，この会計・税務処理を30年以上にわたり続けてきたのであり，「一般に公正妥当と認められる会計処理の基準」に求められる継続性の原則も満たしている。Yは，X社の会計・税務処理につき，客観的規範性を欠くなどとして種々の指摘をするが，想定入居期間の計算は恣意性を排除した合理的・科学的なものである。むしろ，Yが基準とする返済保証期間こそ，入居契約の本質的な事項ではなく，私人間の契約によって恣意的に設定することができるものであって，監査法人も，Yの主張する会計処理では，適正監査証明を出すことができないとしていると主張した。

②　入居一時金の収益の帰属すべき事業年度

第4章　老人施設の運営・利用と租税　115

　裁判所は次のように収益計上基準について判示してX社の主張を否定した。

(i)　収益計上時期の一般的基準

　法人税法上，内国法人の各事業年度の所得の金額の計算上当該事業年度の益金の額に算入すべき金額は，別段の定めがあるものを除き，資本等取引以外の取引に係る収益の額とするものとされ（同法22条2項），当該事業年度の収益の額は，一般に公正妥当と認められる会計処理の基準に従って計算すべきものとされている（同条4項）。したがって，ある収益をどの事業年度に計上すべきかは，一般に公正妥当と認められる会計処理の基準に従うべきであり，これによれば，収益は，その実現があった時，すなわち，その収入の原因となる権利が確定したときの属する年度の益金に計上すべきであり（最判平5.11.25参照），また，その収入の原因となる権利が確定する時期は，それぞれの権利の特質を考慮し決定されるべきである（最判昭53.2.24参照）。

(ii)　終身入居金の収益計上時期

　終身入居金は，月々の管理費，食費，水道光熱費等に係る部分を除き，入居者に対し，終身にわたり，X社の施設を利用させ，介護を提供すること等の役務に対する対価としての機能を有する一方，その役務を提供すべき期間は，入居者の死亡，当事者の解約の申出等の不確定な事情によって定まり，また，その契約がこれらの事情によって中途で終了し，その役務を提供すべき義務が将来に向かって消滅した場合でも，短期解約返済条項の適用があるときを除き，中途終了返済条項の定める額以外の額は，その返還を要しないという点に特徴がある。そうすると，終身入居金は，一定期間の役務の提供ごとに，それと具体的な対応関係をもって発生する対価からなるものではなく，役務を終身にわたって受け得る地位に対応する対価であり，いわば賃貸借契約における返還を要しない保証金等に類するというべきである（法基通2-1-41は，保証金等は，返還を要しないこととなった日の属する事業年度の益金の額に算入されるとする。）。もとより，返済保証期間内に解約された場合には，中途終了返済条項の定めにより，終身入居金の一部額の返還を要することにな

るが，その額は，役務を提供すべき期間の残存期間に対応するものではなく，この観点からも，終身入居金が，役務の一定期間の提供ごとに，それと具体的な対応関係をもって発生する対価からなるものとみることはできない。

このような終身入居金に係る権利の特質に照らせば，終身入居金の収入の原因となる権利が確定する時期は，役務の提供の有無等にかかわりなく決定されるべきところ，終身入居契約の定めによれば，終身入居金は，返済保証期間内に解約されたときは，中途終了返済条項の定めに基づき，その期間内で逓減する一部額の返還を要し（ただし，短期解約返済条項の定めがある契約が，契約後3か月以内に解約されたときは，日割りの施設利用料等の精算を要するものの，その全額の返還を要する。），返済保証期間の経過後に解約されたときは，その全額の返還を要しないことになるのであるから，その収入の原因となる権利は，期間の経過により，その返還を要しないことが確定した額ごとに，その返還を要しないことが確定した時に実現し，権利として確定するものと解するのが相当である。

具体的には，返済保証期間を含む各事業年度において，当該事業年度末に解約等があったと仮定した場合の本件終身入居金の返金額（ただし，当該事業年度内に実際に解約等がされた場合には，実際の返金額とする。）と当該事業年度の前の事業年度末に解約等があったと仮定した場合の本件終身入居金の返金額（ただし，当該事業年度の前の事業年度末に契約が未締結の場合には，本件終身入居金の全額とする。）との差額が，当該事業年度において返還を要しないことが確定した額であるから，当該額を当該事業年度の益金として計上すべきことになる（なお，上記の計算において，短期解約返済条項の適用がある場合には，終身入居金の返金額は，その全額であると考えるべきことになる。）。

③　Ｘ社の主張（「想定入居期間基準」）について

Ｘ社は，入居一時金のうち，終身前受金（Ｘ社の益金に含まれるとした部分のうち，終身にわたる役務に対する対価に相当する部分を含むものを指すものとする。）の収益計上時期について，返済保証期間の経過までの間に全額を収益計上する「返済保証期間基準」を採ることを争い，返済保証期間の経過後で

あっても，X社は，入居者が生存する限り役務を提供しなければならず，その役務の提供を怠れば損害賠償義務を負うから，実現主義の観点から，終身前受金の収益はその役務の提供義務を履行するまで実現しないとして，想定入居期間内の一定期間の経過ごとに，終身前受金のうちその一定期間に対応する額を収益計上すべきであると主張する（この主張に係る基準を「想定入居期間基準」という。）。

　しかしながら，前記のとおり，入居一時金のうち，終身前受金部分についても，その返還を要しないことが確定した額ごとに，その返還を要しないことが確定した時に，その収入の原因となる権利が実現すると考えられるのであるから，返済保証期間基準は，企業会計原則にいう実現主義と何ら矛盾するものではなく，これに適合するものということができる。これに対し，想定入居期間基準は，一定の役務の提供ごとに，それに対応する対価が，収入の原因となる権利として実現するという考え方によるものと解されるが，前記のとおり，終身前受金は，一定期間の役務の提供ごとに，それと具体的な対応関係をもって発生する対価からなるものではないのであるから，その前提を欠いており，採用することができない。

　④　主務官庁通知としての「想定入居期間基準」と「返済保証期間基準」
　　との関係について

　X社は，想定入居期間基準は，主務官庁の通知に準拠したものであるとして，法人税法22条4項の「一般に公正妥当と認められる会計処理の基準」に該当すると主張する。

　確かに，平成14年7月18日付け厚生労働省老人保健局長通知「有料老人ホームの設置運営標準指導指針について」及び各府県の同様の指針が，「一時金…の償却年数は平均余命を勘案し決め」るべきなどと定めており（この指針を「償却期間指針」という。），その趣旨が，終身入居金のような「一時金」を複数の事業年度に配分して収益計上するに当たり，その複数の事業年度にわたる期間（償却期間）の長さは，入居者の平均余命を勘案して決めるべきことを求めたものであることは認めることができる。しかし，償却期間指針

は，平均余命を基準に償却期間を決めることを求めるものにとどまり，その償却期間が，返済保証期間と一致する必要がないことまでをいうものではないところ，上記通知は，同時に，「一時金」について，「一定期間内に死亡又は退去したときの入居月数に応じた返還金の算定方式を明らかに」するよう求めていることが認められ（以下，この指針を「返済金指針」という。），「償却期間」と上記「一定期間」との概念の関係について検討を要するが，償却期間指針は，資金収支計画及び損益計画に係る項目に記載されているのに対し，返済金指針は，入居者の支払う利用料等の取扱いに係る項目に記載されていることが認められ，その文脈に徴すれば，前者は，資金収支計画及び損益計画の観点から，償却期間の経過後，収入がないのに支出が生ずる期間が長期にわたるなどして資金繰りが困難になることのないようにすることを目的にしたものであるのに対し，後者は，入居者保護の観点から，中途解約の場合の返済額を「明らか」にすること，その返済額の計算は，「入居月数」に応じた月割計算にすべきことに重点を置いたものであると解するのが自然である。

　また，X社が想定入居期間基準を採用していることが，厚生労働省及び各府県の検査においては問題とされていなかったことは認められるが，厚生労働省及び各府県の検査が，返済保証期間と「償却期間」との不一致に着目した上であえてその取扱いを是認したものであったとまでは認め難く，結論を左右するものではないというべきである。

　なお，仮に，終身前受金が「想定入居期間」における役務の単純な対価であるとすれば，その役務の提供期間よりも短い「返済保証期間」を定める終身入居契約等は，消費者契約法の観点から，その適法性・有効性に疑義の生ずるところであり，これを同法との関係で瑕疵のない適法かつ有効な契約と解する以上，終身前受金が「想定入居期間」における役務の単純な対価であるとは解し難いというべきである。

　以上のとおり，X社の主張を考慮しても，終身前受金の収益計上時期については，返済保証期間基準を採るのが相当であって，想定入居期間基準を

採用することはできない。X社が，終身前受金につき，想定入居期間基準によって費用と収益とを可及的に対応させようとするのであれば，想定入居期間と返済保証期間とを一致させるように契約条項を定めれば足りるのであり，そのような定めをしないまま収益の繰延べをすることが許容されるべき理由はないというべきである。

4 検討事項

⑴ 本事案における X 社の処理の特異性

本事案における問題点は，X社の入居一時金に関する会計処理上の償却期間と実際の入居者との入居契約における返還金の計算期間が全く異なったことにある。本事案の終身入居契約における典型的な例に限定してその実態を見ることにする。

⑴ 実際の入居契約における返還金の計算

① 90日以内に契約解除された場合の返還金

　　入居一時金－日割り実費利用料

② 90日を超えて5年以内に契約解除された場合

　　（入居一時金－一定割合の償却額*）×（60ヶ月－経過月数）÷60ヶ月

＊一定の償却額は例えば7%〜8% の割合として定められていた。

この5年を基準とした償却計算が，裁判所の判決では「返済保証期間基準」といわれているものである。

⑵ X社の会計・税務処理における償却期間等

X社は，会計・税務処理においては，入居一時金について平均余命を勘案して決められた償却期間（15年）により償却して，それに対応する収益を計上していた。この「平均余命を勘案して決められた償却期間」を基準とした償却計算が，裁判所の判決では「想定入居期間基準」といわれているものである。

⑶ 「返済保証期間基準」と「想定入居期間基準」との相違について

入居一時金について，償却期間が異なる「返済保証期間基準」と「想定入

居期間基準」が存在するのは，当時の厚生労働省による基準，指導の問題点
がある。すなわち，厚生労働省の「有料老人ホームの設置運営標準指導指針
について」によれば，有料老人ホームの事業収支計画及び損益計画の策定に
おいては，入居一時金の償却年数は平均余命を勘案して決められていること
とされていた。一方，一定期間内に入居契約が解除された場合の返還金につ
いては，「返還金債務を確実に履行すること」とはされていたが，「一定期
間」についての具体的な基準が明らかにされていなかった。このため，本事
案も含めた当時の多くの有料老人ホームは，返還金に係る「一定期間」と事
業収支計画及び損益計画の「想定入居期間」とは，異なる期間を設定してい
た。

　ここにこそ，本事案の制度的問題点があるのであって，本裁判例における
判示においても，この両者の期間の相違に係るギャップについて，上記3(2)
④のように相当のスペースを割いて触れざるを得なかったところである。X
社の主張である厚生労働省指導指針に基づいた処理は「公正処理基準」に該
当するとの主張についての，裁判所の判示はそれほど歯切れの良いものでは
ないのは，上記のような厚生労働省の指導指針の問題点があったからである
と考えられる(6)。

(2)　平成 23 年改正後の入居一時金

　平成 23 年改正により，老人福祉法 29 条 8 項は，有料老人ホームの設置者
は，入居一時金を「受領する場合においては，当該有料老人ホームに入居し
た日から厚生労働省令で定める<u>一定の期間</u>を経過する日までの間に，当該入
居及び介護等の供与につき契約が解除され，又は入居者の死亡により終了し
た場合に<u>当該前払金の額から厚生労働省令で定める方法により算定される額
を控除した額</u>に相当する額を返還する旨の契約を締結しなければならない。」

---

(6)　なお，本事案の X 社をめぐって，入居者が起こした消費者契約法違反にかか
　る訴訟（東京地判平 28.2.25）がある。この訴訟では，会計・税務の償却年数
　と実際の返還金の対象となる期間のギャップなどについて，消費者契約法 4 条
　の違反などについて争っているが，当該裁判は，契約書で一定期間を明示し，
　返還金額の算定方法を明示しているので違反とはいえないとしている。

とした（下線は筆者）。

　そして，この一定期間については，老人福祉法施行規則 21 条 2 号におい
て，「一時金の算定の基礎として想定した入居者が入居する期間が経過する
までの間」とされ，前払金算定上の「想定入居（居住）期間」（以下「想定居
住期間」という）とされた。また返還金の計算においても想定居住期間のう
ち解除の期間に対応する期間につき日割り計算により算出した家賃等の金額
とされた（老人福祉法施行規則 21②二）。

　平成 23 年改正により，本事案が生じた問題点は解決され，事業収支計画
策定上の前払金の償却年数，前払金計算上の計算方法における想定居住期間，
家賃等の前払金の返還債務の金額の算定方法における想定居住期間がすべて
統一され，改正前のようなギャップは解消された。これにより，平成 23 年
改正法の下においては，本事案が生じたところの原因となった「返済保証期
間」と「想定居住期間」とのギャップは解消されたといえる。

　「想定居住期間」の具体的な算定方法については，下記の⑶参考：「家賃等
の前払金の算定の基礎および返還債務の金額の算定方法の明示について」を
参照されたい。

　なお，このように「返済保証期間」と「想定居住期間」とのギャップが解
消することが可能になったのは，上記Ⅱ4⑴で述べた平成 23 年改正における
権利金等の禁止と入居一時金の家賃等の前払金としての性格の明確化がある
（老人福祉法 29⑥）。

　この改正により，入居一時金の内容は，「家賃，敷金及び介護等その他の
日常生活上必要な便宜の供与の対価として受領する費用（「家賃等」という。）」
に限定されたことから，入居一時金について，これら家賃等の前払金である
性格を明確にし，そのことにより，家賃等の前払金としての入居一時金の計
算方法，中途契約終了の場合の返還金の計算方法も「想定居住期間」による
計算が可能になったものである。

⑶　**参考：「家賃等の前払金の算定の基礎および返還債務の金額の算定方法の明示について」**

　本事案で問題となった，「想定入居（居住）期間」の具体的な算定方法などについて，参考として，平成 24 年 3 月 16 日事務連絡（厚生労働省老健局高齢者支援課）「有料老人ホームにおける家賃等の前払金の算定の基礎および返還債務の金額の算定方法の明示について」の中から，「事例 2：終身建物賃貸契約または終身にわたる利用権契約の場合」を次に紹介しておく。

　＜前提条件＞

　　①　家賃等の額

　　　　1 ヶ月分の家賃の額：6 万円

　　　　1 ヶ月分のサービスの提供の対価：2 万円

　　②　①のうち，家賃等の前払金として支払う額

　　　　1 ヶ月分の家賃の額のうち 3 万円

　　　　(毎月支払う額は，1 ヶ月分の家賃の額のうち 3 万円と 1 ヶ月分のサービスの提供の対価 2 万円)

　　③　運用利率：1%（参考：確定給付企業年金の下限予定利率 1.1%（平成 23 年））

　　④　前払金の保全措置：信託（保全措置を講ずべき額を除いた範囲で運用可能）

　＜家賃等の前払金の算定の基礎＞

1.　入居時年齢が 75 歳・男性の場合，平成 22 年簡易生命表（厚生労働省発表）から平均余命を勘案した居住継続率は以下の表のとおり。

　　→居住継続率が概ね 50% となる期間（12 年間）を「想定居住期間」とする。

第4章　老人施設の運営・利用と租税　123

年齢	死亡率	生存率	入居後の年数	年初居住継続率	年央居住継続率
75	3.1%	96.9%	1	100.0%	98.5%
76	3.5%	96.5%	2	96.9%	95.3%
77	3.9%	96.1%	3	93.6%	91.7%
78	4.4%	95.6%	4	89.9%	87.9%
79	4.9%	95.1%	5	86.0%	83.8%
80	5.5%	94.5%	6	81.7%	79.5%
81	6.2%	93.8%	7	77.2%	74.8%
82	6.9%	93.1%	8	72.4%	70.0%
83	7.7%	92.3%	9	67.5%	64.9%
84	8.6%	91.4%	10	62.3%	59.6%
85	9.6%	90.4%	11	56.9%	54.2%
86	10.6%	89.4%	12	51.5%	48.8%
87	11.6%	88.4%	13	46.1%	43.4%
88	12.9%	87.1%	14	40.7%	38.1%
89	14.2%	85.8%	15	35.5%	33.0%
90	15.5%	84.5%	16	30.5%	28.1%
91	16.9%	83.1%	17	25.7%	23.6%
92	18.3%	81.7%	18	21.4%	19.4%
93	19.8%	80.2%	19	17.5%	15.8%
94	21.4%	78.6%	20	14.0%	12.5%
95	23.0%	77.0%	21	11.0%	9.8%
96	24.7%	75.3%	22	8.5%	7.4%
97	26.4%	73.6%	23	6.4%	5.6%
98	28.2%	71.8%	24	4.7%	4.0%
99	30.1%	69.9%	25	3.4%	2.9%
100	32.0%	68.0%	26	2.4%	2.0%
101	34.0%	66.0%	27	1.6%	1.3%
102	36.0%	64.0%	28	1.1%	0.9%
103	38.1%	61.9%	29	0.7%	0.6%
104	40.2%	59.8%	30	0.4%	0.3%
105	100.0%	0.0%	31	0.3%	0.1%

・生存率：100%－死亡率

・年初居住継続率（○年目）：(○－1年目の年初居住継続率) × (○－1年目の生存率)

・年央居住継続率（○年目）：{(○年目の年初居住継続率) ＋ (○＋1年目の年初居住継続率)} ÷2

この事例で所定の計算を行うと，家賃の前払金の算定の基礎は次のように
なる。

3万円（1ヶ月分の家賃相当額）×12ヶ月×12年（想定居住期間（月数））＋79
万円（想定居住期間を超えて契約が継続する場合に備えて受領する額）＝511万円

IV　有料老人ホームの入居一時金等と相続税・贈与税

1　有料老人ホーム入居金等の負担と相続税・贈与税

　有料老人ホームの入居に当っては，入居一時金といわれるものの支払が必
要なものが少なからずある。例えば，妻が介護を必要とする状態になったた
め，老人ホームに入居する必要が生じて，その入居一時金を配偶者である夫
が支払うような場合である。入居一時金の支払者が入居者（入居契約者＝入居
一時金支払義務者）と異なる場合には，金銭の支払者である夫から妻に対する
金銭の贈与があったものとして贈与税の課税問題が生ずる可能性がある。ま
た，入居一時金等は，入居後一定期間内に入居者が死亡した場合には，契約
の定めに基づいて一定金額の返還または引継等が行われる。そうすると，こ
の返還金相当額について相続税の課税問題が生ずる可能性がある。この課税
関係についていくつかの裁決事例を確認して検討する。入居一時金をめぐっ
て多額の贈与税等が課税されるとなると，老人ホームへの入居そのものに大
きな障害になりかねない問題である。

2　有料老人ホーム入居金が贈与税の非課税財産に該当するとされた事例（平成22年11月19日裁決，全部取消，裁決事例集 No.81）

(1)　事案の概要

① 被相続人・夫と配偶者は生前，平成19年までは自宅で二人で暮らし
　ていたが，配偶者は介護が必要な状態となり，夫による介護は困難とな
　ったことから老人ホームに入居することになった。

② 平成19年12月29日に配偶者は介護付有料老人ホームに入居した。

第 4 章 老人施設の運営・利用と租税　125

入居に当って入居金等合計 945 万円を支払ったが，配偶者は，年金収入しかなく資産は自宅と 80 万円程度の預金しか有していなかったため，その資金の全額は夫が支出した。

③　介護付有料老人ホームは，鉄筋コンクリート造地上 3 階建で居室総数 64 室，定員 64 名，居室面積 15 m^2 のものであり，いわゆる高級老人ホームではない通常の介護付有料老人ホームであった。

④　その後，平成 20 年 1 月 26 日に夫も同じ老人ホームに入居したが，同年 5 月に同所で死亡した。

⑤　平成 20 年 5 月に夫に相続が開始し，相続人は配偶者と子供 X らの合計 3 人であった。

⑥　相続税の期限内申告については，入居金等 945 万円を相続開始前 3 年以内の贈与財産として加算して申告を行ったが，平成 21 年 4 月に，この生前贈与加算は適用がないとした当初の更正の請求を行った。

⑦　これに対して行政庁（以下「Y」という）は，贈与には当たらないが，5,292 千円の配偶者に対する金銭債権が生じているとして当初申告の減額更正処分を行った。

⑧　そこで配偶者ら（以下「X ら」という）はこの更正処分を不服として不服申立，審査請求に及んだ。

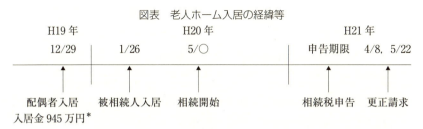

図表　老人ホーム入居の経緯等

＊入居金は入会金（105 万円），建設協力金（105 万円），一時入居金（735 万円）からなる。
＊入会金，建設協力金は返還されない。一時入居金は契約時に 20％ が即時償却，残額が 60 ヶ月で毎月定額償却。

⑵ 審判所の判断

審判所は次のとおり判断して Y の更正処分を取り消した。

① 一時入居金の負担について

被相続人・夫が入居金等を有料老人ホームの運営法人に支払ったことにより，配偶者は老人ホームに入居し，かつ，老人ホームにおいて介護等のサービスを受けることができることになったものである。そして，配偶者には，入居金等を一時に支払うことができる資産がないこと等から，配偶者に係る入居金等は，夫がこれを支払い，配偶者に返済を求めることはしないというのが，入居契約時における，夫及び配偶者の合理的意思であると認められるから，入居金等支払時に夫及び配偶者間で，入居金等相当額の金銭の贈与があったと認めるのが相当である。

この点，Y は入居金等のうち定額償却部分は，配偶者の家賃等に充当されるものであり，入居金等の支払時には配偶者は，夫から生活保持義務の履行に係る役務提供をいまだ受けていないことから，定額償却部分については，生活保持義務の履行のための前払金的性格を有し，配偶者は，その履行に係る役務提供を受けていない部分について返還義務がある旨主張する。しかしながら，入居金等は一定の役務の提供を終身にわたって受け得る地位に対応する対価の支払であり，配偶者は，定額償却部分の償却期間が経過しても居住を続けられることからすれば，定額償却部分を純粋な家賃等の前払分と判断することはできない。したがって，被相続人が配偶者に対して返還金相当額の金銭債権を有しているとする Y の主張には理由がない。

② 一時入居金の負担は配偶者にとって非課税か否か

相続税法第 21 条の 3 第 1 項第 2 号は，扶養義務者相互間において生活費又は教育費に充てるためにした贈与により取得した財産のうち通常必要と認められるものの価額は贈与税の課税価格に算入しない旨規定している。

そして，扶養義務者相互間における生活費，教育費は，日常生活に必要な費用であり，それらの費用に充てるための財産を贈与により取得してもそれにより担税力が生じないことはもちろん，これを課税の対象とすることは適

当でないという同条第1項第2号の趣旨によれば，同号の「通常必要と認められるもの」とは，被扶養者の需要と扶養者の資力その他一切の事情を勘案して社会通念上適当と認められる範囲の財産をいうものと解するのが相当である。

③　事案へのあてはめ

そこで検討すると，次のような判断要素についての事実等が認められる。

(i)　配偶者は，高齢かつ要介護状態にあり，夫による自宅での介護が困難になったため，介護施設に入居する必要に迫られ有料老人ホームに入居したこと。

(ii)　入居契約からも明らかなとおり，有料老人ホームに入居するためには，入居金等を支払う必要があったこと。

(iii)　配偶者は入居金等を支払うに足るだけの金銭を有していなかったため，入居金等を支払うために資金を有する夫が，入居金等を配偶者に代わって支払ったこと。

(iv)　夫が入居金等を負担して有料老人ホームに配偶者を入居させたことは，自宅における介護を伴う生活費の負担に代えるものとして相当であると認められること。

(v)　本事案の有料老人ホームは，介護の目的を超えた華美な施設とはいえず，むしろ，配偶者の介護生活を行うための必要最小限度のものであったと認められることからすれば，夫による入居金等の負担，すなわち夫からの贈与と認められる入居金等に相当する金銭は，介護を必要とする配偶者の生活費に充てるために通常必要と認められるものであると解するのが相当である。

④　Xらの主張について

Xらは，被相続人・夫が入居金等を負担したのは，配偶者に対する生活保持義務を履行したものであるから，所得税法第9条第1項第14号に該当し，非課税所得になる旨主張する。この点，扶養義務の履行のために供された金品については贈与とはいえないから，「扶養義務を履行するため給付さ

れる金品」の範囲内にあるものは所得税法第9条第1項第14号により非課税所得となるが，その範囲内と認められないものは贈与税の課税対象となり，そのうち「通常必要と認められるもの」については，相続税法第21条の3第1項第2号により贈与税の非課税財産になると解するのが相当である。

　そして，「扶養義務を履行するために給付される金品」に該当するか否かは，民法の定める扶養料（衣食住に必要な経費のほか，医療費，教育費，最小限度の文化費，娯楽費，交際費など）と同様に考えられるところ，「住」の範囲には住宅の賃借料が含まれるとしても，入居時に一括して支払われる入居金等を，通常の住宅の賃借料等の支払と同視して，「扶養義務を履行するために給付される金品」に該当すると認めることはできない。したがって，Xらの主張には理由がない。

3　有料老人ホーム入居金返還見込額が相続財産に該当するとされた事例（平成18年11月29日裁決，棄却，裁決事例集No.72）

(1)　事案の概要

① 平成14年2月18日，MとKは老人ホームに夫婦で入居するに際して次のよう入居一時金等を支払った。

　入居一時金，追加入居一時金，健康管理費合計7,781万円（M支払6,561万円，K支払1,220万円）

② M，Kは平成14年4月に入居したが，Mは同年8月に死亡した。

③ 返還金等については次のとおりである。

　(i)　追加入居一時金5,853千円（返還済み）

　(ii)　健康管理費2,625千円（返還済み）

　(iii)　契約解除した場合の健康管理費返還見込額2,625千円

　(iv)　契約解除した場合の入居一時金返還見込額50,138千円

④ 上記③(i)〜(iv)合計のうち，M負担分51,638,889円は相続財産を構成するものとして更正処分が行われた。

　＊(i)，(ii)合計の内，M負担分7,148,715円は相続財産になることをKら請求人は

認めている。

⑵ 審判所の判断

① 契約に基づく入居一時金等に係る権利と金銭債権

Mらには，本件契約の締結日時点において，今後，契約に定める本件老人ホームの居室等を終身にわたって利用し，各種サービスを享受する権利とともに，同人らの死亡又は解約権の行使を停止条件とする金銭債権が生じていると認めるのが相当である。そして，当該金銭債権は，金銭に見積もることができる経済的価値のある権利である。

② 相続財産となる金銭債権

契約に基づいたM死亡時点におけるMらが有する金銭債権の額は，Mが51,638,889円，Kは9,602,111円となる。この本件契約に基づき生じる入居一時金，追加入居一時金及び健康管理費に関する金銭債権は，Mに係る相続財産であり，Kは，Mが死亡したことにより，当該金員を死亡時点で本件契約の内容等により取得したと認めるのが相当である。したがって，原処分庁が行った相続税の更正処分には違法はない。請求人らは，Mが相続時点で有していた権利は，返還請求権を含む入居一時金ではなく，本件老人ホームの施設を終身利用できる権利であるから，相続も譲渡もできない権利であり，民法上の相続財産には該当しない帰属上の一身専属権であり，相続税法第2条に規定する本来の相続財産には該当しない旨主張する。しかしながら，Mが死亡時点で有していた権利は，契約に定める本件老人ホームの居室等を終身にわたって利用し，各種サービスを享受する権利とともにMらの死亡又は解約権の行使を停止条件とする金銭債権であり，この金銭債権は，財産的権利として本来の相続財産に該当する。また，当該金銭債権は，財産的権利であり，身分法上の権利とも性質を異にするから，一身専属的権利ということはできない。

4 有料老人ホーム入居金返還見込額が相続財産に該当するとされた
事例（平成 23 年 6 月 10 日裁決，棄却，裁決事例集 No.83）

(1) 事案の概要

① 被相続人は，平成 19 年 7 月○日に死亡し，本件相続に係る法定相続人は，本件被相続人の妻である請求人，長男である J 及び二男である K の 3 名である。

② 被相続人は，平成 19 年 4 月 20 日付遺言公正証書を作成していた。

③ 請求人・妻は，上記の公正証書遺言により，本件被相続人の財産の全部を遺贈により取得した。

④ 請求人・妻は，平成 19 年 4 月 13 日に L 社との間で，本件有料老人ホームに入居するため，請求人を主契約者とする入居契約を締結した。なお，契約開始日は，平成 19 年 4 月 30 日であった。

⑤ 請求人・妻及び本件被相続人は，平成 19 年 4 月 13 日に L 社との間で，本件被相続人を追加契約者とする追加入居契約を締結した。なお，契約開始日は，平成 19 年 4 月 30 日である。

⑥ 請求人・妻及び本件被相続人は，平成 19 年 4 月 30 日に，本件老人ホームに入居した。

⑦ 請求人・妻は，被相続人相続開始後も本件老人ホームに居住し，その後も居住することとしている。

⑧ 本件被相続人は，L 社に対し，平成 19 年 4 月 1 日に 1,000 万円，同月 2 日に 407 万円，同月 16 日に 1 億 1,700 万円を振込みにより支払った。請求人・妻は，L 社に対し，平成 19 年 4 月 16 日に，10,107,218 円を振込みにより支払った。

(2) 審判所の判断

① みなし贈与

本件入居契約に基づく入居金の支払義務は，主契約者が負っていること，本件入居金は施設利用権の対価に充当されるとともに，本件入居契約における主契約者及び追加契約者の債務の保証に充当するものと定められているこ

第4章　老人施設の運営・利用と租税　131

とからすれば，本件入居契約上，追加契約者が負う入居契約に定める義務には，入居金支払義務は含まれないというべきである。

そうすると，追加契約者たる本件被相続人は，自らに支払義務のない主契約者たる請求人に係る本件入居金のうちの一部に相当する金額を支払ったものであり，これによって，請求人は，本件入居金（1億3,370万円）の支払によって初めて取得することのできる施設利用権を，低廉な出捐（10,107,218円）によって取得したものと認められる。

したがって，請求人・妻は，著しく低い価額の対価で本件老人ホームの施設利用権に相当する経済的利益を享受したものということができ，本件被相続人及び請求人間に実質的に利益の移転があったことは明らかであるから，相続税法第9条により，請求人は，その利益を受けた時における当該利益の価額に相当する金額（対価の支払があった場合には，その価額を控除した金額）を本件被相続人から贈与により取得したものとみなすのが相当である。そうすると，請求人が本件被相続人から贈与により取得したものとみなされる金額は，次のとおりである。

133,700,000円－10,107,218円＝123,592,782円

②　本件被相続人による出捐は請求人にとって非課税か否か

相続税法第21条の3第1項第2号は，扶養義務者相互間において生活費又は教育費に充てるためにした贈与により取得した財産のうち通常必要と認められるものの価額は贈与税の課税価額に算入しない旨規定している。そして，相続税法基本通達21の3-3は，相続税法第21条の3第1項第2号の「生活費」とは，その者の通常の日常生活を営むのに必要な費用（教育費を除く。）をいうものと定めており，それには，日常の衣食住に必要な費用のみでなく，治療費，養育費その他これに準ずるものを含むものとされている。

相続税法第21条の3第1項第2号の立法趣旨が，扶養義務者相互間における生活費又は教育費は，日常生活に必要な費用であり，それらの費用に充てるための財産を贈与により取得してもそれにより担税力が生じないことはもちろん，その贈与の当事者の人間関係などの面からみてもこれを課税する

ことは適当でないという点にあることにかんがみれば，通達の取扱いは相当であると解する。そして，上記のような立法趣旨にかんがみれば，生活費に該当するか否かの判断は一律に定められるものではなく，個々の具体的事情に即して，社会通念に従って判断すべきものである。

そこで本件を検討すると，①本件老人ホームの入居金は，施設利用権の対価に充当されるところ，請求人に係る本件入居金は1億3,370万円と極めて高額であること，居室面積もXXX平方メートルと広いこと，共用施設として，フィットネスルーム，プール等が設けられ，さらには，○○ルーム，○○ルーム，○○ルーム，○○○○，○○ルーム，○○ルーム，ヘア・エステ等の施設も併設され，フィットネスルーム，プール，○○ルーム，○○ルーム，○○○○，○○ルーム，○○ルーム等は無料で利用できること等にかんがみれば，本件老人ホームの施設利用権の取得のための金員は，社会通念上，日常生活に必要な住の費用であると認めることはできない。これに加え，本件老人ホームは介護付有料老人ホームではないこと，請求人は介護状態にないこと，請求人が本件老人ホームに入居する前は本件居宅に居住していたことからすれば，請求人が本件老人ホームに入居することが不可避であったとも認められない。以上からすれば，本件入居金は，請求人の日常生活に必要な費用であると認めることはできないから，相続税法第21条の3第1項第2号の規定する「生活費」には該当しない。したがって，本件入居金のうち，本件被相続人が支払った金額は，贈与税の非課税財産に該当しない。

③ 入居金の性格・家賃前払金説について

原処分庁は，本件入居金の法的性質は，家賃相当額の前払金であり，本件被相続人が負担した本件入居金の一部に相当する金額は，本件被相続人の請求人に対する生活保持義務の前払金であり，そのうち，本件相続開始時にいまだ生活保持義務の履行が完了していない部分は，本件被相続人に返還請求権がある旨主張する。しかし，本件入居金は，施設利用権の対価に充当されるものであるところ，請求人は，本件老人ホームにおいて，定額償却対象分の償却期間15年が経過しても居住を続けられること，及び本件老人ホーム

第4章　老人施設の運営・利用と租税　133

にはフィットネスルーム，プール，○○ルーム，○○ルーム，○○ルーム，○○○○，○○ルーム，○○ルーム，ヘア・エステ等の共用施設が設置され，請求人はこれらの一部を無料で利用できることからすると，本件入居金はこれら共用施設の利用の対価という側面を有していることを併せかんがみれば，定額償却対象分を純粋な家賃等の前払分と判断することは相当とはいえない。したがって，この点に関する原処分庁の主張には理由がない。

④　請求人主張について

請求人は，主契約者が請求人であるとしても，本件入居金の性質は終身利用権の対価であるから，終身利用権を本件被相続人から贈与により取得した旨主張する。しかしながら，請求人は，請求人に支払義務のある本件入居金のうちの一部に相当する金額を本件被相続人が支払ったことにより，本件老人ホームの施設利用権に相当する経済的利益を享受したのであって，終身利用権を本件被相続人から贈与により取得したわけではないから，請求人の主張には理由がない。また，請求人は，主契約者が請求人であるとしても，本件入居契約時点において，本件被相続人，Ｌ社，請求人の三者間で，定期金給付契約と同様の権利義務が成立し，請求人は本件被相続人から定期金給付契約に関する権利を贈与されたものである旨主張する。しかしながら，本件入居契約は，請求人とＬ社との間で，本件老人ホームへの入居に関し，請求人がＬ社に対し本件入居金等を支払うことにより，Ｌ社は請求人に対し本件老人ホームの利用及び各種サービスを提供することを目的として締結されたものであり，定期金給付契約とはその類型を全く異にするものであるから，請求人の主張は採用できない。

以上から，本件被相続人が支払った本件入居金の一部に相当する金額については，請求人が本件被相続人から贈与により取得したものとみなされるところ，当該金額は，相続税法第19条第1項の規定により，相続開始前3年以内の贈与として相続税の課税価格に加算されることとなる。

5 3裁決の比較

上記検討裁決を比較すると，それぞれ課税関係の構成が全く異なる。

(1) 平成18年裁決

本裁決は次のように述べて，契約締結時点から死亡又は解約権の行使を停止条件とする金銭債権が生じていて，この金銭債権が相続財産となるとされている。

「Mらには，本件契約の締結日時点において，今後，契約に定める本件老人ホームの居室等を終身にわたって利用し，各種サービスを享受する権利とともに，同人らの死亡又は解約権の行使を停止条件とする金銭債権が生じていると認めるのが相当である。そして，当該金銭債権は，金銭に見積もることができる経済的価値のある権利である。」

(2) 平成22年裁決

本裁決は，入居金相当額の金銭贈与が夫から入居者である妻に対して行われたことを前提とし，なおかつ，その贈与は相続税法21条の3第1項第2号の扶養義務者相互間における生活費，教育費の贈与で通常必要と認められる者に該当して贈与税の非課税としている。

(3) 平成23年裁決

本裁決は，自らに支払義務のない追加契約者が「主契約者たる請求人に係る本件入居金のうちの一部に相当する金額を支払ったものであり，これによって，請求人は，本件入居金（1億3,370万円）の支払によって初めて取得することのできる施設利用権を，低廉な出捐（10,107,218円）によって取得したものと認められる。したがって，請求人は，著しく低い価額の対価で本件老人ホームの施設利用権に相当する経済的利益を享受したものということができ，本件被相続人及び請求人間に実質的に利益の移転があったことは明らかであるから，相続税法第9条により，請求人は，その利益を受けた時における当該利益の価額に相当する金額」の利益を受けた者としてみなし贈与とした上で，3年内生前贈与加算（相続開始年分の贈与である）の課税構成を取っている。

6 有料老人ホーム入居金の性格と課税関係

(1) 平成23年改正前の入居一時金と課税関係

平成23年改正前の有料老人ホームの入居金等の性格については，次のような要素，性格を有するものであることは既に述べた（Ⅱ2参照）。

すなわち，入居一時金は次の(1)，(2)の性格を有するとされている。

(1) 居室・サービスの利用料金（家賃相当額を含む。）の前払部分

(2) 契約が利用者の終身にわたり継続することを保証するための対価的要素（契約が一定期間を超えて継続する場合に備えるための相互扶助的な要素）ないし，終身の利用権を設定するための対価（いわば権利金）的要素（居室・サービスの終身利用の対価）

これらの入居一時金の性格に関連して，上記に検討した各裁決（いずれも平成23年改正前のもの）の中には，行政庁主張（平22.11.19裁決，平23.6.10裁決におけるもの）において，入居一時金等のうち定額償却部分は，家賃等施設利用料の前払金としての性格があり，前払金部分の金銭債権が相続財産を構成するとしているものがある。この行政庁の主張について，各裁決の判断は，入居一時金は老人ホーム施設の終身利用権の対価であることから，賃料等の前払金とはいえないとして行政庁の主張を否定している。その上でいずれの場合も，入居一時金の出金時に，資金出捐者から入居契約者に対して贈与又はみなし贈与があったものとしている。

このような課税関係の判断は，平成23年改正前の入居一時金の性格の多様性，及びその性格を前提とした場合には相続対象財産としての明確性が曖昧であったことから，出捐時の金銭贈与やみなし贈与の問題として課税関係を構成しようしているように思われる。

(2) 平成23年改正後の入居一時金と課税関係

しかし，平成23年改正後は，入居一時金の性格が家賃等の前払金として明確化され，権利金部分は無いものとされた。これにより，入居契約解除に家賃等の前払金に係る返還金又は返還金相当額は，原則として，出捐者に係る家賃等の前払金に係る返還金（金銭債権）として，その被相続人（出捐者）

の本来の相続財産となるものと考えられる。

　ただし，これは当然のことであるが，入居一時金の提供時に資金提供者から入居者等に対して，入居一時金相当の金銭の贈与があったものと明確に事実認定できる場合は，資金提供時における金銭の贈与の課税関係になるものと考えられる。

7　贈与税の非課税財産の判断基準

　平成 23 年改正後は，入居一時金は家賃等の前払金であることから，原則としては解除事由による入居一時金に係る返還金は，前払金の未償却部分としての金銭債権として，相続財産等を構成するものとして課税関係を構成することになる。しかし，資金提供時に資金提供者から入居者に対して入居一時金に係る金銭の贈与が行われたことが明確である場合については，その時点で贈与税の課税関係が生ずることになる。上記の検討裁決のうち，平成 22 年 11 月 19 日裁決は，配偶者の有料老人ホーム入居契約に伴う入居金等の全部を被相続人・夫が支出したことは，配偶者が支払うべき老人ホームの居室等を終身にわたって利用し，各種サービスを享受する権利の対価の全部を本人に代わって被相続人・夫が支払ったということになり，対価相当額の金銭の贈与が行われたこととしている。問題は，この対価相当額（945 万円）の金銭の贈与が，相続税法第 21 条の 3 第 1 項第 2 号の贈与の非課税財産を構成するかどうかである。この点，本裁決は，「扶養義務者相互間において生活費又は教育費に充てるためにした贈与により取得した財産のうち通常必要と認められるもの」か否かの判断は，「贈与税の被扶養者の需要と扶養者の資力その他一切の事情を勘案して社会通念上適当と認められる範囲の財産」か否かにより判断すべきとして，配偶者の老人ホームにおける介護の必要性，配偶者の資力，入居一時金の金額，介護付老人ホームがいわゆる高級老人ホームではなく，必要最低限の要望を満たす程度のものであることなどを考慮して，贈与税の非課税規定の適用があると判断した。この判断基準については，平成 23 年 6 月 10 日裁決の高級老人ホームの場合との対比で確認

すべきである。

　この平成23年裁決では，非課税規定の趣旨を「相続税法第21条の2第1項第2号の立法趣旨が，扶養義務者相互間における生活費又は教育費は，日常生活に必要な費用であり，それらの費用に充てるための財産を贈与により取得してもそれにより担税力が生じないことはもちろん，その贈与の当事者の人間関係などの面からみてもこれを課税することは適当でないという点にある。」とし，次のように事実認定して，非課税規定の適用はないとした。平成22年裁決との対比でみると判断基準がよく理解できる。

　⑴　「本件入居金は 133,700,000 円と極めて高額であること，居室面積も
　　　〇〇〇m² と広いこと，共用施設として，フィットネスルーム，プール
　　　等が設けられ，さらには，〇〇ルーム，ヘア・エステ等の施設も併設さ
　　　れ，フィットネスルーム，プール，…，〇〇ルーム等は無料で利用でき
　　　ること等にかんがみれば，本件老人ホームの施設利用権の取得のための
　　　金員は，社会通念上，日常生活に必要な住居の費用であると認めること
　　　はできない。」

　⑵　「請求人は介護状態にないこと，請求人が本件老人ホームに入居する
　　　前は本件居宅に居住していたことからすれば，請求人が本件老人ホーム
　　　に入居することが不可避であったとも認められない。」

　⑶　本件老人ホームは，そもそも介護付有料老人ホームでない。

　なお，贈与時に贈与税の非課税財産となれば，例え，被相続人から相続人に対する相続開始前3年以内の贈与であっても相続税の課税価格の加算対象にならないのはいうまでもないことである。

8　入居契約の問題点

　有料老人ホームの入居一時金に係る資金提供者と入居者との間に入居一時金について金銭の贈与があったかどうかの事実認定を不明確にしている点に関して，入居契約における契約当事者の位置づけの問題がある。この点について検討する。

⑴　入居契約の関係者

入居契約の入居一時金及び返還金には次のような関係者が存在する。

⑴入居者，⑵追加入居者，⑶入居一時金の出金者，⑷返還金受取人

入居契約の当事者は入居者と有料老人ホーム事業者である。

⑵　出金者と贈与認定

入居一時金の出金者と入居者との間で入居一時金について，金銭の贈与があったかどうかは，事実認定の問題であるが，なかなか容易ではないと考えられる。例えば入居者・妻が所得，財産が少額で，入居一時金を入居者の夫が出金したような極めて単純な場合においても，夫は提供した金銭の返還を当初から予定していなかったかどうかの事実認定はそれほど容易ではない。特に，平成23年改正後は，入居一時金は家賃等の前払金であることから，償却期間経過に応じて家賃等の前払金が妻の生活費として費消されていくような場合は，夫は妻に対する扶養義務を履行しているに過ぎず，贈与とはいえないだろう。また，出金時に金銭そのものを妻に贈与していなければ，前払金債権に対する権利者は夫のままであり，仮に妻が死亡して前払金が返還になり，夫がその返還金を受け取れば，そもそも贈与はなかったことになる。このように考えると，上記に検討した平成22年裁決のように，先に出金者の夫が死亡した場合に，課税庁の更正処分のように金銭債権を相続財産に含める課税関係の構成も考えられなくはないことになる。

更に，平成18年裁決のように夫婦二人で入居し，二人で所有財産に応じた入居一時金に係る出金をした場合に，どちらかが先に死亡した場合の課税関係はどうなるかは，一層事実認定を含めて困難になる。平成18年裁決のように入居一時金の出金割合に応じて，前払金に係る返還金としての金銭債権として課税関係を整理せざるを得ないようになるのではないだろうか。その意味では，平成23年裁決のように夫婦で入居一時金を出金した場合に，入居時の出金時にみなし贈与課税とするのは，例外的な課税関係であるように考える。平成23年改正後においては，入居一時金は全て家賃等の前払金とされることから，相続税法第9条のみなし贈与課税の対象とする必要はな

第4章 老人施設の運営・利用と租税 139

くなるのではないかと考えられる。

(3) 返還金受取人に対する課税

有料老人ホームの入居契約には,「返還金受取人」を記載するのが一般的である。入居者が死亡した場合において,入居一時金の受取人を予め入居契約時に定めておくものである。

返還金受取人を予め定めておく趣旨は,「被相続人死亡の場合には,単に受領すべき被相続人が死亡している以上,被相続人が受領することができないため,事業者の返還事務の便宜のために予め入居契約においてこの場合の受取人が指定されているにすぎず,指定された受取人に当然に返還金全額を帰属させる趣旨ではない」ものとされている[7]。

入居一時金の出金者が入居者である被相続人である場合は,その返還金は,被相続人の相続財産を構成することになる。この点について,返還金受取人は返還金に対する法的権利として返還金請求権を有していることを定めるものであるとして,被相続人から返還金受取人に対するみなし贈与として課税すべきとした裁決の判断があるが[8],その判断は全くの間違いであることになる。

V 老人施設と固定資産税

1 老人施設と固定資産税の非課税

(1) 社会福祉法人が運営する老人施設

固定資産税は,公共的な施設や政策的な観点から一定の施設等に対して非課税措置を手当てしている[9]。

老人施設についても高齢社会における政策的観点から一定の水準を兼ね備えた老人施設を整備していくことを支援する措置として次のような特定の老人施設について非課税措置が設けられている。

---

(7) 東京高判平 28.1.13 東京地判平 27.7.2。
(8) 平成 25.2.12 裁決。

すなわち，社会福祉法人等が行う老人福祉法に規定する老人福祉施設のうち一定の固定資産について非課税としている（地法 348②十の五）。

この場合の老人福祉法に規定する老人福祉施設とは，次のものをいう（老人福祉法 5 の 3）。

(1) 老人デイサービスセンター

(2) 老人短期入所施設

(3) 養護老人ホーム，特別養護老人ホーム，軽費老人ホーム

(4) 老人福祉センター及び老人介護支援センター

(2) 非課税となる一定の固定資産

非課税となる一定の固定資産は次のようなものをいう（地令 49 の 13②）。

(1) 社会福祉法人が経営する養護老人ホームの用に供する固定資産

(2) 社会福祉法人及び社会福祉法人とみなされる農業協同組合連合会が経営する特別養護老人ホームの用に供する固定資産

(3) 社会福祉法人，社会福祉法人とみなされる農業協同組合連合会及び公益社団法人，公益財団法人等が経営する老人デイサービスセンター，老人短期入所施設，軽費老人ホーム及び老人福祉センターの用に供する固定資産

(3) 賃貸借に係る固定資産の適用除外

固定資産税の非課税措置の対象となる社会福祉法人等が経営する養護老人ホームや特別養護老人ホームの用に供する固定資産は，その社会福祉法人が

---

(9) 固定資産税の非課税措置には，人的非課税措置（地法 348①）と物的非課税措置（地法 348②）がある。「人的非課税」は，所有者の性格によるもので，その所有者としては「国，都道府県，市町村，特別区等」とされている。人的非課税はその固定資産を所有する者に着目した非課税措置であり，これらの団体等が所有する固定資産，例えば，国道，県道等，役所の庁舎，公立学校などが該当する。これに対してその固定資産の用途や性格に着目した非課税措置を「物的非課税」という。「物的非課税」は，墓地，公衆用道路などのほか，宗教法人，学校法人，社会福祉法人等が所有している一定の用途に供される固定資産が対象となる。社会福祉法人が経営する特別養護老人ホーム等の用に供される固定資産の非課税措置は物的非課税に該当する。

第4章 老人施設の運営・利用と租税 141

所有するものは，その用途に供されている限り非課税の対象になることはいうまでもないが，社会福祉法人等が賃借しているものは，たとえその特別養護老人ホームの用に供されているものでも非課税の対象から除外される。例えば，社会福祉法人が経営する特別養護老人ホームの用に供されている敷地である土地が個人所有のもので，その地主から賃借しているものは，その土地については非課税とはならない。土地所有者にとっては不動産賃貸事業の用途に供していると考えられるので，その固定資産の用途に着目している本非課税措置の趣旨から除外されることになる。なお，仮にその敷地である土地が所有者から無償で社会福祉法人等に提供され，特別養護老人ホームの用に供されている場合は非課税になる。

なお，この例で無償でなく土地所有者の地主が賃貸している場合に，その土地が次項目に触れる住宅用地特例の対象になるかの問題がある。この点については，その社会福祉法人等が経営する特別養護老人ホーム等が，特定のものが継続して居住の用に供される施設であるとされれば，住宅用地特例の適用はあることになる。

2 有料老人ホームと住宅用地特例

(1) 住宅用地特例

継続して居住の用に供される住宅用地は収益を生み出さないことから，その担税力を考慮して，及び住宅供給促進の政策的考慮から，住宅の敷地の用に供される土地については，固定資産税の課税標準を3分の1又は6分の1（小規模住宅用地について）に減額する特例が設けられている（地法349の3の2等）(10)。

老人施設が継続して居住の用に供される家屋である場合は，その老人施設である家屋の敷地については住宅用地特例の適用がある。

---

(10) 住宅用地特例は都市計画税においても固定資産税と同様な特例が設けられている。

(2) 適用対象となる有料老人ホーム

住宅用地特例の対象となるか否かは，その土地に建つ家屋が，人の居住の用に供される家屋か否かによる。「人の居住の用に供する」とは，特定の者が継続して居住の用に供することを意味する。この点，有料老人ホームに入居する者は，長期間にわたって（多くの者は「終の棲家」のつもりで）居住することを前提としていることから，その敷地は住宅用地特例の対象になる。

3　有料老人ホームの駐車場と住宅用地特例

有料老人ホームの敷地の用に供されている土地が，住宅用地特例の対象になるか否かが争われた裁判例（東京地判平 28.11.30，被告控訴）があるのでその概要を以下に紹介する。

(1)　事案の概要

本事案は，原告 X が所有する土地に有料老人ホームを建設し，これを有料老人ホームの運営などを行う A 社に賃貸したところ，この有料老人ホームの駐車場用地（以下「本件駐車場」という。）につき，東京都練馬都税事務所長（以下「東京都」という。）から地方税法 349 条の 3 の 2 及び 702 条の 3 に規定する固定資産税及び都市計画税の住宅用地に係る課税標準の特例（以下「本件特例」という。）の適用を受ける住宅用地に該当せず，その余の部分の敷地に限り本件特例の住宅用地に該当するものとして，平成 26 年 6 月 2 日付けで平成 26 年度分の固定資産税及び都市計画税の各賦課決定（以下「本件各処分」という。）を受けたところ，本件駐車場も本件特例の適用住宅用地に該当する旨を主張して，本件各処分の一部の取消しを求めた事案である。

(2)　基礎となる事実

① X は，東京都練馬区に土地（約 1,900 m²，以下「本件土地」という。）を所有していたところ，平成 25 年 12 月末までに鉄骨造 3 階建の建物（総床面積約 3,160 m²。以下「本件家屋」という。）を新築した。本件家屋は有料老人ホーム（小規模多機能型居宅介護施設が併設されたもの）として建築されたもので，A 社に平成 26 年 1 月から平成 55 年 12 月までの 30 年

間，使用目的を「介護付有料老人ホーム，これに類似する高齢者福祉施設（ケアセンターを含む）及びその付属施設としての駐車場」として賃貸した。

② A社は，平成26年2月から，本件家屋において，介護付き有料老人ホームと小規模多機能型居宅介護施設を経営している。有料老人ホームの定員は77名であるところ，その入居者は，おおむね50名前後であった。

③ 本件土地上には，本件家屋の玄関前に①〜⑤の駐車場（合計80㎡），建物を挟んで玄関と反対の南側の道路沿いに⑥〜⑨の駐車場（61.2㎡）の合計9台の駐車場（合計141.2㎡）が設置されていた。

④ 本件駐車場のうち，玄関前の正面に位置する①〜⑤の駐車場は，入居契約に基づき共用施設として時間等の制限なく老人ホームにおける入居者家族などの来訪者用駐車場として利用され，そのほかには入居者が外出のためタクシーを呼んだり，マッサージ師を呼んだりする際に利用されていた。また，訪問診療の医師，救急車，リネン，清掃，ホームの行事のための関係者などの駐車場としても利用されていた。

本件駐車場の⑥，⑦については，併設されている小規模多機能型居宅介護施設の送迎車の駐車場として利用され，⑧及び⑨の駐車場については，有料老人ホームの入居希望者の面談や行事にかかる買い物のほか，入居者に頼まれた買い物を行うための自動車2台の駐車場として利用されていた。なお，入居者の中には，自動車を自ら運転し，本件駐車場に駐車する者はいなかった。

⑤ 本件駐車場①〜⑤については，本件建物の玄関前に位置し，玄関まで数メートルの舗装路面で接続しており，本件家屋と一体のものとして利用されていることは明らかである。また，⑥〜⑨の駐車場についても家屋と駐車場の間に柵，植木が存するが柵の一部は扉が設けられており，建物敷地から⑥〜⑨の駐車場に立ち入ることができ道路に接続しているもので，本件家屋と形状上一体のものとして利用されている。

⑥　東京都は，平成 26 年 6 月 2 日付けで，本件家屋が併用住宅に該当することを前提とした上，本件各土地のうち本件各駐車場については住宅用地に該当せず，その余の部分に限り住宅用地（その中でも小規模住宅用地）に該当するものとして，X に対し，平成 26 年度分の固定資産税及び都市計画税（合計で 1,338,014 円）の各賦課決定をした。

⑦　X は，これらの各賦課決定に対して東京都知事に対し，本件各処分に係る審査請求をし，これに対して東京都は平成 27 年 1 月 26 日審査請求を棄却する旨の裁決をしたため，X は平成 27 年 7 月 13 日，本件訴えを提起した。

(3)　本事案の争点と判決の要旨

本件駐車場が本件特例の適用対象となる住宅用地に該当するか否かであるが判決は，次のように述べて原告の請求を全部認容した。

①　「敷地の用に供される土地」の意義

本件特例の適用対象となる住宅用地に該当するには，専用住宅又は併用住宅の「敷地の用に供されている土地」であることを要するところ，「敷地の用に供されている土地」であるかどうかについては，「その規定の文言の文理並びに本件特例が主として住宅政策上の見地から住宅用地の固定資産税及び都市計画税負担の軽減を図るため課税標準の特例措置を設けたものであることに照らせば，土地と専用住宅又は併用住宅の形状や利用状況等を踏まえ，社会通念に従い，その土地が専用住宅又は併用住宅を維持し又はその効用を果たすために使用されている一画地の土地であるかどうかによって判断すべきものと解するのが相当である。」

②　本件駐車場①〜⑤について

本件駐車場①〜⑤までについては，入居者が A 社との入居契約書に基づき，共用施設として，来訪者用駐車場として利用し得るものとなっている上，A 社の介護付き有料老人ホームの運営に係る外部の業者等が駐車場として利用することもあるものの，その利用は，本件家屋の賃借人である A 社が本件家屋で行う事業のためのものであると同時に本件入居者の生活等のため

第4章　老人施設の運営・利用と租税　145

のものでもあるので，いずれにせよ，その利用状況に照らし，居住部分と非居住部分とから成る併用住宅としての本件家屋と一体のものとして利用されているものというべきである。

③　本件駐車場⑧，⑨について

本件駐車場のうち⑧及び⑨についても，Ａ社の介護付き有料老人ホームに関し，入居希望者の面談や行事に係る買い物のほか，入居者に頼まれた買い物のために使用される自動車2台の駐車場として利用されているところ，結局のところ，これらの利用も，本件家屋の賃借人であるＡ社が本件家屋で行う事業のためのものであると同時に入居者の生活等のためのものでもあるので，その利用状況に照らし，併用住宅としての本件家屋と一体のものとして利用されていることが否定されるものではない。

④　本件駐車場⑥，⑦について

本件駐車場⑥，⑦については，小規模多機能型居宅介護施設の送迎車の駐車場として利用されており，それ自体としては，有料老人ホームの入居者の生活等のためのものではないものの，本件家屋の賃借人であるＡ社が本件家屋で行う事業のためのものであるという点では他の駐車場と異なるものではなく，その利用状況に照らし，併用住宅としての本件家屋と一体のものとして利用されている土地であることを否定されない。

したがって，①〜⑨の駐車場は，いずれも本件土地の一部として，併用住宅である本件家屋を維持し又はその効用を果たすために使用されている一画地の土地に含まれるものということができ，本件家屋の「敷地の用に供されている土地」に該当するというべきである。

⑤　併用住宅の非居住部分の利用者が利用している駐車場について

専用住宅又は併用住宅と全く関わりのない者が利用している駐車場については，社会通念上，これを当該専用住宅又は併用住宅を維持し又はその効用を果たすために使用されている土地と評価する余地はないというべきであるものの，地方税法349条の3の2第1項は，専用住宅と併用住宅とで特に区別することなく「敷地の用に供されている土地」とのみ規定し，併用住宅の

「敷地の用に供されている土地」の該当性について，居住部分に居住している者が利用している土地なのか，非居住部分を利用している者が利用している土地なのかで区別する旨の規定をしていないこと，及びこれを受けた地方税法施行令52条の11も，上記の「敷地の用に供されている土地」のうち，「当該家屋の床面積の10倍」の範囲内で住宅用地の面積を算出することや，併用住宅の居住部分の割合に応じた率を乗じて住宅用地の面積を算出すること（これは，併用住宅の敷地を居住部分の敷地と非居住部分の敷地とに截然と分けることが一般に困難であることから，一律に所定の数値的割合によって住宅用地の範囲を画することとしたものと解される。）等を規定するにとどまることからすれば，東京都が主張するように，駐車場が住宅用地に該当するには，専ら当該住宅の居住者のための施設であること，更には，専ら居住者自らが利用する施設であることを要するものと解すべき法令上の根拠はなく，また，駐車場が併用住宅の「敷地の用に供されている土地」に該当するか否かは，併用住宅と駐車場との間の関係に着目し，その形状や利用状況等を踏まえ，社会通念に従い，居住部分と非居住部分とから成る併用住宅を維持し又はその効用を果たすために使用されている駐車場であるか否かで判断されるべきものであって，併用住宅の非居住部分の利用者が利用している駐車場であるからといって，併用住宅の「敷地の用に供されている土地」の該当性が直ちに否定されるものではないというべきである。

⑷ 検討すべき点

① 本特例の経緯・趣旨

　本特例は昭和48年度の税制改正により，住宅用地に係る特例として創設された制度である。当時地価の高騰が著しく，土地の価格を課税標準とする固定資産税等について，その税負担が急激に増加していることを背景として設けられたもので，住宅用地については課税標準をその土地の価格の2分の1とするものであった。現行制度では土地の価格の3分の1（小規模住宅用地については6分の1）とされているが導入当初は2分の1とされていた。

　固定資産税は，土地保有にかかる収益性に担税力を求めた税であり，住宅

第 4 章　老人施設の運営・利用と租税　147

用地について軽減する趣旨は，「宅地の中でも直接的な収益を生まないところの住宅用地」については，他の事業用の資産と区別して税負担を軽減すべきという観点から設けられたものである[11]。

② 形式基準を定めた本件特例の合理性

住宅用地に係る固定資産税を軽減する趣旨は上記のとおりであるが，本件特例は住宅用地の認定について，住宅家屋の判定及びその敷地の用に供されている住宅用地の判定について次のように形式的基準を設けている（地令 52 の 11）。

まず住宅家屋の判定については専用住宅だけでなく，一部が居住の用に供されている併用住宅及び複合大型ビルなどを考慮して，居住用部分の床面積割合が一棟の家屋の 4 分の 1 以上のものを対象にすることにした（同令 ①)[12]。

なお，居住用部分の床面積割合が一棟の家屋の 4 分の 1 以上としたのは，立法当時に店舗，事務所と住宅が併設された大型複合ビルが建築されていたことなどを考慮し，住宅供給促進の観点から設けられたものであるとされている。

さらに，「敷地の用に供されている土地」の判定については，専用住宅に

併用家屋		家屋の居住部分の割合	率
イ	ロに掲げる家屋以外の家屋	4 分の 1 以上 2 分の 1 未満	0.5
		2 分の 1 以上	1.0
ロ	地上階数 5 以上を有する耐火建築物である家屋	4 分の 1 以上 2 分の 1 未満	0.5
		2 分の 1 以上 4 分の 3 未満	0.75
		4 分の 3 以上	1.0

　＊本事案の場合はイの区分の居住部分の割合が 2 分の 1 以上に該当することに争いはない。

(11)　第 71 回国会・衆議院・地方行政委員会議録 8 号 5 頁・佐々木政府委員の回答。
(12)　第 71 回国会・衆議院・地方行政委員会議録 14 号 10 頁・佐々木政府委員の回答。

ついてはその敷地の用に供されている土地の全て（同令②一），併用住宅については当該家屋の居住用部分の床面積割合に応じて，下表の率をその敷地の用に供されている土地の面積に乗じて得た面積に相当する土地としている（同令②二）。

なお，敷地の用に供されている土地は，家屋の床面積の10倍を限度としている。

以上のとおり，併用住宅の「敷地の用に供されている土地」は家屋の居住部分の割合により形式基準で定められているところに本特例の特徴がある。

併用住宅の敷地について，法349条3の2，施行令52の11②二は，併用住宅における居住部分の割合に応じた一定率を併用住宅の敷地に乗じた面積をもって，本特例の適用対象敷地とする旨を定めている。この趣旨は，毎年の大量かつ煩雑な事務処理を要請される固定資産税においては，併用住宅の敷地について，実質的に居住用家屋に対応する部分，非居住用部分に対応する部分を個別判定することの実務執行上の困難さを考慮し，便宜的に一種の形式基準による判断を法定しているものである[13]。したがって，併用住宅の敷地であるにもかかわらず，さらにその敷地を実質的に家屋の居住用部分に対応する敷地，非居住用部分に対応する敷地に個別判定することを想定していないといえる。この点，東京都の主張は，上記のような当該法令の趣旨，文理を無視して，併用住宅の用に供されている敷地であるにもかかわらず，その敷地の一部を居住者以外の家屋利用者が利用している部分を区分することを強制するもので，かかる取扱いは，当該法令が設けた形式基準の存在を無視することを前提として初めて成り立つものである。

併用住宅である家屋の場合は，その敷地の何がしかは居住部分以外に対応する敷地又は居住者以外の家屋利用者が使用する部分があることになるが，上記形式基準により家屋の居住部分の割合が2分の1以上の場合は，その併

---

(13) 形式基準によっている点については，10倍基準について，「徴税の事務能力」，「査定をどこに置くかという非常に困難な問題」を考慮したとしている（第71回国会・衆議院・地方行政委員会議録14号11頁・江崎国務大臣回答）。

用住宅の敷地の用に供されている土地である限りは，その全てが本特例の対象となる土地に該当することになる。逆に，仮に一棟の家屋の居住部分の割合が4分の1未満の場合は，その併用住宅の敷地の用に供されている土地には，なにがしかの居住者が利用する居住部分に対応する敷地が含まれていることになるが，全て本特例の対象とならない土地になる。

③　本件駐車場⑥，⑦について

本件駐車場のうち①〜⑤，⑧及び⑨が，本件家屋のうち，老人ホームの入居者のために利用されていることから，本件家屋の居住用部分をなす有料老人ホームを維持し又はその効用を果たすために使用されている駐車場であることは明らかである。ところで，本件駐車場のうち⑥，⑦は，本件家屋の一部に併設された小規模多機能型居宅介護施設の送迎車の駐車場として利用されており，それ自体としては，有料老人ホームの入居者の生活等のためのものではない。しかし，小規模多機能型居宅介護施設は有料老人ホームに併設されたもので，一棟の家屋の一部分を構成しており，なおかつ，A社に有料老人ホーム及びその付属施設としての駐車場と併せて一体で賃貸されているものである。小規模多機能型居宅介護施設を含めた一棟の建物が本件家屋であり，その居住割合は，2分の1を大きく上回っていることに争いはない。

そして，本件駐車場⑥，⑦は本件家屋に直接に隣接し，本件家屋と一体のものとして利用されている土地であることも本判決が判示しているように明らかである。

したがって，本件駐車場の⑥，⑦は，併用住宅である本件家屋の「敷地の用に供されている土地」というほかはなく，⑥，⑦の駐車場部分を併用住宅である本件家屋の「敷地の用に供されている土地」とは別途の用途の土地と判定する余地はない。

④　本判決の意義

本判決は，本件特例の定める「敷地の用に供される土地」の判定要件を明確にした点にある。特に，併用住宅である家屋の「敷地の用に供される土地」について，地方税法施行令52条の11の定める形式基準ともいえる判定

基準の意義を明確にした点である。

　東京都が主張するように，駐車場が住宅用地に該当するには，専ら当該住宅の居住者のための施設であること，更には，専ら居住者自らが利用する施設であることを要するものと解すべき法令上の根拠はなく，また，駐車場が併用住宅の「敷地の用に供されている土地」に該当するか否かは，併用住宅と駐車場との間の関係に着目し，その形状や利用状況等を踏まえ，社会通念に従い，併用住宅を維持し又はその効用を果たすために使用されている駐車場であるか否かで判断されるべきであって，併用住宅の非居住部分の利用者が利用している駐車場であるからといって，併用住宅の「敷地の用に供されている土地」の該当性が直ちに否定されるものではないことを明確にした点に本判決の意義がある。

お わ り に

　本稿は，老人施設の運用・利用と租税というテーマの下に記述したが，その大部分は有料老人ホームの入居一時金に係るものであった。法人税，相続税・贈与税において，有料老人ホームの入居一時金に係る裁判例，裁決例が多く存在したことによる。これについては，本文中でもふれたが，税金問題だけでなく，むしろ入居一時金の返還金に関して消費者契約法等をめぐる訴訟事件が多発していた。そして，これらの事件が多発した背景又は原因は，有料老人ホームの入居契約及び入居一時金に関する契約の法的あるいは行政上の不整備があったものと考えられる。そしてこれらについての法的な整備，老人福祉法の改正等が平成 18 年，平成 23 年改正として行われた。特に平成 23 年の老人福祉法の改正等を中心とした法的整備は，有料老人ホームの入居契約の法的整備及び入居一時金の性格及び算定方法の明確化を図ったもので，それまでの問題点を相当に解決したと考えられる。ただし，平成 23 年改正は経過措置があり，平成 27 年 4 月 1 日から全面的に適用になった。本稿では，このような改正の経緯，特に平成 23 年改正の影響が税務上どのよ

うな影響をもたらすかの問題意識のもとに整理し，今後に残された問題点を併せて整理したものである。

　なお，有料老人ホームの入居一時金等の収入金額に関して消費税等の課税，非課税，不課税の区分を巡る問題があるが別の機会に検討することとしたい。

【参考文献】

(1)厚生労働省老健局高齢者支援課・山口義敬「介護を受けながら暮らす高齢者向け住まいについて」(2014)

(2)公益社団法人全国有料老人ホーム協会「平成 26 年度有料老人ホームにおける前払金の実態に関する調査研究事業報告書（平成 27 年 3 月）」(2015)

(3)厚生労働省老健局長「『有料老人ホームの設置運営標準指導指針について』の一部改正について（平成 24 年 3 月 16 日）」(2014)

(4)厚生労働省老健局高齢者支援課「有料老人ホームにおける家賃等の前払金の算定の基礎及び返還義務の金額算定方法の明示について（平成 24 年 3 月 16 日）」(2016)

(5)厚生労働省老健局長「有料老人ホームの設置運営標準指導指針について（平成 27 年 3 月 30 日）」(2015)

(6)「第 71 回国会衆議院地方行政委員会議録第 14 号 2，3 頁（昭和 48 年 3 月 6 日）」(1973)

(7)田島秀則「有料老人ホームの入居一時金等に係る収益計上時期」ジュリ 1463 号 119 頁以下 (2014)

(8)白木康晴「有料老人ホームの入居一時金に対する相続税法上の問題について」税大ジャーナル 19 号 83 頁以下 (2012)

(9)舘 彰男「地方税法 349 条の 3 の 2 及び 702 条の 3 に規定する『住宅用地』の認定に係る納税者勝訴判決」租税訴訟第 10 号 339 頁 (2017)

(10)塩原修蔵・岩波一泰「社会福祉法人の会計・税務・監査」税務研究会出版局 (2013)

(11)公益社団法人全国有料老人ホーム協会「有料老人ホーム会計・税務ハンドブック（平成 25 年 3 月改訂・2 訂版)」(2013)

高齢社会における租税の制度と法解釈

第5章　成年後見に関する
税務問題について

税理士　**山元　俊一**

I　はじめに

1　成年後見制度との関わり

　平成12年4月1日に民法の改正により創設された成年後見制度に関しては，早くも16年余が経過している[1]。また平成28年4月15日には，成年後見に関する事務の円滑化を図るため「成年後見制度の利用の促進に関する法律」及び「成年後見の事務の円滑化を図るための民法及び家事事件手続法の一部を改正する法律」が成立した[2]。このように，成年後見制度について，利用促進法等が成立したことにより，さらなる成年後見制度の躍進が期待さ

---

[1]　本稿では，法定後見を主として考察し，なかでも成年後見を中心に述べる。任意後見については，別の機会に考察したいと考えている。

[2]　成年後見に関する事務の円滑化を図るため，平成28年4月15日には「成年後見制度の利用の促進に関する法律」が公布され，同年5月13日に施行された。本法律では，その基本理念を定め，国の責務等を明らかにし，また，基本方針その他の基本となる事項を定めるとともに，成年後見制度利用促進会議及び成年後見制度利用促進委員会を設置すること等により，成年後見制度の利用の促進に関する施策を総合的かつ計画的に推進するとされている。また，あわせて「成年後見の事務の円滑化を図るための民法及び家事事件手続法の一部を改正する法律」が平成28年5月13日に公布され，同年10月13日に施行されている。

れるところである。

　筆者自身，今まで5件の成年後見と1件の補助を経験させていただいているが，この中には，すでに鬼籍に入られた方もおられ，その方たちの人生の終盤のごくわずかな時間であるかもしれないが共に時間を歩むことができたと思う[3]。成年後見制度で高齢者と携わる場合，成年後見人は被後見人の「死」についても正面から向き合う必要がでてくる。ただし，これには，成年後見人として，「できること」と，「できないこと」があるため，その見極めもまた重要である[4]。特に「補助」の難しさは，被補助人の意思と代理権・同意権の狭間で，法律で解決しないこと，あるいは法律事象を伴わないことも非常に多いため苦慮することが少なくない。

　このような成年後見制度を自身で体験することで，成年後見制度を通じて「時代が変わってきている」ということを強く感じている。わが国は，高度経済成長も終わり，すでに少子高齢化社会に入り，過去に経験したことのない未曾有の領域に入りつつある。家族の単位も，戦前の大家族制度より，祖父祖母・夫婦・子供といった3世代同居型や夫婦と子供の2世代型から，未婚率・離婚率の上昇，夫婦共働き，少子高齢化あるいは個人番号制度の導入などにより個人単位が中心になりつつある。

　この家族形態の変化による家族による支援力の低下や，さらには町会商店会などの地縁団体の弱体化による地域コミュニティの変質を招来し，社会構造そのものが変動しだしている。また，高齢者になるほど，いわゆる「物欲」は逓減し消費能力もまた衰えてくる傾向にある。このような社会構造の

---

(3)　後見業務を経験させていただいた中で2件ほど，被後見人の個人的な事情があり，私一人だけ（もちろん葬儀社の手を借りているが）で荼毘に付させていただいたこともある。その際に感じたことは「自分の骨は自分で拾えない」ということである。あたりまえのことであるが，人間社会誰かの助けが必要となるということであるということを痛切に感じた。人間は他者の力を借りて「零（ゼロ）」から生まれて「零（ゼロ）」に帰るということであろうか。

(4)　考えてみると，税理士業務は，「相続税」に関しても被相続人の「死亡」により始まるのであり，この分野についての一定の知識はすでに有しているので馴染みやすい分野ではあると思われる。

変動と国民生活志向の変化は，高度経済成長時代の物質主義から少子高齢化社会時代の福祉主義に変化しつつあることを示唆している。個人の価値観も，「金銭」志向から「サービス」志向へと変化してきていると感じる[5]。また，人間の一生は，「金銭」により束縛されるばかりでなく，「時間」により束縛されることも否めない。そうすると，「税」の世界も，現在の「金銭納付」のみが原則ではなく，奈良時代の律令国家のような租・庸・調といった「時間納付（人的役務の提供）」も視野に入れる可能性も生じてくるかもしれない[6]。

　そこで，本稿では，筆者自身が成年後見人を受任した経験や東京税理士会の成年後見支援センターの相談員として相談を受けた経験あるいは成年後見の世界会議に参加した様子などを基にして，税理士が成年後見制度とどのようにして携わるかについてもその射程圏内として論じたいと思う。そのためには，成年後見をめぐる現状がどのようなものであるか，世界の情勢を踏まえ，わが国の情勢を考察する必要がある。そこで，世界の潮流から見たわが国の成年後見に関する課題を分析する。そして，成年後見制度に専門職の一員として税理士が関与することの意味を今一度問い直してみたうえで，税務問題や事例についても触れていきたい。

　あらかじめ申し上げておくが，本稿は，税理士が専門職として成年後見に携わることに対して否定的な見解の方が読まれた場合，理解しがたい点や不快に思われる点が多々あると思われるので，この先読むことはお勧めしない[7]。ただし，もしも通読していただいた場合には，様々な視点より本稿に

---

(5) GDP などによる単なる経済指標などの経年比較のみでは意味を持たなくなってきているのかもしれない。

(6) 誤解を避けるために申し上げるが，律令国家体制にすることが，本稿の目的ではなく，「温故知新」である。時代の変化とともに，租税原則における「公平性」の概念も変化する可能性があるということを示唆したに過ぎない。

(7) 成年後見制度について税理士が関与すること自体に批判的な意見をお持ちの方も少なくないのが実情である。たとえば，「税務・会計と成年後見は関係ない」「納税者だけ相手にしていればいい」などという意見は，私自身にもよく投げかけられる。

対するご批判も含めてご意見を賜れれば幸いである。なお，本稿は，筆者自身の独自の個人的意見であり，特定の者や団体の意図を汲んでの論述ではないことをあえて本文の中で申し上げておく。

2　専門職後見人の実態

　専門職の後見については，各専門家団体において所定の研修等を修了し，損害賠償保険等に加入するなどの一定の要件を満たした者が候補者として推薦される。その推薦を受けた者のうち名簿登載を承諾した者が，その各専門家団体の名簿に登載され，その名簿が家庭裁判所に提出される。そして家庭裁判所が受領した名簿の中の候補者から，後見人を選任するという段取りとなっている。

　専門職の後見については，平成28年1月から12月までの事案についての最高裁判所の調査によると，親族以外の第三者が成年後見人等に選任されたものは，全体の約71.9%（前年は約70.1%）であり，親族が成年後見人等に選任されたものを上回っている。その内訳は，弁護士が8,048件（前年は8,001件）で，対前年比で約0.6%の増加，司法書士が9,408件（前年は9,442件）で，対前年比で約0.4%の減少，社会福祉士が3,990件（前年は3,726件）で，対前年比で約7.1%の増加，市民後見人が264件（前年は222件）で，対前年比で約18.9%の増加となっている[8]。税理士が選任されたものは67件（前年は85件）で対前年比約21.17%の減少であった。他の士業団体からは大きく水をあけられている状況である[9]。

　また，平成28年4月14日電子版の日本経済新聞の報道によると，「後見人に占める専門職の割合は年々増え，12年に初めて5割を超え，14年には65%近くになった。専門職で最も多く選任されたのは司法書士で全体の25.5%。弁護士は20.4%，社会福祉士は9.9%」となっている[10]。このよ

---

(8)　http://www.courts.go.jp/vcms_lf/20160427koukengaikyou_h27.pdf.
(9)　いずれも，最高裁判所のホームページより引用。「成年後見関係事件の概況」平成27年1月〜12月。

第5章 成年後見に関する税務問題について 157

うに弁護士や司法書士などの法律専門家が圧倒的に多い状況となっている。

この背景には，弁護士や司法書士は業法（職務）の中に成年後見に関する規定が整備されていることが掲げられる。また，社会福祉士は，社会福祉及び介護福祉士法第2条により，主に身上監護の面から業務を行える法的根拠を有しているとされ，実際に裁判所もそのように運用しているところである[11]。しかし，税理士・行政書士・社労士等の業法では，その専門職として後見業務を行うことは法律上定められていない。したがって現在までのところ，一般的には，税理士・行政書士・社労士等が成年後見等を行う場合には，専門職の「業」として行えるわけではない。それぞれの専門職としての経験を生かしつつ一個人として行っているにすぎず，専門職能の「職業」後見人ではないと解されている[12]。

さらに，各専門家団体とは別に司法書士会は「公益社団法人　成年後見センター　リーガルサポート」，行政書士会は「一般社団法人　コスモス」，社会保険労務士は「一般社団法人　社労士後見センター」などの別組織を設立して，成年後見制度に関しての組織としての環境を整えていることも，受任件数が多くなる一つの大きな要因と考えられる。

このように，司法書士会や弁護士会あるいは行政書士等の士業団体が，すでに後見業務を組織的に受任すべく別組織などを作り受け入れ態勢を積極的に整えている状況になっている。ところが，税理士会は，創設当初から積極

---

(10)　日本経済新聞電子版，平成28年4月14日付 http://www.nikkei.com/news/print-article/?R_FLG=0&bf=0&ng=DGXLASDG14H6R_U6A410C1000000

(11)　社会福祉及び介護福祉士法
　　　第二条（定義）この法律において「社会福祉士」とは，第二十八条の登録を受け，社会福祉士の名称を用いて，専門的知識及び技術をもつて，身体上若しくは精神上の障害があること又は環境上の理由により日常生活を営むのに支障がある者の福祉に関する相談に応じ，助言，指導，福祉サービスを提供する者又は医師その他の保健医療サービスを提供する者その他の関係者（第四十七条において「福祉サービス関係者等」という。）との連絡及び調整その他の援助を行うこと（第七条及び第四十七条の二において「相談援助」という。）を業とする者をいう。

(12)　本稿では，これらの専門職による後見も含めて「専門職後見人」とする。

的に成年後見に関わってきたとは必ずしも言えず，家庭裁判所への名簿登載制度や成年後見業務に関する損害賠償保険の加入といった組織としての受任体制がなかなか整わなかった。そうして，ようやく平成16年7月に成年後見制度創設後4年経過後に成年後見損害賠償保険が創設された。この損害賠償保険制度が創設されたことと名簿登載制度を完備し，成年後見制度受け入れの体制が整ったことにより，家庭裁判所としても税理士を専門職成年後見人候補者として次第に受け入れるようになった。しかし，まだ他の士業団体からは，受任件数が低いことは否めない。

　一方で，成年後見制度は本人に代って代理を行うため問題点も多く，なかでも成年後見人等の責任問題や成年後見人等の不正問題については大きな問題となっている。

　たとえば，成年後見人等の責任問題については，民法714条の関係が考えられる(13)。この点については，平成28年3月1日，最高裁判所第三小法廷が，認知症の高齢者が起こした鉄道事故事件に関する損害賠償請求について，JR東海の請求を棄却する内容の判決を下しており，今後の先例となることが期待される(14)。しかし，依然として，同条をめぐる成年後見人に関する責任については不明瞭な点も多く，成年後見にとっては重い負担となってい

---

(13) （責任能力）
　　　第七百十二条　未成年者は，他人に損害を加えた場合において，自己の行為の責任を弁識するに足りる知能を備えていなかったときは，その行為について賠償の責任を負わない。
　　　第七百十三条　精神上の障害により自己の行為の責任を弁識する能力を欠く状態にある間に他人に損害を加えた者は，その賠償の責任を負わない。ただし，故意又は過失によって一時的にその状態を招いたときは，この限りでない。
　　　（責任無能力者の監督義務者等の責任）
　　　第七百十四条　前二条の規定により責任無能力者がその責任を負わない場合において，その責任無能力者を監督する法定の義務を負う者は，その責任無能力者が第三者に加えた損害を賠償する責任を負う。ただし，監督義務者がその義務を怠らなかったとき，又はその義務を怠らなくても損害が生ずべきであったときは，この限りでない。
　　　2　監督義務者に代わって責任無能力者を監督する者も，前項の責任を負う。
(14) http://www.courts.go.jp/app/hanrei_jp/detail2?id=85714

第5章　成年後見に関する税務問題について　159

る。

　日本経済新聞の同記事によると，「認知症などで判断能力が十分でない人
の財産管理を行う成年後見制度で，後見人を務めた弁護士や司法書士ら「専
門職」による財産の着服といった不正が，平成27年で1年間に37件（被害
総額約1億1千万円）確認され，件数としては過去最悪だったことが14日ま
でに，最高裁の調査でわかった」と報道されている(15)。後見人全体の不正
件数は成年後見人全体の不正は，11年311件（同33億4千万円），12年624
件（同48億1千万円），13年662件（同44億9千万円），14年831件（同56億
7千万円）と増え続けていたが，昨年は521件（同29億7千万円）と減少に転
じた。このように全体の不正件数は前年を下回っているにもかかわらず，専
門職後見人による不正件数については「11年6件（同1億3千万円），12年
18件（同3億1千万円），13年14件（同9千万円），14年22件（同5億6千万
円）だったが，昨年は37件（同1億1千万円）で，件数では過去最多となっ
ている」と報道されている(16)。専門職後見人の不正の対応については今後
の課題である(17)。

　さらに，成年後見制度と裁判所の関係であるが，成年後見人等の職務の柱
は，被後見人の「財産管理」（民法859条(18)）と「身上監護」であるとされて
いる(19)。この身上監護に関しては，被後見人等のノーマライゼーションに

---

(15)　日本経済新聞電子版，平成28年4月14日付
(16)　日本経済新聞電子版，平成28年4月14日付
(17)　ただし，このような不正が公になるのは，裁判所や監督人の監視・監督機能が
　　　効果的に作動したとも考えられる。あとは，監視・監督機能をどのように構築
　　　していくかである。
(18)　（財産の管理及び代表）
　　　第八百五十九条　後見人は，被後見人の財産を管理し，かつ，その財産に関す
　　　る法律行為について被後見人を代表する。
　　　2　第八百二十四条ただし書の規定は，前項の場合について準用する。
(19)　高村浩著『Q&A成年後見制度の解説』新日本法規，平成12年，109頁。こ
　　　の「身上監護」については，近年「身上保護」という表現に移行してきている。
　　　本稿では，両者とも同じ意味を指すものとして使用する。表記は「身上監護」
　　　を使用する。

配慮して，本人の最善の利益を優先して職務を遂行していく必要がある[20]。この身上監護は介護や医療などと密接にかかわっている。このように，成年後見制度は多分に福祉的な側面を有していることから，家庭裁判所は審判だけでなく，福祉を中心とした行政的な側面にも関与せざるを得ない状況になっている。この点，家庭裁判所が行う家事事件や少年事件などと大きく異なる。成年後見の場合は，行政的側面に深く関与しなければならず，本来の裁判所の機能から逸脱する恐れが生じてくる可能性を有していることは否めない。特に身上監護に関しては，家庭裁判所の対応の限界が生じている。

　成年後見制度については，いまだ解決すべき問題点も少なくないことから，さらに改善すべき余地を大きく残しているといえよう[21]。このように，成年後見制度が安定して運用されているとは必ずしも言えない状況下で，つぎに，成年後見の世界的な潮流について，成年後見の世界会議より紹介する。さらに，わが国の成年後見制度と比較を行いやすいドイツの「世話法」について整理した。あわせて，ドイツ世話法の運用実態について，世話裁判所の裁判官から直接に説明を受ける機会があったので紹介する。つぎに，税理士が専門職として成年後見に関与する場合の問題点について検討する。さらに，成年後見に関する税務をめぐる税務問題やいくつかの事例を挙げて成年後見に関する税務問題について考察する。

II　成年後見制度の世界的潮流

1　第4回成年後見法世界会議について

　ここでは，成年後見制度の世界的潮流を把握することにより，わが国の成年後見制度がどのような位置づけにあるかを理解する。2016 年 9 月 14 から 16 日まで，ドイツのベルリンに近接するブランデンブルク州にあるエルク

---

(20)　井上計雄著『成年後見の実務と手続き』新日本法規，平成 24 年，197 頁。
(21)　世界的な潮流として，ドイツの世話法やイギリスにおける意思決定能力法，韓国成年後見制度など，包括代理から意思決定支援に移行しつつある。

ナー（Erkner）で第4回成年後見法世界会議（以下「本会議」という。）が開催された[22]。成年後見の世界的潮流を理解するうえでも，本会議が重要であるので，まずこの会議内容について紹介する[23]。

　この本会議の大きなテーマは，2010年10月4日に採択された横浜宣言を，本会議で改訂することであった[24]。このエルクナーでの改訂宣言（2010年の

---

[22]　本会議は一般的には「第4回成年後見法世界会議ベルリン大会」と呼称されている。筆者も，本会議に参加する機会があったので参加することができた。世界会議に先立って9月12日には成年後見に関する日独のセミナーがベルリン日独センターで開催された。翌日9月13日はケープニックの世話裁判所を訪問して，裁判官や世話人（日本の成年後見人に該当）の方から，ドイツの世話法を巡る状況について，直接お話を伺う機会が与えられた。また，9月16日にはベルリンにあるドイツ連邦税理士会を訪問して任意後見制度について意見交換をすることができた。今回のドイツ行きにあたり，日本からは大学教授，弁護士，司法書士，社会福祉士，行政書士そして我々税理士4名の総勢40名余で参加した。

[23]　新井誠稿「横浜宣言（2016年改訂版）」『実践　成年後見』民事法研究会，第65号，2016年11月，pp.7-10。なお，以下の横浜宣言（2016年改訂版）は，本論文を引用している。

[24]　わが国が国連障害者権利条約を批准するために法整備を整え，障害を理由とする差別の解消の推進に関する法律（障害者差別解消法＜平成25年法律第65号＞）を制定したが，その概要は次のとおりである。
障害者基本法第4条　基本原則　差別の禁止
　第1項：障害を理由とする差別等の権利侵害行為の禁止
　何人も，障害者に対して，障害を理由として，差別することその他の権利利益を侵害する行為をしてはならない。
　第2項：社会的障壁の除去を怠ることによる権利侵害の防止
　社会的障壁の除去は，それを必要としている障害者が現に存し，かつ，その実施に伴う負担が過重でないときは，それを怠ることによって前項の規定に違反することとならないよう，その実施について必要かつ合理的な配慮がされなければならない。
　第3項：国による啓発・知識の普及を図るための取組
　国は，第1項の規定に違反する行為の防止に関する啓発及び知識の普及を図るため，当該行為の防止を図るために必要となる情報の収集，整理及び提供を行うものとする。
　この障害者差別解消法に対する具体的な施策として次のような措置を講じた。
（1）　差別を解消するための措置
不当な差別的取扱いの禁止
　国・地方公共団体等，事業者→法的義務
合理的配慮の提供

横浜宣言は注記参照）は「横浜宣言（2016年改訂版）」として「横浜」の名前が
そのまま踏襲された。ということは，当時の「横浜宣言」がいかに画期的で
あったかを示唆している[25]。成年後見の世界的潮流としては，国連障害者
権利条約12条の趣旨を踏襲して[26]，本人の「人権」を奪う成年後見制度に

　　　国・地方公共団体等→法的義務　事業者→努力義務
　　具体的な対応
　　①　政府全体の方針として，差別の解消の推進に関する基本方針を策定（閣
　　　議決定）
　　②　国・地方公共団体等→当該機関における取組に関する対応要領を策定
　　　（※地方の策定は努力義務）
　　③　事業者→主務大臣が事業分野別の対応指針（ガイドライン）を策定
　　実効性の確保
　　　•主務大臣による民間事業者に対する報告徴収，助言，指導，勧告
　（2）　差別を解消するための支援措置
　　相談・紛争解決
　　　•相談・紛争解決の体制整備→既存の相談・紛争解決の制度の活用，充実
　　地域における連携
　　　•障害者差別解消支援地域協議会における関係機関等の連携
　　啓発活動
　　　•普及・啓発活動の実施
　　情報収集等
　　　•国内外における差別及び差別の解消に向けた取組に関わる情報の収集，整
　　　理及び提供
　　施行日：平成28年4月1日（施行後3年を目途に必要な見直し検討）
　　①　我々は，支援型意思決定の重要性を認識する必要がある。
　　②　我々は，認知症，知的障害と精神障害のような障害の類型ごとに支援型
　　　意志決定についての支援方法を開発するべきである。
　　③　我々は，支援された意思決定者への過度の圧力と（支援者の）職権乱用
　　　を防ぐための規制をするべきである。
　　④　我々は，成年の安全，法的サポートと保護を取り扱う効果的な方法を確
　　　保するべきである。
　　⑤　我々は障害者権利条約においては，最も制約が少ない法令が合議制の下
　　　で許容されていることを確認するべきである。
（25）　2010年の横浜大会は，記念すべき第1回の成年後見法世界会議であった。こ
　　の大会の場所に因んで，「横浜宣言」と記されている。
（26）　国連障害者権利条約
　　第12条　法律の前に等しく認められる権利
　　1　締約国は，障害者が全ての場所において法律の前に人として認められる権
　　　利を有することを再確認する。

ついては回避する方向性を示している。つまり，人間の尊厳を最大限に尊重するため，代理的意思決定から支援付き意思決定へと移行することにより，本人の意思による自己決定権をできる限り認めていこうとするものである。そして，本人をサポートする周りの人々は，できる限り本人の意思決定支援をして，本人の「人権」を尊重して支えていこうとするものである。世界的な潮流として，ドイツの世話法やイギリスにおける意思決定能力法，韓国成年後見制度など，包括代理から意思決定支援に移行しつつあることが紹介された[27]。なお，この「横浜宣言（2016年改訂版）」における概要は次の通りである。

―― （一部省略）――

〈Ⅱ〉 世界の課題

―― （一部省略）――

3．基本原則

2　締約国は，障害者が生活のあらゆる側面において他の者との平等を基礎として法的能力を享有することを認める。

3　締約国は，障害者がその法的能力の行使に当たって必要とする支援を利用する機会を提供するための適当な措置をとる。

4　締約国は，法的能力の行使に関連する全ての措置において，濫用を防止するための適当かつ効果的な保障を国際人権法に従って定めることを確保する。当該保障は，法的能力の行使に関連する措置が，障害者の権利，意思及び選好を尊重すること，利益相反を生じさせず，及び不当な影響を及ぼさないこと，障害者の状況に応じ，かつ，適合すること，可能な限り短い期間に適用されること並びに権限のある，独立の，かつ，公平な当局又は司法機関による定期的な審査の対象となることを確保するものとする。当該保障は，当該措置が障害者の権利及び利益に及ぼす影響の程度に応じたものとする。

5　締約国は，この条の規定に従うことを条件として，障害者が財産を所有し，又は相続し，自己の会計を管理し，及び銀行貸付け，抵当その他の形態の金融上の信用を利用する均等な機会を有することについての平等の権利を確保するための全ての適当かつ効果的な措置をとるものとし，障害者がその財産を恣意的に奪われないことを確保する。

(27)　成年後見はある意味で本人の意思や自由を奪うという意味において，成年後見の開始について「死」という表現を用いている報告もあったほどである。

成年者の法的支援と保護に関する基本原則をここに宣言する。

(1) すべての成年者は，ある特定の行為または決定に関して支援と保護が必要であると確定されない限り，支援なしに法的能力を行使する能力を有すると推定されなければならない。

(2) 支援と保護は，成年者が法的能力を行使することを可能にするあらゆる実際的な手段をとることを含んでいる。

(3) 法と実務は，支援と保護のための要請が特定の事柄，特定の時に関連するものであり，その力点は変化しうるものであり，なすべき特定の行為と決定もまたその性格と効果に応じて変化しうるものであり，ひとりの個人においても随時変化することを認識すべきである。

(4) 法的能力の行使に関連して成年者によって自立的に講じられた措置は他の措置に優先する。

(5) 支援と保護の措置が個別事案に適用される場合には，当該措置の目的を達成するために必要最小限の介入に限定されなければならない。

(6) 支援と保護の措置は定期的に独立した当局の検証を受けなければならない。成年者は法的能力の如何にかかわらず，このような検証を受ける正当な権利を有する。

(7) 法的能力を行使するためにとられる措置はそれが必要であり，かつ国際人権法に合致すると確認される場合にのみ講じられる。当該措置は第3者保護のためであってはならない。

(8) 成年者が現に有する能力にかかわらず法的能力を制限するいかなる形態の能力剥奪制度も撤廃されるべきである。

基本原則では，国連障害者権利条約第12条の基本理念を尊重して，成年者に対する支援・保護・法・実務という観点よりまとめられている。(1)から(6)まで個人の人権に配慮していることが理解できる。つまり，支援と保護が必要であると確定されない限り，支援なしに法的能力を行使する能力を有するとして，意思決定支援が法的支援に優先することを表明している。さらに，

第5章 成年後見に関する税務問題について 165

法的能力を制限するいかなる形態の能力剥奪制度も撤廃されるべきであると
して,「人権」に配慮しているといえよう。

2 「横浜宣言（2016年改訂版）」におけるわが国に関する部分

今回の「横浜宣言（2016年改訂版）」に記されたわが国に関する部分は次の
通りである[28]。

「横浜宣言（2016年改訂版）」

〈Ⅲ〉 日本の課題

2016年成年後見法世界会議における日本からの参加者は,改訂された
本宣言の趣旨に全面的な賛意を表明したうえで,日本政府が早期に成年者
の法的支援と保護に関する現行法制を改正し,改善することを要望し,以
下の事項を「横浜宣言」に含めることを確認し,これに海外からの参加者
も全面的な賛意を表明した。

1. 基本原則
  (1) かつての禁治産宣言宣告のような意思決定のあらゆる分野において
    能力を剥奪する制度は廃止されるべきである。
  (2) 成年者の法的支援と保護に必要な範囲における最も制約の少ない制
    度としてのみ能力制限は許容されるべきである。
2. 障害者権利条約の理念の評価
  (1) 支援付き意思決定という考え方の重要性は尊重されるべきである。
  (2) 認知症,知的障害,精神障害等の障害別の支援付き意思決定を用い
    た支援手法が開発されるべきである。
  (3) 支援付き意思決定者の権限濫用を防止し,不当威圧を規制する措置

---

(28) 中央大学の新井誠教授によると,「世界的な大会であるのに,引き続き「日本
  の課題」が存知されたのは,世界がわが国の動向に注目していることの証左で
  あろう」と述べられている。新井誠稿「第4回世界成年後見法会議報告①」実
  践成年後見,第63号,2017年3月,59頁。

を講じるべきである。

(4) 成年者の安全，法的支援と保護を確約するための実効的な措置を講じるべきである。

(5) 障害者権利条約の下においても最も制約の少ない制度としての法的代理制度は許容される。

3. 現行法の改正とその運用の改善

(1) 現行成年後見法は後見，保佐，補助という3類型を前提としているが，とりわけ後見類型において本人の能力制限が顕著である。障害者権利条約第12条に鑑みて，現行の3類型の妥当性を検証する必要がある。同時に，成年者の法的支援と保護手続きにおける本人の能力制限が顕著である。障害者権利条第12条の趣旨に鑑みて，現行の3類型の妥当性を検証する必要がある。同時に，成年者の法的支援と保護手続きにおける本人の保護に関する検証も必要である。

(2) 全国の市町村長が成年後見に関する市区町村長申立てをさらに積極的に実施しうる体制を法的に整備すべきである。

(3) 成年者の法的支援と保護制度を利用するため費用負担が困難である者に対しては公的な費用補助を行うべきである。

(4) 成年後見の開始には本人の権利制限という側面があることに鑑み，原則として鑑定は実施すべきであり，また本人面接は省略すべきではなく，鑑定・本人の医療行為に同意できるものとすべきである。

(5) 現行法は，成年後見人が本人の財産に関してのみ代理権を有することと規定しているが，成年後見人の代理権は財産管理に限定されるべきでなく，これを改めるべきである。成年後見人は，本人の医療行為に同意できるものとすべきである。

(6) 現行法に多く残されている欠格条項は撤廃すべきである。

(7) 任意後見制度は「自己決定権の尊重」にもっとも相応しい制度であるが，その利用は決して多いとはいえない。任意後見制度の利用を促進し，同時にその濫用を防止する立法措置を講じるべきである。

4. 公的支援システムの構築

　成年者の公的支援と保護制度は，利用者の資産の多寡，申立人の有無等に関わらず，「だれでも利用できる制度」として位置づけられるべきであり，そのためには行政が成年者の法的支援と保護制度全体を公的に支援することが不可欠である。このような公的支援システムは「成年者の法的支援と保護の社会化」を実現するものであり，行政による公的支援システムの創設を提言する。成年者の法的支援と保護制度の運用面における司法機能，とりわけ家庭裁判所の機能の一層拡充・強化を図ることが公的支援システムの円滑な実施の大前提となるべきである。このような公的支援システムの創設は，本人の親族，一般市民，各専門職間のネットワークを拡充させ，適切な法定代理人の確保，成年者の法的支援と保護制度の権利擁護機能の強化に資するものである。

　このように，日本の部分に関する特徴として「4. 公的支援システムの構築」が導入されたことの意義は大きい。とくに，行政が主体となり，公的支援システムを創設することには賛成である。つまり行政が成年後見制度に関する「公的支援システム」を構築することの意義は計り知れないほど大きな前進であると考える。現在の家庭裁判所の「審判」中心の成年後見制度では限界があり，司法と行政の境界線が崩れ司法機能から逸脱してしまう危険性を孕んでいただけに評価できる。今会議において，わが国も世界の潮流に沿って，政府に対して成年後見制度を修正するよう働きかける方向性を示したことの意義は大きいと思われる。

Ⅲ　ドイツにおける世話法

1　ドイツにおける世話法

　つぎに，ドイツにおける世話法について紹介する。ここでドイツの世話法を紹介するのは，わが国の成年後見制度とは対照的であり比較しやすいこと

からである。ドイツの世話法は，1990年9月に制定され，1992年1月1日より施行されている。このドイツ世話法の基本理念は「自己決定権の尊重」と「残存能力の尊重」にある。意思決定能力の不十分な人のための後見と視聴覚障害者等の障害監護者制度を合わせて構築されている。ドイツ世話法では本人の自己決定権と残存能力を最大限に尊重し，国家及び第三者（世話人）からの干渉を極力最小限に抑えようとしている。

利用者数であるが，2015年度で，日本の人口は約1億2千万人で成年後見制度利用者は191,335人である。これに対して，ドイツの人口は約8,200万人で世話法制度の利用者は約130万人である，ドイツの世話法の利用者は日本の成年後見制度利用者の6.5倍ある[29]。中央大学の新井誠教授によるとドイツの世話法の特徴は次の4点である[30]。

第1は，保護機関たる世話人の選任があっても，それは直ちに本人の能力制限を帰結することにはならず，個々の事例に関して必要な場合に限って（かつ，必要な範囲内に限って），裁判所が世話人に同意権を付与するという，「同意留保」制度を導入した点である。

第2は，身上監護事項の重視である。世話人は，各自の職務範囲内において，単なる財産管理人としてのみならず，本人の身上監護事項に関する法的コーディネーターとしての役割をも期待されているのである。ただし，これは，世話人が自ら事実行為としての介護行為や看護行為を遂行しなければならないことを意味しているわけではない。むしろ，ドイツ法上では，世話人の職務は世話事項の法的処理に限定されているのである。なお，この点を明文上より明確にするために，1999年の世話法改正法は，世話の名称を「法律上の世話（Rechtliche Betreuung）」と改めた上で，「世話は，被世話人の事項を以下の規定に従って法的に処理するために必要となる全ての活動を含むものとする」という新規定（ドイツ民法新1901条1項）を置いた。

---

(29)　新井誠稿「ドイツ成年者世話法から学ぶもの」http://www.yomiuri.co.jp/adv/chuo/opinion/20120611.html
(30)　新井誠，前掲稿

第5章 成年後見に関する税務問題について　169

　第3は，重要な身上監護事項に関する公的監督に関する規制の導入である。生命の危険を伴う医療行為，不妊手術，施設への収容並びに収容類似措置，住居の明け渡し等については，世話人の事務処理に際して，厳格な実定法上の要件と結びついた世話裁判所の許可を要求している。

　第4は，本人（被世話人）の意思尊重の問題である。世話法の基本理念は自己決定権の尊重にある。従って，世話事項の遂行にあたっては，被世話人の福祉に反しない限り，被世話人の希望と意見が優先されなければならないし，世話人は被世話人を一個の人格として尊重し，被世話人と協議しながら，事務処理を実行していく必要があるのである（ドイツ民法新1901条2項，3項）。

　また，新井誠教授によると，ドイツの世話法の運営支援組織として，次図のようなトライアングル体制を構築している。

　ドイツ世話法運用上の大きな特徴は，世話制度が福祉行政および民間の世話協会によって支えられ，裁判所は両者の支援を得て機能するようになっている点である。自治体の世話担当課とは，福祉行政を担う自治体の担当課（世話官庁，世話署）のことであり，担当職員は本人の調査やふさわしい世話人の推薦等を行う。世話協会は民間の組織である。世話協会はNPOや宗教

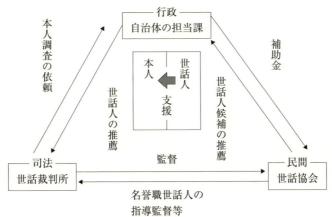

出典：新井誠稿　http://www.yomiuri.co.jp/adv/chuo/opinion/201206
11.html

法人によって運営され，社会福祉の担当者や法律家が常勤しており，ボランティアである名誉職世話人の教育や監督も行う。世話裁判所は自治体の担当課および世話協会との連携を得てその職務を遂行している。このようないわば三位一体の関係は法律によって明確に位置づけられている。行政，民間，司法が一体となって世話制度を推進している⁽³¹⁾。このように，ドイツの世話法は，世話の必要性，世話人の職務，世話の範囲は，それぞれ個別に決めるというところが最大の特徴である。

2　ドイツ連邦家族省の施策

　ドイツでも，高齢者の割合は右肩上がりに増加している。67 歳を超える人たちの割合は 2013 年の約 18.7% から 2030 年には 23.8% に上昇すると予測されている。また，80 歳を超える人たちの割合は，2013 年の全人口の 5.4% から 2030 年には 7.7% に上昇すると予測されている。連邦統計局の最新の見通しによると，2050 年にはドイツに 990 万人の高齢者が存在することになる。それ故，任意の支援業務の種類が増えており，これらの業務の提供が，必ずしも常に該当するとは限らないが，現在多くの場合に，任意代理権に基づいて行われているという問題がある。

　連邦家族省は，裁判所の任命する世話人に先立って，成年者に対する法的保護をさらに発展させる新しい革新的なアプローチを探求している。連邦家族省高齢者局の作業部会が実施している 3 年間の実践ベースのプロジェクトでは，裁判所の任命する世話人に先立って，特に家族だけでなく，自発的な支援者として地域社会の人々について，徐々に専門家の支援を受けて支援する役割を担えるように進展していくことを目指している。また，新しいタイプの世代間の契約に沿って，より年配の高齢者のために高齢者が関与することを特に促進したいと計画している⁽³²⁾。

---

(31)　新井誠，前掲稿

(32)　拙稿「パネル 3　任意代理/代理契約」実践成年後見，第 67 号，2017 年 3 月，78 頁。

3 ケーペニックの世話裁判所訪問

9月13日はケーペニックの世話裁判所を訪問した。日本でいうところの家庭裁判所であるが，世話裁判は全体の60%で，残りの40%は通常の裁判も行っている[33]。ここでは，ドイツの世話法の運用実態を明らかにするため，当日の担当裁判官と世話人から受けた説明をもとにまとめている。

ドイツの世話法は，第二次世界大戦当時のナチスドイツの影響によるところが大きいということである。当時は，ユダヤ人ばかりでなく，障害者についても虐殺や子供ができないように虐待されてしまった。その点を反省して，人権を重視した世話法ができた。世話法による世話は最長で被世話人1人につき7年までしか見ることができない。7年以内に，別の世話人にバトンタッチするのである。世話で大事なことは次の3大原則があるということである。

(1) 必要性の原則

(2) 自律性と自己決定権

(3) 人権尊重

(1) 必要性の原則

世話無く生きていけるときは世話法を使わない。世話法を使うのは本当に世話が必要になったときのみである。この世話が必要になった時の判断とは，①家族がもう面倒を見るのは無理と判断した時か，②あるいは病院関係者からのインフォームドコンセントによる場合である。

(2) 自律性と自己決定権

自律性と自己決定権で大事なことは，世話人と被世話人のコミュニケーションである。被世話人が何を望み，何をしたいのかを的確に把握するために，コミュニケーションを円滑にする必要がある。

---

(33) 裁判所は，エルクナーの市内にあり，威厳に満ち荘厳な建物であった。当日，レクチャーいただいたケーペニックの裁判官は女性で，しかも私服のカジュアルなスタイルであった。また，同裁判所に世話人も来ていて，その方からお話を伺うことができた。

(3)　人権尊重

　世話法は民法典 1896 条にその根拠を求めている。ドイツの民法典の中に
は本人の意思を尊重することをその基本理念においており，世話においても，
人権尊重は大きな原則の一つである。

　続いて，実際の世話人から，直接世話法の実態について報告があった。そ
の概要は次のとおりである。

(1)　世話人の選任及び監督

　世話裁判所の世話裁判官を中心に，鑑定機関，世話を管理する世話セン
ターによって世話人選任のための調査がなされる。その調査結果に基づいて世
話人が裁判所により選任されることになる。選任後については，世話裁判所
の「司法補助官」が中心となって，選任された世話人に対して，指導・監督
を行う事になる。「司法補助官」は準裁判官ともいわれており，大学の行政
法の専攻をした者に与えられる。

(2)　法人世話人と個人世話人

　世話人はドイツに約 800 ある教会を背景に発達してきた。教会が中心とな
って制度が構築されているため，個人の尊厳が重視されているとも考えられ
る。世話人は法人世話人と個人世話人とに分かれる。法人世話人としては
「世話センター」と「世話社団（世話人協会）」がある。個人世話人としては，
組織された世話人として，「官庁世話人」と「社団世話人」がある。組織に
属さない個人の世話人としては，「家族世話人」，「名誉職（ボランティア）世
話人」と「職業世話人」がある。個人世話人は，原則として世話人になりた
いという本人の希望もしくは後見裁判所の選任により，誰でもなることがで
きる。世話人は，原則として家族世話人が選任される。選任割合はその約
70% 弱が家族・親族世話人と名誉職世話人である。残りの約 30% が職業世
話人であり，国民のボランティア意識が年々薄れつつあり，世話の質が高い
職業世話人の需要が増加する傾向にある。

(3)　世話人の職務と報酬

　世話人は，司法補助官に対して 1 年に 1 回，世話に関する報告書を提出す

る。居住用不動産の売却や，施設入居の際など世話人が重要なことを行う場合には司法補助官の許可がいる。その際に，弁護士から選任される手続補助人が選任されて手続きの補助をすることがある。なお，ボランティアの世話人は銀行口座預金を勝手に下ろすことができないので，司法補助官の許可が必要になる。司法補助官は乱用の問題に敏感であり，世話人が無理にお金を使っていないか，濫用していないかをチェックしている。司法補助官が検査する際に指針としているのが，安全性，安心である。司法補助官は世話人の業務に大きな過ちがあったり，期限を守らないなど世話人の業務が怠慢である場合には，科料を課したり，研修受講を促すことができる。このケーペニック世話裁判所では，約4,000人の世話人を見ている。司法補助官は3人なので，1人当たり1,300件程度担当している。（日本側からの質問により）司法補助官の見落とし濫用がないとは言えないと思う（この点については日本側からの指摘により，裁判官自らが気づいたと話していた）。ただし，司法補助官のチェックは厳しく，年初と年末の口座を比較して，財産が大きく使われていないかチェックする。たとえば，被世話人の孫に高いプレゼントを世話人がした場合，司法補助官から問い詰められるケースがある。

　世話人になれる人は，犯罪歴がなく，債務超過でないことなどが掲げられる。また名誉職世話人は所属する協会などの団体からインタビューされて2重にチェックされることになる。適性の調査には協会などの団体により，本人の適性，利害関係，モチベーション，教育歴などが調べられる。つぎに行政側で犯罪歴，債務超過，倒産歴などが調べられる。

　権限濫用が起きるケースでは，家族世話人のケースが圧倒的に多い。小規模で行われていることや，家族世話人に知識がないことから行われている。

　世話人の報酬は，世話報酬法で決められている。ボランティアの世話人の場合，年に実費経費精算として400ユーロが支払われる。職業世話人の場合，財産がある場合，最初の1年目で年間3,630ユーロ，2年目以降で年間2,930ユーロが支払われる。財産が少ない場合には，最初の1年目で年間2,970ユーロ支払われる。2年目以降は1,848ユーロ支払われる。もちろん

財産が多くある被世話人には，報酬を多くすることも可能である。ただし，資産家は世話法の世話にならず，信託や委任契約により管理してもらっているケースが多い。世話法の中心はこの人をどうするかという身上介護（ソーシャルワーク）に力点を置いている。

　以上，ドイツにおける世話法について記した。ドイツの世話法は第二次世界大戦中における人権侵害を深刻に受け止めた結果構築された制度であるといえよう。しかも，世話人制度は教会を背景とした宗教的な福祉の精神により支えられて発達してきているというところに，わが国との大きな違いを見出せる。世話人制度はドイツでは130万人もの人々が利用しており，わが国の成年後見制度利用者が約19万人であるのと大きな違いがあることは驚愕に値する[34]。日本の法制度の特徴は，制度自体や法制は存在するが，実際の利用者や適用対象者は少ないということが往々にして見受けられることである。潜在利用者が多いのに実際の利用者が少ないということは，制度や法制のどこかに問題点があるはずである。この問題点を洗い出すには，潜在利用者の要望と実際の制度とのギャップを汲み取る必要がある。「法制度があればいい」ということで満足してはいけない。検証作業が必要である。

IV　成年後見制度と税務

1　成年後見制度等と税理士

(1)　税理士業務と成年後見制度

　ここでは，成年後見制度と税理士との関係について類型別に整理することとする。いずれも被後見人が生存中であることを前提とする。この場合大きく3類型に整理できる。以下その内容を確認する。なお，監督人の付く場合も想定されるが，議論を明確化するため割愛する。

　①　税理士が成年後見人等，顧客が被後見人等のケース

---

(34)　成年後見制度の潜在利用推測人数は 120-130 万人ともいわれている。

税理士本人が家庭裁判所より成年後見人等に選任されるケース

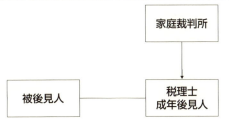

　このケースは税理士が家庭裁判所より成年後見人等に選任される場合である。税理士の場合，所定の成年後見人等養成研修を受けて，成年後見賠償責任保険に加入して，家庭裁判所へ名簿登載した者の中から選任されることとなっている。その名簿登載した者の中から，税理士会に推薦依頼が来て選任されるケースや首長申し立てなどにより地方公共団体・社会福祉協議会から依頼されて受任されるケースなどが考えられる。いずれにしても，税理士本人が成年後見人等として活動するケースである。この時は，成年後見人としての報酬を受領することになり，税理士報酬を受領することはできない。
② 親族後見人等から依頼を受ける場合

後見人の親族より税務代理を求められるケース

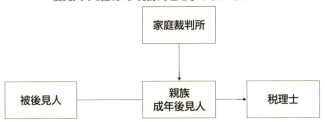

　このケースは，親族後見人等から，税務相談や税務申告を依頼されるケースである。親族後見人等は，被後見人等を代理して，税理士に依頼をすることになる。税理士は被後見人等のために税務相談や税務申告を行う。その際に親族後見人等と被後見人等との間の利益相反取引に該当するケースも生じる可能性が高いので注意が必要である。また本ケースでは，成年後見であれ

ば問題はないが，補助・保佐の場合には，代理権や同意権の範囲に注意して，補助人・保佐人に税務に関する被補助人・被保佐人からの代理が与えられているかを確認する必要がある。下図のように，もしも親族補助人や親族保佐人に対して，税務に関する代理権が付与されていない場合には，被補助人や被保佐人から直接受任するケースも考えられる。また，親族補助人や親族保佐人に対して，税務代理権が与えられていない場合には，場合によっては，親族補助人や親族保佐人が「無権代理」とされるケースも発生する可能性があるので注意が必要である。

税務代理が補助人あるいは保佐人に与えられていないケース

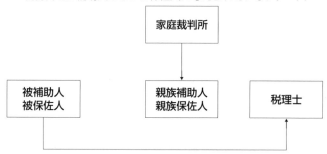

③ 成年後見人等である税理士・弁護士・司法書士等の専門職後見人から税務代理を求められるケース

成年後見人等が専門職後見人で，その成年後見人等から，依頼を受けるケース

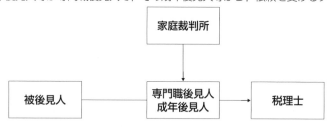

このケースも基本的には，②の場合と同様である。専門職後見人等から，税務相談や税務申告を依頼されるケースである。専門職後見人等は，被後見人等を代理して，税理士に依頼をすることになる。税理士は被後見人等のた

めに税務相談や税務申告を行う。専門職が後見人等となっている場合は，親族後見人等のケースと異なり，利益相反に該当するケースは非常に少ないと考えられる。

　このとき，②と同様に成年後見であれば包括的代理権が成年後見人に付与されているので問題はないが，補助・保佐の場合には，代理権や同意権の範囲に注意して，補助人・保佐人に税務に関する被補助人・被保佐人からの代理が与えられているかを確認する必要がある。下図のように，もしも専門職補助人や専門職保佐人に対して，税務に関する代理権が付与されていない場合には，被補助人や被保佐人から直接受任するケースも考えられる。また，専門職補助人や専門職保佐人に対して，税務代理権が与えられていない場合には，場合によっては，専門職補助人や専門職保佐人が「無権代理」とされるケースも発生する可能性があるので注意が必要である。

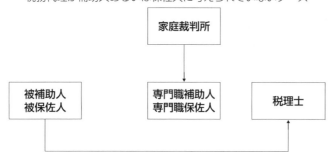

税務代理が補助人あるいは保佐人に与えられていないケース

　税理士が成年後見等に係る場合，以上のような類型が考えられる。もちろんこれ以外にも顧問先の取引相手が成年後見人等である場合や被成年後見人の親族にも被成年後見人がいる場合などのケースも考えられるが，紙幅の都合上割愛させていただいた。

V 成年後見に関する税務問題

1 成年後見人等の報酬について収入すべき時期について

⑴ 複数年分の成年後見人の報酬付与について

成年後見人等の報酬については，家庭裁判所において後見人及び被後見人の資力その他の事情を考慮して，被後見人の財産の中から，相当な報酬を後見人に与えることができるものとされている（民法862条）[35]。成年後見監督人，保佐人，保佐監督人，補助人，補助監督人及び任意後見監督人についても，同様に報酬が付与されることとされている。

ただし，この報酬の付与の基準については，法律によって具体的に基準が決まっているわけではない。しかも，成年後見人等に対する報酬は，成年後見人等からの報酬申立てがあった場合に，審判で決定されることとなっている。このため報酬付与の審判は，裁判官が，対象期間中の後見等の事務内容（財産管理及び身上監護）や成年後見人等が管理する被後見人等の財産の内容等を総合考慮して，裁量により，各事案における適正妥当な金額を算定し，審判により決定されている。

最初の報酬付与の申し立ては，成年後見等の受任後，第1回目の報告後（通常は受任後1年後）に行えることとなっている。成年後見人等は毎年，報告義務はあるものの，報酬付与については，毎年申し立てを行うことが原則と考えられる。しかし，実務上では，数年分をまとめて申し立てしているケースも少なくないようである。このように，毎年，報酬付与の申し立てを行わず，数年分をまとめて報酬付与の申し立てが行われて，複数年分の報酬付与の審判が行われた場合の収入に計上すべき時期について考える必要がある。

---

[35]　（後見人の報酬）

　　第八百六十二条　家庭裁判所は，後見人及び被後見人の資力その他の事情によって，被後見人の財産の中から，相当な報酬を後見人に与えることができる。

第5章　成年後見に関する税務問題について　179

(2)　国税庁の報酬付与に関する文章回答事例

　国税庁では，成年後見人が受領した報酬に係る収入金額の収入すべき時期について以下のような文章回答事例を出している[(36)]。

①　照会内容

　私は，平成17年に家庭裁判所から成年後見人として選任され，その後，成年被後見人（物事を判断する能力が十分でない者）の後見の事務（財産管理や契約など法律行為に関するものであり，以下「本件後見事務」といいます。）を行っていますが，成年被後見人から本件後見事務に対する報酬を受領していませんでした。

　そのため，平成26年に家庭裁判所に対して，成年後見人選任時から平成26年までの本件後見事務に係る「成年後見人に対する報酬の付与」の申立て（以下「本件報酬付与申立て」といいます。）を行ったところ，本件後見事務に係る報酬を付与する旨の審判の告知がされたため，成年被後見人から成年後見人選任時から本件報酬付与申立てまでの間の本件後見事務に対する報酬（以下「本件報酬」といいます。）を受領しました。本件報酬の収入すべき時期は，当該審判の告知によってその効力が生じた時と解してよろしいか伺います。

　（注）私は給与所得者であり，後見の事務を事業として行っているわけではありませんので，本件報酬は雑所得に該当するものであることを照会の前提とします。

②　回答

　精神上の障害により事理を弁識する能力を欠く常況にある者について，家庭裁判所は，本人，配偶者，四親等内の親族等の請求により，後見開始の審判をすることができ（民法7），後見開始の審判を受けた者を成年被後見人として，成年後見人を付すこととされています（民法8）。成年後見人は，成年被後見人の財産を管理し，その財産に関する法律行為について成年被後見人を代表するなどの後見の事務を行うこととなります（民法859）。

　この後見の事務を行う成年後見人に対して，家庭裁判所は，成年被後見人の財産

---

(36)　国税庁　ホームページ
　　　https：//www.nta.go.jp/nagoya/shiraberu/bunshokaito/shotoku/150122/01.htm

の中から相当な報酬を与えることができるとされています（民法862）。しかしながら，成年後見人に対して報酬を与えるかどうかについて及びその額をいくらにするかについては，家庭裁判所が諸事情を考慮し，その審判により定めることとされていますので（家事事件手続法39），家庭裁判所の審判があるまでは，その報酬を受けることができるか否かについて未確定な状態となっています。そして，家庭裁判所により成年後見人に審判の告知が行われ，その効力が生ずることによって初めて，成年後見人がその報酬を受けることができることが確定し，また，その額も確定することとなります（家事事件手続法74）。

ところで，人的役務の提供による収入すべき時期は，役務提供を完了した日が原則とされています。ただし，人的役務の提供による報酬を期間の経過等に応じて収入する特約又は慣習がある場合におけるその期間の経過等に対応する報酬については，その特約又は慣習によりその収入すべき事由が生じた日とされています（所基通36-14（2），36-8（5））。この点について，成年後見人は，通常，成年被後見人が病気などから回復し判断能力を取り戻したり，亡くなるまで，成年後見人として責任を負うと考えられることからすると，その任期満了日，つまり役務提供の完了した日は，成年被後見人の死亡日等になると解されます。

しかしながら，本件報酬は，その成年後見人の任期中である成年後見人選任時から本件報酬付与申立てまでの期間に対応するものであること，並びに家庭裁判所の審判の告知によって成年後見人がその報酬を受けることができること及びその額が確定することを踏まえれば，上記ただし書にいう期間の経過等に対応する報酬の取扱いに準じて，当該審判の告知によってその効力が生じた時において収入すべき事由が生じたものとして取り扱うことが相当であると考えます。

③　検討

本事例からすると，所得税の確定申告を行う場合は，報酬付与の審判があったときに，複数年分が一括して審判された場合に，その年度で申告すると解される。このように，成年後見人等の役務に関する報酬は，暦年ごとに期間対応するのではなく，報酬付与の審判がなされた年度の収入に計上することとなる[37]。

---

(37)　事業所得及び雑所得の金額については，所得税法において次のように規定されている。
　　　（事業所得）

第5章　成年後見に関する税務問題について　181

　しかし，場合によっては，意図的に成年後見報酬計上を操作することが可能となる。つまり，所得の多い年に報酬付与の申し立てを行わず，所得の少ない年にまとめて報酬付与の申し立てを行うことも不可能なことではない。このような場合のいわゆる意図的な回避措置に対する防止措置を考える必要がある[38]。

　第二十七条　事業所得の金額は，その年中の事業所得に係る総収入金額から必要経費を控除した金額とする。
　　事業所得の計算については，総収入金額を算定して，必要経費を控除する計算体系となっている。この総収入金額の算定方法については，所得税法第36条1項において，「収入金額計上の原則」として，次のように規定している。
（雑所得）
　第三十五条　雑所得とは，利子所得，配当所得，不動産所得，事業所得，給与所得，退職所得，山林所得，譲渡所得及び一時所得のいずれにも該当しない所得をいう。
　2　雑所得の金額は，次の各号に掲げる金額の合計額とする。
　一　その年中の公的年金等の収入金額から公的年金等控除額を控除した残額
　二　その年中の雑所得（公的年金等に係るものを除く。）に係る総収入金額から必要経費を控除した金額
（収入金額）
　第三十六条　その年分の各種所得の金額の計算上収入金額とすべき金額又は総収入金額に算入すべき金額は，別段の定めがあるものを除き，その年において収入すべき金額（金銭以外の物又は権利その他経済的な利益をもつて収入する場合には，その金銭以外の物又は権利その他経済的な利益の価額）とする。
　　さらに，この収入金額については，所得税基本通達36-8の（5）で以下のように規定されている。
　　36-8　事業所得の総収入金額の収入すべき時期は，別段の定めがある場合を除き，次の収入金額については，それぞれ次に掲げる日によるものとする。（昭49直所2-23改正）
　　（5）人的役務の提供（請負を除く。）による収入金額については，その人的役務の提供を完了した日。ただし，人的役務の提供による報酬を期間の経過又は役務の提供の程度等に応じて収入する特約又は慣習がある場合におけるその期間の経過又は役務の提供の程度等に対応する報酬については，その特約又は慣習によりその収入すべき事由が生じた日

(38)　また，別の文章回答事例で，「市の定住条例に基づき複数年にわたり交付する定住奨励金の課税上の取扱いについて」という事例がある。この事例はA市で，定住促進及び同市の活性化を図るため，同市内に定住する意思をもって新築住宅等を取得した者を対象として，A市定住条例に基づく定住奨励金（以下「本件奨励金」という。）を交付するとするものである。本件奨励金の交付を受けようとする者は，対象となる住宅を取得した翌年度以降毎年度，住民票

以前に，消えた年金問題が生じたことは記憶に新しい[39]。所得税基本通達36-14 の（注）では，「裁定，改定等の遅延，誤びゅう等により既往にさかのぼって支払われる公的年金等については，法令等により定められた当該公的年金等の計算の対象とされた期間に係る各々の支給日によることに留意する」とある。つまり，この場合，過去の年金を一括して受領する場合は原則としてその受領すべき年度の所得として申告することとなる。したがって過去の分については修正申告すべきこととなる。この点，成年後見報酬の過去分の一括受給と同様のケースと考えられるが取り扱いが異なる。年金の場合はすでに発生している受給権についての受給を受けるわけであるから，成年後見の審判により確定する成年後見報酬とは性質が異なると考えられる。しかし，成年後見報酬の一括受給は，意図的な回避措置を払拭しきれていな

の写しその他一定の書類を添付した「Ａ市定住奨励金交付申請書」を同市が定める一定の期間内に同市に提出することで，最高 7 年間，その対象となる住宅及び土地に係る固定資産税を基に計算した金額の交付を受けることができるとしている。本件奨励金の交付がある場合の所得区分について質問している。この場合，本件奨励金の交付を受けようとする交付対象者は，対象となる住宅を取得した翌年度以降，Ａ市長に対し，住民票の写しその他同市長が必要と認める一定の書類を添付した「Ａ市定住奨励金交付申請書」を当該翌年度以降の各年度の 9 月 1 日から同月 30 日までの間に提出しなければならないこととしている。そして，Ａ市長は，交付対象者から提出された「Ａ市定住奨励金交付申請書」等の内容を審査した上で，「Ａ市定住奨励金交付決定通知書」によりその交付の可否及びその交付金額を交付対象者に通知する。住宅の取得時に一時金として交付を受けるいわゆる定住奨励金については，「一般的には一時所得に該当すると考えられますが，本件奨励金は，最高 7 年間にわたり継続的に交付を受けるものであることから，雑所得に該当すると考えます。また，その収入すべき時期は，「Ａ市定住奨励金交付決定通知書」によりＡ市長から交付金額の通知を受けた日とするのが相当である」としている。成年後見報酬と違うところは，申請期限が各年度の 9 月 1 日から同月 30 日までの間と決められているところである。したがって，収入すべき時期を意図的に操作する余地はなく，同期間内に申請しなければ受給権は失われることになる。平成 25 年 10 月 31 日東京国税局回答。本件は住宅取得控除の適用関係についても合わせて質問しているが，本稿に関係ないので割愛する。

(39) 国民の納めた社会保険料の年金記録が宙に浮いた状態となり，保険料を納めたにもかかわらず年金記録から漏れている者が 2006 年 6 月時点で約 5,095 万件生じた。

第5章　成年後見に関する税務問題について　183

いところに問題がある。

　なお，成年後見制度の利用促進のためには，成年後見人の報酬は，必要経費部分を除いて，全額が課税対象となるが，一定金額を非課税にすることも検討すべきであろう。

2　成年被後見人の特別障害者控除の適用についての文章回答事例

(1)　所得税法上の特別障害者に関する照会　（一部省略）

①　照会内容

　成年後見制度における成年被後見人とは，家庭裁判所において「精神上の障害により事理を弁識する能力を欠く常況にある者」として後見開始の審判を受けた者をいいますので（民法7，8），家庭裁判所から後見開始の審判を受け，社会福祉士が成年後見人としてその事務を行うに当たり，成年被後見人は，所得税法上，特別障害者として障害者控除の適用があるのではないかとの疑義が寄せられておりますので，その適用があると解してよいか照会します[40]。

②　回答

　所得税法上，「精神上の障害により事理を弁識する能力を欠く常況にある者」は特別障害者とされ（所法2①二十九，所令10②一），居住者又は控除対象配偶者若しくは扶養親族が特別障害者である場合には，40万円の障害者控除が認められています（所法79）。

　この「精神上の障害により事理を弁識する能力を欠く常況にある者」について，所得税法に特段の定義はなく，民法第7条に定める「精神上の障害により事理を弁識する能力を欠く常況にある者」と同一の用語を用いていることから，家庭裁判所が，鑑定人による医学上の専門的知識を用いた鑑定結果に基づき，「精神上の障害により事理を弁識する能力を欠く常況にある者」として後見開始の審判をした場合

---

(40)　なお同様の照会は，平成26年3月14日の東京国税局審理課長の事前照会回答においても行われており，成年被後見人は相続税の特別障害者に該当するとしている。

には，所得税法上も，成年被後見人は「精神上の障害により事理を弁識する能力を欠く常況にある者」に該当し，障害者控除の対象となる特別障害者に該当すると考えられます。

この点，現行の所得税法の規定が，「民法の一部を改正する法律の施行に伴う関係法律の整備等に関する法律（平成11年12月8日法律第151号）」により，「民法の一部を改正する法律（平成11年12月8日法律第149号）」による民法の改正に併せて改正されていることからも，民法に定める「精神上の障害により事理を弁識する能力を欠く常況にある者」は，所得税法に定める「精神上の障害により事理を弁識する能力を欠く常況にある者」に該当すると考えられます。

なお，後見開始の審判の事実は，登記事項証明書により確認することができます。

③　検討

このように，成年被後見人の場合は特別障害者に該当することとなるが，被保佐人や被補助人の場合，他の障害者控除の要件を満たさない限り，障害者控除は認められないこととなる。被保佐人や被補助人は自分の意思で判断できる部分を残しているため，成年後見と異なり，障害者控除は他の障害者控除の要件を満たさない限り認めらないと解する。

⑵　相続税法上の特別障害者に関する照会　（一部省略）

①　照会内容

成年被後見人については，平成24年8月31日付名古屋国税局文書回答事例「成年被後見人の特別障害者控除の適用について」（以下「平成24年文書回答事例」といいます。）において，所得税法上，障害者控除の対象となる特別障害者に該当するとされています。

今回，相続税の申告をするに当たり，相続人の中に，成年後見制度に基づいて家庭裁判所から後見開始の審判を受けている者（成年被後見人）がいますが，この成年被後見人である相続人は，所得税法と同様に相続税法上においても障害者控除（相法19の4）の対象となる特別障害者に該当すると解してよいか照会します。

第 5 章　成年後見に関する税務問題について　185

② 　回答

(1)　相続税法上の特別障害者

　相続税の障害者控除の対象となる障害者について，相続税法第 19 条の 4 第 2 項は，障害者とは，精神上の障害により事理を弁識する能力を欠く常況にある者で政令で定めるものをいい，特別障害者とは，障害者のうち精神又は身体に重度の障害があるもので政令で定めるものをいうと規定しています。これを受けて相続税法施行令第 4 条の 4 第 1 項は，第 1 号及び第 2 号において障害者控除の対象となる障害者，同条第 2 項は，第 1 号から第 3 号において障害者控除の対象となる特別障害者をそれぞれ規定しています。

　このうち相続税法施行令第 4 条の 4 第 2 項第 1 号は，所得税法施行令第 10 条第 2 項第 1 号に掲げる者を相続税法上の特別障害者に該当する者として規定しています。そして，所得税法施行令第 10 条第 2 項第 1 号は，「精神上の障害により事理を弁識する能力を欠く常況にある者」を，所得税法上の障害者控除の対象となる特別障害者に該当する者として規定しているため，「精神上の障害により事理を弁識する能力を欠く常況にある者」は，相続税法施行令第 4 条の 4 第 2 項第 1 号の規定により，相続税法上においても障害者控除の対象となる特別障害者に該当することになります。

(2)　相続税における成年被後見人の障害者控除

　相続税における成年被後見人の障害者控除の適用について上記(1)のとおり，相続税法施行令第 4 条の 4 第 2 項第 1 号は，所得税法施行令第 10 条第 2 項第 1 号に掲げる者を相続税法上の特別障害者に該当する者として規定しています。このため，所得税法施行令第 10 条第 2 項第 1 号に該当する者は，所得税法上の特別障害者に該当すると同時に相続税法上の特別障害者にも該当することになり，その対象とする範囲は所得税と相続税とで同一であると考えられます。

　そして，成年後見制度における成年被後見人が，所得税法施行令第 10 条第 2 項第 1 号に規定する「精神上の障害により事理を弁識する能力を欠く常況にある者」に該当し，所得税法上の障害者控除の対象となる特別障害者に該当するとされていることからすれば，成年被後見人は，相続税法施行令第 4 条の 4 第 2 項第 1 号の規定により，相続税法上の障害者控除の対象となる特別障害者に該当すると考えられます。

　なお，後見開始の審判の事実は登記事項証明書により確認することができます。

③　検討

　この照会事例は，所得税法の取り扱いの場合と同様と解釈し，所得税と取り扱いを同じにしている。

　続いて，日本税理士連合会の成年後見支援センターのホームページに掲載されたもののうち問題点となりそうなものを抜粋して検討した(41)。

---

(41)　本文の他にも下記のような，日本税理士会連合会の成年後見支援センターのホームページには，次のような事例が掲載されている。
　　1.　報酬の所得区分について
　　　「法定後見にかかる報酬は裁判所に「報酬付与の申立」をして審判がおりた金額で確定します。なお，交通費などの実費は本人の財産から精算することになります。報酬の区分については，弁護士・司法書士などは事業所得，親族は雑所得です。ちなみに，税理士の場合には雑所得となります。これら報酬は，消費税の課税対象でもあります。」
　　2.　納税管理人の届け出について
　　　「成年後見人は，包括的代理権を有する法定代理人にあたります。この代理権に基づき，成年被後見人に代わって法律行為を行うことになります。（税務申告についても業として行わない限り，税理士法には違反しません。）なお，後見業務を行う上では，「納税管理人」の届出などの活用が有効です。成年被後見人は，所得税法および相続税法上の「特別障害者」に該当します。
　　3.　納税地について
　　　本人の住所地など，今まで本人が使っている場所を納税地にしてください。したがって，所轄税務署も施設入所などで転居しない限り変更する必要はありません。ただし，「納税管理人の届出書」などにより，申告書等の送付先及び連絡先を成年後見人宛にしてもらうよう付記することで，連絡先変更の届出をして成年後見人の住所にしてもらうのがよいでしょう。
　　4.　申告書の氏名について
　　　納税者署名押印欄には，代理人である成年後見人の住所，氏名，押印が必要なため，「乙野花子（被後見人氏名）　成年後見人　甲野太郎」と記載，押印してください。印字の場合も同様です。
　　5.　振替納税制度について
　　　振替納税をすることは大変有効です。口座名義を「乙野花子（被後見人氏名）　成年後見人　甲野太郎」と変更した場合，振替口座の申込書は同様に記載してください。もちろん，銀行印は「甲野」になっていますが全く差し支えありません。本人が既に振替納税を使っている場合には，口座名を変更すると振替えできなくなりますので，変更の手続を行ってください。
　　　本人が何らかの事情で納税できないときは，成年後見人が立て替える必要はなく滞納に関する手続を行う必要があります。

3 居住用不動産の譲渡について

日本税理士連合会の成年後見支援センターのホームページでは次のように解説している。「本人の居住用不動産を譲渡したときは，多くの場合3,000万円控除が適用できますが，本人から資料が出ないことが多いので住民票，以前の申告書の閲覧，居住用不動産処分の許可審判書など譲渡が成立していること，譲渡資金の流れなどよく確認し，譲渡のチェックシートなどを活用して申告しましょう。また，施設入所などの理由により住民票が異動されており，3年を経過して3,000万円控除が受けられないことがありますので注意が必要です」とされている。

また，この場合，成年後見人が上記の売却許可申立を家庭裁判所に行うに当たり，当該申立の手続に要した費用がある場合，当該費用は，当該居住用不動産に係る譲渡所得の金額の計算上，譲渡費用に該当すると解して差し支えないかどうかの照会がなされている。平成27年1月19日の東京国税局審理課長の回答は次の通りである。「民法第859条の3の規定によれば，成年後見人が成年被後見人所有の居住用不動産を売却する場合，その売却について家庭裁判所の許可を得なければならないこととされており，当該許可は成年被後見人所有の居住用不動産に関する処分行為の効力要件となりますので，家庭裁判所の許可なくしてなされた成年被後見人所有の居住用不動産の売却は無効なものとなります。このことからすれば，本件許可申立は，本件不動産を売却するために必要不可欠なものであったといえることから，本件許可申立の費用は，譲渡のために直接要した費用として本件不動産の譲渡費用に該当すると解して差し支えないものと考えます」として，申立費用も譲渡費用になることを認めている。

4 相続税の債務控除問題

成年後見人の報酬が相続税の申告の際に債務控除できるかどうかについて検討する。成年後見人は後見人及び被後見人の資力その他の事情によって報酬を得ることができる（民法863条）としている。成年後見は被後見人の死

亡と共に終了する。後見人は，被後見人の死亡までの業務に関して，最後の報酬請求を家庭裁判所に申請できる。この場合，この報酬は相続開始時点における債務となるが，この債務が相続税の計算上，債務控除できるかどうか考える余地がある。相続税法上，被相続人の債務で相続開始の際現に存するものについては相続財産の価額から控除することができる（相続税法 13 条 1 項)。なお，相続税基本通達 13-3 において，その者の負担に属する部分の金額として次のように規定されている。

13-3　法第 13 条第 1 項に規定する「その者の負担に属する部分の金額」とは，相続又は遺贈（包括遺贈及び被相続人からの相続人に対する遺贈に限る。）によって財産を取得した者が実際に負担する金額をいうのであるが，この場合において，これらの者の実際に負担する金額が確定していないときは民法第 900 条から第 902 条（遺言による相続分の指定）までの規定による相続分又は包括遺贈の割合に応じて負担する金額をいうものとして取り扱う。ただし，共同相続人又は包括受遺者が当該相続分又は包括遺贈の割合に応じて負担することとした場合の金額が相続又は遺贈により取得した財産の価額を超えることとなる場合において，その超える部分の金額を他の共同相続人又は包括受遺者の相続税の課税価格の計算上控除することとして申告があったときは，これを認める。(昭 47 直資 2-130, 平 17 課資 2-4 改正)

日税連のホームページによると，「成年被後見人の相続税の計算に際し，この後見人の報酬は債務控除できます」として，債務控除が可能である旨を述べている。その理由として「後見報酬は成年被後見人の管理財産から差し引くことから，成年被後見人の相続税の計算に際し，最後の後見報酬も，その審判が下りた額を債務控除として相続財産から差し引くことになります」として，当然に債務控除ができる旨回答している。被後見人が死亡して成年後見が終了した時は，速やかに家庭裁判所に対して財産目録を作成し報酬付与の申立てを行い，相続人等に財産を引き渡す際，審判で確定した報酬額を

第5章　成年後見に関する税務問題について　189

差し引き，事務を終了することになる。このため，家庭裁判所から報酬付与の決定がなされた最後の報酬については債務控除することが可能であるとされている[42]。

5　成年被後見人が相続人である場合の成年後見人である税理士による相続税の申告

　成年被後見人が相続人となった場合，成年後見人を受任している税理士は相続税の申告を行うことができるかどうかについて検討する。この場合の相続税の申告は，被後見人が被相続人になるケースではなく，被後見人が相続人あるいは包括受遺者等であることによって申告しなければならないケースを想定する。

　この点について，日税連の成年後見に関するQ&Aによると，「成年後見人は，成年被後見人の法定代理人であり相続税の申告をすることができます」と回答している[43]。その理由としては次のように述べている。「成年被後見人が相続人になった場合，成年後見人をしている税理士は，後見業務として相続税の申告をすることになります。ただし，税務代理にかかる報酬については，別途，税務代理報酬として請求することはできず，後見人の報酬付与の申立てにより行うことになります。この際，相続税務申告をした事実を記載し，家庭裁判所に考慮してもらうことになりますが，報酬額はあくまでも家庭裁判所の審判による金額となり，後見報酬に含まれることになります[44]。」と回答されている。成年後見人は，包括代理権を有しているため，税務申告を行うことも可能であると考えられる。同ホームページによると，

---

(42)　このような見解を示しているものとして，たとえば，富岡俊明稿「遺言執行者報酬・成年後見人報酬に係る債務控除について」東京税理士界，第714号，平成28年7月1日がある。

(43)　日税連ホームページ。「成年後見Q&A　相談事例を中心として」
http://www.nichizeiren.or.jp/wp-content/uploads/member/doc/seinenkoukenguideqa.pdf

(44)　前掲注（43）

「成年後見人は，包括的代理権を有する法定代理人であり，成年被後見人に代わって法律行為を行うため，税務申告についても業として行わない限り，税理士法には違反しません。なお，補助人，保佐人に関してはこれに関する代理権が付与されている必要があります。成年後見人は，異議申立等，公法上の行為を行う権限があり，不服申立もできますし，その義務もあります。一方，善管注意義務を怠り，税務申告における誤り等があった場合，損害賠償責任を負うことになります」と回答している。後見人を包括代理して法律業務を行うため申告そのものには関与できるものの，報酬については請求することができず，家庭裁判所へ成年後見人の報酬の一環として請求することとされている。

　以上の点を整理すると，後見人である税理士の行う申告については2通り考えられる。一つは，税務代理を受けて税理士として申告する方法と，いま一つは税務代理でなく相続人の成年後見人として申告する方法が考えられる。

　税務代理権限を付与して申告すると解釈すると，後見人自らが自らに税務代理を付与することになり，この点利益相反になる可能性がある（民法第860条）[45]。

　実際は，税理士業務として税務代理により受任するのではなく，あくまでも後者の成年後見人として，自己の知識を活用して，成年後見人に与えられた包括代理権のなかで申告を行うと考えられる。つまり，税務申告を後見人である税理士（後見人）に委任するのではなく，後見人である税理士が自己の知識を活用して，税務代理の枠外で申告を行うものと解釈される。成年後見人の包括代理権の中で申告をするとなれば，税理士会の成年後見Q&Aで述べられているように，成年後見人として善管注意義務を尽くしたかどうかが問題となる。成年後見人が税務申告を行った場合の善管注意義務については，通常の成年後見に関する業務と異なり，高度な専門性と知識が必要と

---

(45)　（利益相反行為）
　　第八百六十条　第八百二十六条の規定は，後見人について準用する。ただし，後見監督人がある場合は，この限りでない。

なると考えられる。たとえば，相続税の申告や譲渡所得など複雑なケースでは，税理士でない成年後見人が自主的に申告書を作成して申告をすることは難易度が高く，しかも善管注意義務違反を問われかねないため，成年後見人が自らの知識で税務申告書を作成することにはかなりのリスクを伴うと考えられる。そこで，実務上では，後見人である税理士が，他の税理士に税務代理を付与して申告してもらうことが考えられる。

6　成年被後見人が被相続人である場合の　成年後見人であった税理士による相続税の申告

　被後見人が亡くなった後の，被後見人に関する相続税の申告については，死後事務の委任がなければ，被後見人の死亡により成年後見は終了するのであるから，税理士業務として法定相続人から相続税申告の受任をすることは可能であると考えられる。

Ⅵ　成年後見の税務問題に関する裁判・裁決例

　ここでは，成年後見の税務問題に関する裁判・裁決例についてまとめた。なるべく多く事例を報告して，成年後見に関する税務問題の理解を深めたい。しかし，紙幅の都合上，各事案を詳細に紹介することは叶わないため，事案の概要程度にとどめ，そこに若干の検討を加える程度までとさせていただく。

裁判例1　広島地裁　平成28年6月22日判決　TAINS　Z888-2049

1　事案の概要

⑴　本件は，源泉徴収された平成19年分及び平成20年分の所得税について還付金の請求をしたところ，消滅時効が完成していることを理由に還付を受けられなかった原告が，被告に対し，所得税法138条1項に基づき本件各還付金（14万7,052円）の支払を求めた事案である。なお，平

成 26 年 10 月 18 日，原告が成年被後見人であることが登記されている。

(2)　本件各還付金請求権の時効期間満了日は，平成 19 年分が平成 24 年 12 月 31 日，平成 20 年分が平成 25 年 12 月 31 日であり（所得税法 122 条 1 項，国税通則法 74 条 1 項），いずれも各還付申告書が提出された平成 27 年 4 月 16 日よりも前である。そして，各還付金請求権の時効期間満了前 6 か月の期間において，原告は後見開始の審判を受けておらず，成年被後見人（民法 8 条）ではないから，民法 158 条（未成年者又は成年被後見人と時効の停止）1 項が直接適用されるものではない[46]。そこで，本件について民法 158 条 1 項を類推適用すべきか否かについて検討する。

(3)　精神上の障害により事理を弁識する能力を欠く常況にあるものの，いまだ後見開始の審判を受けていない者の，還付金等に係る国に対する請求権の消滅時効の完成については，国税通則法 74 条 1 項，2 項，72 条 2 項，3 項の趣旨である納税者間の公平性や事務処理の画一性の要請を考慮し，国（当該請求権に係る税務官署）の予見可能性，法的安定性を不当に害さないといえる事情が認められる場合に，民法 158 条 1 項の類推適用を肯定するのが相当というべきである。

(4)　原告は，各還付金請求権の時効期間満了前 6 か月の期間中，いまだ後見開始の審判を受けていないものの，重度認知症により，精神上の障害により事理を弁識する能力を欠く常況にあり，時効中断の措置をとることができなかったものと推認でき，成年被後見人と同様に保護する必要性があったものと認められる。

(5)　しかしながら，他方，原告については，各還付金請求権の時効期間満了前に後見開始の審判の申立てもされておらず，その他，被告（各還付金請求権に係る税務官署）において時効が停止することについて一定程度

---

[46]　民法第 158 条　時効の期間の満了前六箇月以内の間に未成年者又は成年被後見人に法定代理人がないときは，その未成年者若しくは成年被後見人が行為能力者となった時又は法定代理人が就職した時から六箇月を経過するまでの間は，その未成年者又は成年被後見人に対して，時効は，完成しない。

第5章　成年後見に関する税務問題について　193

予見可能であったといえるような形式的，画一的な事情は認められず，被告の予見可能性，法的安定性を不当に害さないといえる事情があったとはいい難い。

(6)　また，原告の主張するように，還付金請求権の時効期間満了前に精神上の障害による事理弁識能力を欠く常況にあれば，後見開始の審判の申立てやそれに基づく審判が時効期間満了後になされた場合であっても，民法158条1項が類推適用され得ると解した場合には，時効期間の満了後，いつの時点で後見開始の審判申立てがなされた場合であっても，事理弁識能力を欠く常況が時効期間満了前から，継続していた旨主張して還付金請求権を行使し得ることになるが，このような事態は，消滅時効の期間を5年とし，還付金請求権等の国に対する請求権の消滅時効に絶対的効力を認めた国税通則法74条，72条の趣旨に反し，法的安定性を大きく損なうものというべきである(47)。

---

(47)　国税通則法
　　第七十四条（還付金等の消滅時効）　還付金等に係る国に対する請求権は，その請求をすることができる日から五年間行使しないことによって，時効により消滅する。
　　2　第七十二条第二項及び第三項（国税の徴収権の消滅時効の絶対的効力等）の規定は，前項の場合について準用する。
　　第七十二条（国税の徴収権の消滅時効）　国税の徴収を目的とする国の権利（以下この節において「国税の徴収権」という。）は，その国税の法定納期限（第七十条第三項の規定による更正若しくは賦課決定，前条第一項第一号の規定による更正決定等又は同項第三号の規定による更正若しくは賦課決定により納付すべきものについては，これらの規定に規定する更正又は裁決等があった日とし，還付請求申告書に係る還付金の額に相当する税額が過大であることにより納付すべきもの及び国税の滞納処分費については，これらにつき徴収権を行使することができる日とし，過怠税については，その納税義務の成立の日とする。次条第三項において同じ。）から五年間行使しないことによって，時効により消滅する。
　　2　国税の徴収権の時効については，その援用を要せず，また，その利益を放棄することができないものとする。
　　3　国税の徴収権の時効については，この節に別段の定めがあるものを除き，民法の規定を準用する。
　　民法
　　第百五十八条（未成年者又は成年被後見人と時効の停止）　時効の期間の満了

(7)　したがって，各還付金請求権の消滅時効について，民法 158 条 1 項を類推適用することはできないと解するのが相当というべきである。以上のとおり，各還付金請求権について，消滅時効が完成しているから，原告の本件請求には理由がない。

2　検討

本件は，後の平成 26 年には成年後見開始の審判はおりたものの，各還付金請求権の時効期間満了前 6 か月の期間中，いまだ後見開始の審判を受けていないという状況であった。しかし，審判前においてもすでに重度認知症を発症していた。そこで，実質は，「精神上の障害により事理を弁識する能力を欠く常況にあり，時効中断の措置をとることができなかったものと推認でき，成年被後見人と同様に保護する必要性があったものと認められる」と判示されている。つまり，成年後見相当に該当することは，裁判所も認めている。しかし，法的安定性を重視して，民法 158 条 1 項を類推適用して，時効の停止とはならず，還付金請求権はないとしている。仮に，還付金請求時に後見開始の審判を受けていれば，還付金請求権は認められていたであろう。

裁判例 2　福岡地裁　平成 26 年 11 月 10 日判決　TAINS　Z264-12565

1　事案の概要

　ア　原告は，昭和 10 年 2 月 1 日生まれの男性であり，昭和 36 年から福岡市中央区所在の三階建ての建物の一階において，A の屋号で理容業を営んできた。

　イ　原告は，平成 20 年 11 月 29 日，歩行中に自転車と接触して転倒する事故（以下「本件事故」という。）に遭い，脳挫傷，急性硬膜下血腫の

　　前六箇月以内の間に未成年者又は成年被後見人に法定代理人がないときは，その未成年者若しくは成年被後見人が行為能力者となった時又は法定代理人が就職した時から六箇月を経過するまでの間は，その未成年者又は成年被後見人に対して，時効は，完成しない。

傷害を負ってＢ病院に入院した。原告は，その後，本件事故の後遺症のためＣ病院にて入院生活を送っていたところ，平成22年4月8日から同年5月27日にかけて行われた原告に対する税務調査（以下「本件税務調査」という。）の間も同病院に入院中であり，当時，意思能力を欠く状態であった。

ウ　原告は，平成22年11月4日，原告の長男である甲（以下「甲」という。）を成年後見人とする成年後見開始の審判を受け，同月×日，同審判が確定した。

(1)　本件は，理容業（Ａ店）を営んでいた原告が，原告において意思能力を欠く常況にあったにもかかわらずその長男甲が原告名義でした所得税の修正申告及び消費税等の期限後申告について，税務署職員から強要されるなどした結果，無権限でした無効なものであり，その内容も客観的事実と異なるなどと主張して，被告に対し，修正申告等に基づいて納付した所得税及び消費税等相当額の誤納金並びにこれに対する還付加算金の還付を求めるとともに，重加算税等の賦課決定処分の取消しを求めた事案である。

(2)　本件修正申告等における売上額は，甲が作成した売上帳に基づいて計算されているところ，甲は，経営分析のために売上帳を作成したことがうかがわれ，また，銀行融資を受ける際に修正申告書を提出しているなどの事情を考慮すれば，売上帳には，甲においてＡ店の実際の売上額であると認識していた額が記載されていたものと認められる。仕入率については，厚生労働省の平成17年実態調査の仕入率に合致している。以上によれば，修正申告等の内容は，Ａ店の売上額や経費等に係る客観的事実と合致していると認めることができる。

(3)　甲は，原告の長男としてＡ店の経営面にも関与しており，原告の確定申告書も作成しているが，調査の際，原告の指示に従って作成していた旨説明するなど，甲が申告等を含む包括的な代理権を与えられているとは考えていなかったものと認められる。甲は，本件修正申告等をする

につき無権限であったと認められる。

(4) 原告は，①Ａ店の売上額については，修正申告等の客観的な売上額より低い金額で申告し，②不動産賃料収入及びコインランドリー収入について申告せず，③売上額が1,000万円を超えているにもかかわらず，消費税等の確定申告書を提出していなかったのであるから，原告については，その納税申告内容にかかわらず，客観的なＡ店の売上額等に基づいて算定される所得税額及び消費税額について納税義務が発生し，この事実は税務調査が終了する段階では，租税庁には当然に明らかになっていたものである。

(5) 甲は，Ａ店の経営実態をよく知る者の一人として税務調査に立会い，原告の長男という最も身近な親族の立場において，納税義務が原告に発生し，同事実が租税庁に明らかになっているという状況の下で，税務職員による修正申告等の慫慂（しょうよう）に応じて，原告のために，原告名義で修正申告等をしたものと認められるし，さらに，修正申告をしないまま更正・決定を待つ場合にはより長期間につき延滞税が課される可能性があったことにも鑑みれば，修正申告等は，原告の利益に適合するものと評価するのが相当である。そうすると，甲のした修正申告等については，原告のために事務管理が成立するというべきであって，その効果は原告に帰属する。

(6) 本件税務調査は，原告の手続保障にも一定の配慮がされたもので，その調査手法は，社会通念上相当な限度にとどまるものと認められ，これに引き続く修正申告等にも手続上の瑕疵があるとは認められない。

(7) 確定申告における売上額と修正申告における売上額の差はかなり大きく，およそ誤算等により生じ得るものとはいえないから，原告は，確定的な脱税の意図を有していたものと認められる。そして，基礎資料であるレジペーパーを故意に廃棄し，過少申告をした原告の行為は，重加算税の要件を満たすことが明らかである。また，甲がした，二重帳簿を作成した上で過少申告をしたという行為は，原告が継続的に有していた意

第5章　成年後見に関する税務問題について　197

思に沿い，これを実現したものとして，原告の行為と同視すべきものといえる。

2　検討

本件は，後の平成22年11月には原告を被後見人，原告の長男である甲を成年後見人とする成年後見開始の審判はおりたものの，同年4月から5月に行われた税務調査時点で，原告自身は入院していたものの，いまだ後見開始の審判を受けていないという状況であった。税務調査の立ち合いは甲が行った。調査の結果，原告は，①売上過少計上，②所得計上漏れ，③消費税等の無申告ということが判明した。甲は調査官の慫慂に応じて，所得税の修正申告と消費税の期限後申告をした。しかし，当該申告は，長男甲が原告名義でした当該申告について，税務署職員から強要されるなどした結果，無権限でした無効なものであり，その内容も客観的事実と異なるなどと主張して，無効を主張したものである。そこで，裁判所はこの点につき，「甲が申告等を含む包括的な代理権を与えられているとは考えていなかったものと認められる。甲は，本件修正申告等をするにつき無権限であったと認められる」と判示している。その上で，裁判所は「修正申告をしないまま更正・決定を待つ場合にはより長期間につき延滞税が課される可能性があったことにも鑑みれば，修正申告等は，原告の利益に適合するものと評価するのが相当である。そうすると，甲のした修正申告等については，原告のために事務管理が成立するというべきであって，その効果は原告に帰属する」と判示している。本件については事務管理（民法697条－702条）に該当するとして，「原告の行為と同視すべきである」と判示された。

裁判例3　広島地裁　平成23年8月31日判決　TAINS　Z261-11744

1　事案の概要

(1)　本件は，原告らが，被相続人の死亡によって相続した財産に係る相続税の申告をしたところ，処分行政庁から，それぞれ，更正及び過少申告

加算税の賦課決定を受けたため，主位的に，これらの取消しを，予備的に，これらの無効確認を求める事案である。

(2)　国税に関する処分等の特殊性に基づく差置送達の目的ないし必要性，合理性からすると，仮に差置送達という方法により，国民の権利利益が何らかの制限を受けることがあり得るとしても，これを規定した国税通則法 12 条 5 項 2 号が，直ちに憲法 31 条に反するとはいえない。この点に関する原告らの主張は採用することができない。

(3)　被保佐人は，意思表示の受領能力を有する（民法 98 条の 2 参照）から，訴訟無能力者（未成年者，成年被後見人）の場合とは異なって，原告甲に対する更正通知書及び賦課決定通知書（各通知書 1）の送達は被保佐人に対してすべきであり（民事訴訟法 102 条参照），保佐人に対してこれを送達しても，当該送達は違法なものとして効力を生じないというべきである。認定事実のとおり，各通知書 1 は，原告甲の保佐人である原告乙宛で，原告乙宅に送達されたのであるから，各通知書 1 の送達は，違法なものとして効力を生じないというべきである。

(4)　原告乙に対する更正通知書及び賦課決定通知書（各通知書 2）の送達の適法性について検討するに，認定事実のとおり，戊調査官は，平成 20 年 7 月 3 日，原告乙に係る各通知書 2 を送達するために，原告乙が居住し生活している原告乙宅を訪れたところ，原告乙が不在であったため，原告乙宅の郵便受けに，各通知書 2 を差し置く方法で送達したことが認められる。このように，戊調査官は，原告乙がその住所に不在であったために，各通知書 2 を差置送達したというのであるから，差置送達の要件（国税通則法 12 条 5 項 2 号）を満たすというべきであり，したがって，各通知書 2 の送達は適法であったというべきである。

(5)　当該処分行政庁又は国税不服審判所長に対して，適法な異議申立て又は審査請求があったにもかかわらず，当該処分行政庁又は国税不服審判所長が，誤ってこれを不適法として却下した場合には，当該却下決定ないし却下裁決は，同法 115 条 1 項が規定する異議申立てについての決定

第5章　成年後見に関する税務問題について　199

ないし審査請求についての裁決に当たると解すべきである（最高裁昭和
36年7月21日第二小法廷判決・民集15巻7号1966頁参照。）。

(6)　したがって，原告甲の本件各処分1の取消しを求める訴えは，本件各
処分1について，異議申立てについての決定，審査請求についての裁決
を経たものとして，不服申立前置の要件（同法115条1項）を満たし，適
法であるというべきである。

(7)　原告乙の本件各処分2の取消しを求める訴えは，本件各処分2につい
て，適法な異議申立てに対する決定を経たとはいえず，不服申立前置の
要件（同法115条1項）を満たさないから，不適法であるというべきであ
る。

(8)　国税通則法の規定にかんがみれば，更正ないし過少申告加算税の賦課
決定は，更正通知書ないし賦課決定通知書が送達されることによっては
じめて効力が発生するものと解するのが相当である。そして，上記のと
おり，各処分1に係る各通知書1の送達は違法であるから，本件各処分
1は効力が発生したとはいえず，無効な処分であるというべきである。
本件各処分1には無効原因たる瑕疵があるから，違法である。したがっ
て，原告甲の本件各処分1に係る取消請求には理由がある。

(9)　上記で説示したとおり，各通知書2の送達は適法であり，送達手続に
瑕疵はない。そして，他に本件各処分2が無効であることを基礎付ける
事実を認めるに足りる証拠はない。したがって，原告乙の本件各処分2
の無効確認請求には理由がない。

2　検討

本件は「保佐」に関する事案である。本件は2つのケースに分かれており，
一つは保佐人に対する送達のケースと，今一つは保佐人宅への差置送達に対
するケースである。前者は無効とされ，後者は有効とされた。

最初のケースでは，被保佐人は，意思表示の受領能力を有するため，成年
後見人の訴訟無能力者の場合とは異なり，被保佐人の原告甲に対する更正通
知書及び賦課決定通知書の送達は被保佐人本人に対してすべきであるとされ

ている。ところが，本件は，保佐人に対して送達されていたので，「当該送達は違法なものとして効力を生じないというべきである」と判示された。

続いて，保佐人宅への差置送達であるが，国税通則法第12条5項1号で，「交付送達は，前項の規定による交付に代え，当該各号に掲げる行為により行なうことができる」としている。同条同項第1号では，「送達すべき場所において書類の送達を受けるべき者に出会わない場合　その使用人その他の従業者又は同居の者で書類の受領について相当のわきまえのあるものに書類を交付すること」として，「わきまえのあるもの」に送達すればよいことになっている。また同項第2号では「書類の送達を受けるべき者その他前号に規定する者が送達すべき場所にいない場合又はこれらの者が正当な理由がなく書類の受領を拒んだ場合　送達すべき場所に書類を差し置くこと」としており，書類を差置いてくれば有効になるのである。本件でいうところの「わきまえのあるもの」として保佐人宅に差置送達がなされているため，有効であると判示されている。

裁決例1　平成28年4月25日裁決　TAINS　J103-1-06

1　事案の概要

(1)　本件は，原処分庁が，審査請求人（以下「請求人」という。）に対し，相続税の法定申告期限後に「相続についてのお尋ね」と題する文書を送付したところ，請求人が当該文書に相続財産である預金を記載せずに返送したことなどから，その後の相続税の調査を経て請求人がした当該預金を相続財産に含む期限後申告に基づき，重加算税の賦課決定処分をしたのに対し，請求人が，期限内申告書の提出がなかったことについては「正当な理由」があり，また，請求人の行為は，隠ぺいに当たらないとして，原処分の全部の取消しを求めた事案である。

(2)

(イ)本件被相続人は，昭和62年4月頃から請求人と二人で同居していたが，平成24年7月19日，体調の悪化等を理由に病院に入院した。

第5章 成年後見に関する税務問題について 201

(ロ)a市長は，平成24年10月5日，K家庭裁判所a支部に対し，本件被相続人について後見開始の審判を求める旨の申立てをした。なお，同市長は，上記申立てにおいて，請求人が，本件被相続人を自宅の2階で生活させて1階に下りないよう命じたり，上記(イ)の入院に係る費用を支払わなかったりしたことなどから，後見人として不適切であると述べている。

(ハ)上記(ロ)の後見開始申立ての結果，平成24年11月1日，弁護士L及び同Mの両名（以下，両名を総称して「本件成年後見人」という。）が，本件被相続人の成年後見人となった。

(ニ)本件被相続人は，平成24年11月○日（以下「本件相続開始日」という。）に死亡し，これを受けて，本件成年後見人は，同日，請求人に対し，本件被相続人の財産及び負債の状況等を説明した上で，N銀行○○支店の本件被相続人名義の普通預金口座（以下「本件N口座」という。）の預金は，一旦L名義の口座に移し，本件被相続人の負債の弁済及び本件成年後見人に対する報酬等の支払を行った後，請求人に返還したい旨申し入れたところ，請求人は承諾した。なお，本件相続開始日において，本件被相続人名義の口座は，本件N口座のほか，P銀行○○支店の普通預金口座（以下「本件P口座」といい，本件N口座と併せて「本件各口座」という。）及びQ銀行○○支店の普通預金口座（以下「本件Q口座」という。）があり，生前，本件Q口座は，主に，本件被相続人の公的年金の入金及び公共料金等の引落口座として使用されており，また，本件Q口座と本件各口座との間の資金移動は，遅くとも平成20年以降は，全くないか，ほとんどなかった。

(3)

(イ)請求人は，本件相続に係る相続税（以下「本件相続税」という。）の申告をすることなく，その法定申告期限である平成25年9月○日が経過した。

(ロ)原処分庁は，平成26年2月20日付で，請求人に対し，「相続税の申

告等についての御案内」と題する書面及び「相続についてのお尋ね」と題する書面を送付した。

(ハ)請求人は，平成26年2月28日付で，上記(ロ)の「相続についてのお尋ね」と題する書面に，本件相続に係る財産等について，要旨，次のとおり記載して原処分庁に提出した（以下，請求人が次のとおり記載して原処分庁に提出した書面を「本件お尋ね回答書」という。）。なお，下記Aの土地及び下記Bの建物は，本件被相続人及び請求人が同居していた自宅の土地及び建物（以下，当該土地及び建物を併せて「本件不動産」という。）であり，下記Cの普通預金は，本件Q口座の預金である。

A　a市b町○－○に所在する土地（持分16／20）

B　a市b町○－○に所在する建物（持分16／20）

C　Q銀行○○支店　普通預金 38,716,480 円（家族共有分）

(4)　請求人は，原処分庁所属の調査担当職員（以下「本件調査担当者」という。）による本件相続税の調査を受け，平成26年9月，本件調査担当者に対し，要旨，次のとおり申述した。

A　相続財産は，本件お尋ね回答書に記載した本件不動産と本件Q口座の預金のみである。

B　本件相続により相続した財産について，相続手続を行ったものはない。

C　（上記Bの申述をした後，本件調査担当者からの本件被相続人の預金口座を請求人が解約したものがあるようだが心当たりはないかとの質問に対し）本件被相続人の成年後見人か何か代理人のような人と解約の手続に行った気がするが，詳しくは覚えていない。

D　（上記Cの申述をした後，本件調査担当者が本件P口座に係る相続届の写しを示して何か覚えていないかと質問したのに対し）はっきりとは覚えていないが，成年後見人と金融機関に行き，言われるがまま解約手続を行ったと思う。

E　（上記Dの申述をした後，本件調査担当者からの他に解約手続をしたもの

第5章　成年後見に関する税務問題について　203

はないかとの質問に対し）他に解約手続をしたものはない。

F　（上記Eの申述をした後，本件調査担当者が本件N口座に係る相続に関する依頼書の写しを示して何か覚えていないかと質問したのに対し）はっきりとは覚えていないが，これも成年後見人と解約に行ったのだと思う。

　　請求人は，本件調査担当者から本件各口座の預金は本件被相続人の財産である旨などの指摘を受け，平成26年11月14日，課税価格を○○○○円及び納付すべき税額を○○○○円と記載した相続税の申告書を原処分庁に提出して，相続税の期限後申告（以下「本件期限後申告」という。）をした。

(5)　原処分庁は，請求人に対し，平成26年11月26日付で，本件期限後申告により納付すべきこととなった税額を基礎として，重加算税の額を○○○○円とする重加算税の賦課決定処分（以下「本件賦課決定処分」という。）をした。

(6)　これに対して，請求人は，平成27年1月16日，本件賦課決定処分に不服があるとして，異議申立てをしたところ，異議審理庁は，同年4月16日付で，棄却の異議決定をした。その後，請求人は，平成27年5月15日，異議決定を経た後の本件賦課決定処分に不服があるとして，審査請求を行った。

(7)　請求人は，①請求人は，本件各口座の預金を請求人に帰属する財産と考えていたことから，本件相続税の申告義務がないと判断していたのであり，また，②原処分庁所属の職員において，本件各口座の預金は相続財産に含まれる旨の指摘を法定申告期限内にしていれば，請求人は本件期限後申告をすることはなかったのであるから，期限内申告書の提出がなかったことについて，「正当な理由」があると主張した。

(8)　しかしながら，上記①の点についてみれば，請求人が，本件各口座の預金は請求人に帰属するものと考えていたという事情は，仮にそのような事情があったとしても，それは請求人の主観的な事情にすぎず，また，

上記②の点についてみても，法定申告期限内に申告書を提出するよう個々の納税者に対して連絡することを税務職員に義務付ける法令等の規定はないことからすれば，請求人が主張する各事情は，いずれも法定申告期限内に申告がなかったことについて，真に納税者の責めに帰することのできない客観的な事情とはいえず，無申告加算税の趣旨に照らしても，なお納税者に無申告加算税を賦課することが不当又は酷になる場合に当たるということはできない。したがって，期限内申告書の提出がなかったことについて，通則法第66条第1項ただし書に規定する「正当な理由」があるとは認められないとされた。

(9) また，原処分庁は，審査請求において，被相続人（成年被後見人）が，生前，同人名義の各預金口座の存在を原処分庁に容易に知り得ない状況を作出するとともに，請求人に対して当該各預金口座は申告する必要はないと指示しており，請求人が，その意図を十分に理解して，当該各預金口座を記載しない「相続についてのお尋ね」（本件お尋ね回答書）を原処分庁に提出するとともに，原処分庁所属の職員に対しても，その記載に沿った申述を行った後，その存在を把握されるに至って，当該職員から指摘された口座についてのみ段階的にこれを認める行為を繰り返したのであるから，国税通則法第68条《重加算税》第2項に規定する隠ぺい又は仮装の事実がある旨主張した。

(10) しかしながら，無申告加算税に代えて重加算税を課す場合，法定申告期限の前後を含む，外形的，客観的な事情を合わせ考えれば，真実の相続財産を隠ぺいし，秘匿しようという確定的な意図，態勢の下に，計画的に納税申告書を提出しなかったときには，重加算税の賦課要件を満たしていると解するのが相当である。これを本件についてみると，請求人は，相続税の法定申告期限後において，当初，当該各預金口座の存在を隠す申述をしているものの，当該職員から指摘されるとその存在を認めており，当該各預金口座を隠す態度を一貫していたとはいえない上，当該各預金口座が発見されるのを防止するなど積極的な措置を行っていな

いことからすれば，本件お尋ね回答書の提出及び当該各預金口座を隠していたことを，隠ぺい又は仮装と評価するのは困難である。そして，このほか，請求人が，法定申告期限の前後において，積極的な隠ぺい又は仮装の行為を行っていないことからすれば，法定申告期限経過時点において，相続税の調査が行われた場合には，積極的な隠ぺい又は仮装の行為を行うことを予定していたと推認することはできない。したがって，請求人は，当該各預金口座を隠ぺいし，秘匿しようという確定的な意図，態勢の下に，計画的に相続税の申告書を提出しなかったとまではいえないから，重加算税の賦課要件を満たさない。

2　検討

本件は，成年後見が首長申し立てで行われ，家庭裁判所では長男である請求人は成年後見人として不適切であるとされた。成年被後見人の死亡後，長男は相続税の期限内申告を行わなかった。その後「相続税のお尋ね」が来たので返送したところ税務調査になった。そして，期限後申告書を提出したところ，無申告加算税と重加算税が課されたので審査請求となった事案である。審判所は，無申告加算税については「正当な理由」がないとして課税処分が相当である旨判示している。ただし，重加算税については，預金口座を隠ぺいし，秘匿しようという確定的な意図，態勢がないとして，重加算税の賦課要件を満たさないとした事例である。

裁決例2　平成28年5月17日裁決　TAINS　F0-3-453

1　事案の概要

(1)　本件は，審査請求人（以下「請求人」という。）が，原処分庁所属の調査担当職員の調査を受けて相続税の期限後申告をしたところ，原処分庁が，請求人に対し，当該期限後申告に基づき納付すべき税額について重加算税の賦課決定処分をしたことから，請求人が，当該賦課決定処分の全部の取消しを求めた事案である。争点は次の2点である。

　　争点1　相続税法附則第3項所定の相続税に係る納税地たる被相続人

の死亡の時における住所地がどこであるか。

争点2　請求人が，課税要件事実を隠ぺい，仮装し，その隠ぺい，仮装したところに基づき法定申告期限までに申告書を提出しなかったと認められるか否か。

(2)　相続税法附則第3項は，相続税に係る納税地は，当分の間，同法第62条《納税地》第1項の規定にかかわらず，被相続人の死亡の時における住所地とする旨規定しているところ，ここにいう住所とは，生活の本拠，すなわち，その者の生活に最も関連の深い一般的生活，全生活の中心を指すものであり，一定の場所がある者の住所であるか否かは，客観的に生活の本拠たる実体を具備しているか否かにより決すべきものと解するのが相当である。

(3)　被相続人は，平成20年5月に，家庭裁判所から，精神上の障害により事理を弁識する能力を欠く常況にある（民法第7条第1項）ものと認定されて後見開始の審判を受け，同審判により成年後見人に選任された後見人が締結した入居契約に基づき，同年7月以降，本件施設に入居していたものであるところ，本件施設は，生活全般にわたる介護サービスを受けることができる介護付有料老人ホームであり，入居者は，利用権に基づき，専用個室及び共用設備を終身的に利用することができる。加えて，被相続人は，本件施設に入居した当時の体調は死亡時まで回復することはなく，被相続人が本件家屋（被相続人が所有し，平成20年6月頃まで居住していた家屋）で起居することはもとより不可能な状況にあった。そして，被相続人は，本件施設に入居した平成20年7月1日から死亡の時まで，本件家屋に帰宅したことは一度もなく，本件施設において日常生活を送っていた。

(4)　これらの事情に照らせば，被相続人の死亡の時における生活の本拠たる実体を有していたのは，本件施設であるものと認めるのが相当であり，他方，本件家屋が生活の本拠たる実体を有していたと認めることはできない。

第 5 章　成年後見に関する税務問題について　207

⑸　これに対し，原処分庁は，被相続人に係る後見開始の申立書に本人の住所として本件家屋の所在地が記載されているところ，被相続人は，本件家屋の近隣地域の関係者と血縁者以上の貴重な関係を築いていたことや，被相続人の住民票の住所，金融機関等の届出住所，平成 20 年分ないし平成 23 年分の所得税の確定申告書の住所は本件家屋の所在地であったこと，さらに，税理士である請求人自身も，相続についてのお尋ね回答書や期限後申告書において，本件家屋の所在地を被相続人の住所としていたことなどから，被相続人の生活の本拠は本件家屋にあったとみるべきである旨主張する。しかし，一定の場所がある者の住所であるか否かは，客観的に生活の本拠たる実体を具備しているか否かにより決すべきものと解され，かかる見地に立って本件をみると，上記で説示したとおりと認められ，原処分庁が指摘する諸事情を考慮しても当該判断は左右されないから，原処分庁の主張は採用することができない。

⑹　以上によれば，被相続人の死亡の時における住所地は，本件施設の所在地であり，同所が本件相続に係る相続税の納税地となる。

⑺　上記のとおり，本件相続に係る相続税の納税地は，本件施設の所在地であり，当該納税地の所轄庁は A 税務署である。そして，通則法第 33 条《賦課決定の所轄庁》第 1 項の規定により，賦課決定は，その賦課決定の際におけるその国税の納税地を所轄する税務署長が行うべきものであるから，原処分庁には，本件相続に係る相続税について，加算税の賦課決定権限はない。

⑻　したがって，争点 2 について判断するまでもなく，原処分は，処分権限のない税務署長による処分として，その全部が取り消されるべきである。

2　検討

　本件では，被相続人の死亡の時における住所地は，本件施設の所在地であり，同所が本件相続に係る相続税の納税地となるとされた。したがって，管轄外の税務署長が行った課税処分の全部が取り消されている。期限後申告と

なったのは，当初は遺産総額が基礎控除以下であるとして，相続税の申告は不要と判断していたためである。その後，相続税の調査があり，相続税の期限後申告をするに至ったため本件が惹起したものである。このように，住所地を巡っては，自宅にあるか施設にあるかで大きく課税関係が異なるので，注意が必要である。

ただし，本件とは別であるが，小規模宅地の特例ができると考えた場合には，原処分庁と，請求人では，反対の主張になる可能性がある。つまり，原処分庁は住所が施設にあると主張し，請求人が住所は自宅にあると主張する可能性がある。本件の場合，適用対象者はおらず，期限後申告であるので，小規模宅地の適用はないと考えられる。

Ⅶ　終 わ り に

これまで見てきた通り，直接・間接を問わず，税理士が成年後見に関与するケースは多くなってきていると思う。その際に成年後見に関するチャンネルを持っていないと，税理士業務自体に支障をきたす可能性が生じてきているのもまた事実である。税理士にとって，成年後見は「対岸の火事」でなくなってきているのである。たとえば「対岸」でなく「隣の家が火事」であればどのように対応したらいいのであろうか。その際に重要なことが，正確な情報と適切な対応である。まさか，「隣の家が火事」なのに「自分の家は大丈夫」と言って平静の生活をしているわけにもいかない。どのように燃えているのか，風向き，木造か，類焼する可能性はあるのか，けが人はいないかなど正確な情報を掴んだうえで，通報はどうなっているか，避難すべきか，類焼を食い止めるための方法はあるのか，今後の生活・仕事をどのようにしていくかなどの適切な対応が求められる。成年後見もまた同じである。成年後見に関する正確な情報を把握したうえで，適切な対応が求められるのである。この適切な対応をする場合に必要なことが，成年後見制度に対する正しい知識の習得と理解であると考える。成年後見制度を，「対岸の火事」と決

め込んで何もしないことこそ，一番危険なことであると思われる。

　そのためには，専門職である士業全体で組織を作り対応していく必要があるのかもしれない。たとえば，研修制度，保険制度，登録制度，相談センターなどどれも各士業で対応しているのが現状である。各士業での対応には規模的・予算的な問題もあり限界がある。また個別に士業ごとの組織で運用するので，どうしても非効率的になってしまう面が出てくる。そこで共通の組織を作り，専門職の認定機関として，組織の加盟人数を増やすことも考える必要があろう。参画人数が多くなることにより，いわゆる「規模の経済」を確保して，効率的な運営が行えるばかりでなく，一定の質を確保していく上でも重要である。専門職団体共通の組織による対応を行うことにより，市民後見人とは違う切り口の専門職成年後見制度がさらに進化していく可能性があると思われる[48]。

---

(48) このような専門職同士の連携対応は，医療系の団体においてよくみられる。多くは，学会などが専門認定機関を設けて，一定の水準を確保したものに対して，専門家としての認定を行っている。研修や認定は統一して行われているため，効率的な運用ができるばかりでなく，（専門家の側からでなく）利用者（患者など）にとっても理解しやすく「安心・安全」に利用できるという特徴を持つ。成年後見制度も，制度管理者の視点ではなく，利用者にとってどうなのかを常に考えていく必要がある。

高齢社会における租税の制度と法解釈

第6章　年金・保険と租税

関西大学教授　辻　美枝

Ⅰ　は じ め に

　高齢社会における公的保障には財政面での限界があり，長生きのリスクへの対応として，高度先端医療を含む医療保障および老後の生活保障の充実のための生命保険の重要度が増してくる。生命保険文化センター「平成27年度生命保険に関する全国実態調査（速報版）」[1]によると，生命保険（個人年金保険を含む）の加入目的は，「医療費や入院費のため」（54.3%）と「万が一のときの家族の生活保障のため」（47.4%）が主たるものであり（複数回答），今後増やしたい準備項目は「高齢化による老後の生活資金」となっている。自助努力としての私的保障の加入促進の観点からは[2]，税制上の配慮が必要とされるであろうし，他の金融商品とのバランスの観点からは，商品選択の中立性に資する適正な課税が求められる。しかし，保険商品の多様化により，

---

(1)　同調査は，家庭における生命保険の加入実態ならびに生命保険・生活保障に対する考え方を把握することを目的として，昭和40年以降3年ごとに実施されている。(http://www.jili.or.jp/press/2015/nwl10.html)

(2)　上記全国実態調査では，生活保障における公的保障と私的保障については，「公的保障と私的保障の両方が必要」（85.0%）が「公的保障だけで十分」（13.2%）を大きく上回っている。

純粋な保障目的の保険と節税目的の要素が強い保険が混在し，課税がそれら
に対応しきれていないというのが現状であろう。

日本での生命保険金課税の嚆矢は，昭和13年の相続税法改正によるみな
し相続財産課税である。生命保険金へのみなし相続財産課税の導入の理由は，
保険を利用して相続税課税を免れることを防止することにあったが，それは
現在においても同様に問題となりうる。特に高齢社会における問題として，
相続等により財産を取得する相続人等も高齢である可能性が高く，当該相続
人等もすでにある程度の資産形成をしている場合には，相続税課税に際して
遺族の生活保障を考慮する必要性は薄れてくる[3]。生命保険金は，非課税枠
の利用による相続税の負担軽減または相続税納税資金のねん出の一方策とし
ての側面も有しているなか，基礎控除の上乗せともなり得る生命保険金の非
課税枠の位置づけ，その対象とする保険契約等の範囲をいかに画するべきか
が問題となる。さらには，相続税課税との関係から生じる生命保険の所得課
税上の問題も検討の余地がある。

本稿のタイトルである「年金・保険と租税」は公的保障および私的保障を
含むものであるが（『年金税制』日税研論集37号（1997）参照），本稿は，以上
の問題意識のもと，特に生命保険会社等と締結する生命保険および個人年金
保険への相続税の課税問題を中心に検討するものである。本稿の論点は，相
続税法上の保険金非課税枠の意義，保障の重要性から税法上の考慮を要する
生命保険の範囲，生命保険に関する相続税と所得税の一体的考慮の必要性，
とする。生命保険および個人年金保険と課税の問題は，国内だけの問題にと
どまらず，国際課税上の問題ともなりうるが，本稿では取り上げない。

---

(3) 平成27年11月税制調査会「経済社会の構造変化を踏まえた税制のあり方に
関する論点整理」15頁。同資料23「相続税の申告からみた被相続人の年齢構
成比」では，平成元年に被相続人が80歳以上の割合が38.9%であったもの
が，平成25年には68.3%（うち，90歳以上が23.7%）となっている。また
同資料は，被相続人の年齢が80歳以上の場合の子の年齢を50歳以上と想定
している。

第 6 章　年金・保険と租税　213

II　生命保険への相続税課税

1　生命保険・個人年金保険の販売開始

　日本での生命保険会社による生命保険の販売は，明治 14 年の明治生命の営業開始が始まりとされる[4]。当時，明治生命が引き受けた保険の種類は，明治生命保険会社規則によると，「尋常終身保険」，「有限掛金終身保険」，「定期保険」，「養老保険」，「子女教育費」[5]の 5 種類であり，現在の契約者貸付制度に近いものも存在していた[6]。

　個人年金保険に関しては，昭和元年に遞信省が発売した郵便年金（生存保障性の高いいわゆる「トンチン年金」）が日本における本格的な個人年金保険の始まりとされる[7]。その後，昭和 34 年に大同生命が保険金支払方法のひとつとして保険金の全部または一部を原資とする確定年金または保証期間付終身年金を支払う年金特約を養老保険に付加して販売し，翌昭和 35 年に明治生命が個人年金保険を独立した保険種類として発売し[8]，日本生命も昭和 37 年に老後保障に重点を置いた利益配当付終身年金保険の販売を開始した[9]。

---

(4)　保険銀行時報社編『本邦生命保険業史』(1933) 69 頁。明治 13 年に設立認可をうけた日東保生会社が，日本初の現代的または科学的生命保険会社とされているが，開業に至ることなく翌年解散している（同書 39 頁）。

(5)　子女の教育または婚姻等の費用に供する積金であり，予定の年齢に至ると一定の金額が支払われ，それ以前に子女が死亡したとき，または掛金の支払ができなくなった場合には払込元金が返金される。

(6)　保険を託する者である被保人が資金を必要とする際には，50 円以上の価値のある保険証券を抵当に，相当の利子を取って貸金をしていたとされる（保険銀行時報社編・前掲注 (4) 73 頁）。

(7)　小林雅史「日本の個人年金について」生命保険経営 81 巻 5 号 (2013) 30-34 頁。東洋生命が明治 41 年に個人年金保険を販売したものの普及しなかったとされる。

(8)　小林・前掲注 (7) 37-40 頁。

(9)　『日本生命九十年史』日本生命保険相互会社 (1980) 133 頁。

2 みなし相続財産課税導入前の議論

相続税は，明治38年に日露戦争勃発による戦費調達の一環として導入されたが，生命保険金は課税対象ではなかった[10]。保険事故発生により，保険金受取人が保険契約に基づき取得するものは，保険金請求権である。通説・判例では，他人のためにする保険契約の保険金請求権は保険金受取人の固有の権利であり，契約者たる被相続人から承継した相続財産ではないとされる[11]。そのため，特別な規定がない限り，当該保険金請求権に基づく生命保険金は，相続税の課税対象とならない。この点，当時の相続税に関する大蔵大臣の訓示第五（明治38年）においても，「相続税を課すべき財産は相続に因り相続人に移転すべき財産に限るを以て保険契約に基き支払を受くる保険金の如きは相続税を課すべきものに非ず」と明示している[12]。

また，明治20年所得税創設に際して，「営利の事業に属せざる一時の所得」は課税対象とされなかったため，生命保険金は昭和13年に相続税の課税対象になるまで，相続税および所得税ともに課税の対象外であった。そのため，生命保険金は，税負担を軽減する有効な手段として利用されるようになっていた。

昭和6年頃までには，課税当局において，生命保険契約に基づく保険金は偶然性を有する一種の不労利得であり担税力が相当大きいこと，そして当時，巨額の保険契約の締結が増加傾向にあったことから生命保険金を完全に課税外に置くことは負担の公平に反するとして，相続財産の逸脱を防止する見地

---

(10) 武田昌輔監修『DHC コンメンタール相続税法』743-744 頁参照。生命保険課税全体の沿革については，松浦克己「生保税の歴史（一）－生命保険料控除および生命保険金課税を中心として－」生命保険経営 48 巻 4 号（1980）579 頁以下，同「生保税の歴史（二）－生命保険料控除および生命保険金課税を中心として－」生命保険経営 48 巻 5 号（1980）795 頁以下に詳細に記されている。

(11) 山下友信「生命保険金請求権取得の固有権性（一）」民商 83 巻 2 号（1980）207 頁，大森忠夫『保険法（補訂版）』（有斐閣・1985）275 頁，最判昭和 40 年 2 月 2 日民集 19 巻 1 号 1 頁ほか。

(12) 以下，本稿では，引用資料の原文が旧字体および片仮名表記されているものは，常用漢字および平仮名に表記を改めて引用している。

および贈与に対する権衡から生命保険金にも相続税を課税すべきであると認識されていた[13]。その場合の課税時期は，保険事故が発生し，現実に保険金請求権が発生した時とする。その理由として，日本の保険の場合，保険事故発生前であればいつでも契約の解除ができ，また，通常契約者が保険金受取人の指定変更権を留保し，指定変更をする可能性があるため，保険の利益を受ける権利は，保険事故発生前においては極めて不確実であり，「寧ろ権利と称するよりも単純なる期待」とみていたことによる[14]。

3　みなし相続財産課税導入以後の変遷

　昭和12年相続税法改正案における生命保険金課税の導入については，「生命保険金は何等相続税を負担せず，生命保険契約は一種の脱税手段と考へらるる現状である。現行法が，民法上の相続財産のみならず，苟くも相続分の前渡しと看做され，或は相続税逋脱の目的に出づると看做され得る凡ての財産移転につき，課税せんとする趣旨より見れば，生命保険金受取人の課税は，むしろ当然の処置と云うべきである。」と評されている[15]。

　昭和13年相続税法改正により，日中戦争勃発による戦費調達の必要から相続税の増税が図られ，その一環として生命保険金に対する相続税の課税が非課税枠（相続人の受け取る保険金の合計額のうち5,000円以下の部分）を設けて実施されることになった[16]。課税の対象となる保険金は，被相続人が保険契約者である保険契約に限られていたが，保険契約者が被相続人以外の者であっても，現実に被相続人が保険料を支払っている場合は対象に含められ

---

(13)　大蔵省主税局「昭和6年税制整理準備調査概要上巻」税務大学校『租税史料叢書』7巻373頁以下。

(14)　前掲注（13）405-406頁。

(15)　近藤英吉・三谷道麿「相續税法改正案を評す」法学論叢36巻3号（1937）532-533頁。さらに，「被保険者の死亡によって受取る保険金は，実質上死因贈与であり，民法上当然遺贈と看做さるべきものである。」とする（同547頁）。

(16)　中澤弦男「税法改正と生命保険」生命保険経営19巻3号（1951）207頁，松浦・前掲注（10）生命保険経営48巻4号592頁。

た[17]。この生命保険金の相続税課税は，被相続人の死亡を原因として偶然的に相続人が財産を取得したという担税力を目標として課税すると同時に，保険を悪用して相続税を脱税することを予防するものであることから，非課税枠を設けて少額の保険金は切り捨てることにした[18]。昭和12年度の新規契約の死亡保険金額最多層は500円超から1,000円以下であり新規契約全体の約54%を占め，また，死亡保険金額5,000円以下の新規契約数は全体の約97%であり，非課税枠を5,000円以下に設定することにより，結果としてほとんどの生命保険金が課税対象外であったことになる[19]。すなわち，生命保険金への相続税課税は，大衆が加入する保険契約金額を基準とする非課税限度額を超えるような高額な生命保険金のみを対象とし，相続税の課税逃れを防止する効果が期待されていたといえる。

相続税の課税対象となる生命保険金は，当初その受取人の範囲を相続人に限定していたが，昭和19年改正で「其の他の者」を加えて，適用範囲を拡大した[20]。

昭和22年第一次改正により，「現下諸情勢の推移に即応」して相続財産に対する課税の整備および強化をはかり，相続税の計画的な負担軽減の防止等課税の適正を期すため，みなし相続財産の範囲を拡張整備することにし，新たに被相続人の死亡により相続人その他の者が取得する定期金の給付に関する権利を相続財産とみなした[21]。この改正は，生命保険会社による個人年金保険の本格販売が昭和34年以降であるため，郵便年金契約を前提にして

---

(17)　勝正憲『新税の話』（千倉書房・1938）167頁。

(18)　勝・前掲注（17）167頁。

(19)　データは，商工省保険局編『昭和12年度保険年鑑　甲，内国会社（後編）』16頁記載の「第5表　死亡保険被保険者保険金額別統計表」を参照した。

(20)　中澤・前掲注（16）207頁。

(21)　昭和22年3月22日第92回帝国議会衆議院所得税法を改正する法律案外六件委員会会議録（速記）第3回47頁，前尾繁三郎主税局長発言。昭和22年3月29日第92回帝国議会貴族院所得税法を改正する法律案特別委員会議事速記録第1号2頁，昭和22年3月30日第92回帝国議会貴族院議事速記録第27号364頁，石橋湛山大蔵大臣発言。

いる[22]。さらに，非課税財産の範囲をある程度限定するとともに，物価騰貴の状況等に鑑みて所要の調整を加えることとし，被相続人の死亡により相続人その他の者が取得する生命保険金および退職手当金等に，上記郵便年金等を含めた総額3万円までの金額については，課税しないこととした[23]。

昭和25年シャウプ勧告に基づく相続税法の全面的改正で，遺産税制度から遺産取得税制度へ移行した。この改正においても，次の説明をもって，生命保険金はみなし相続課税とされた。すなわち，「被相続人の保険料の負担行為それ自体が生命保険契約を継続させたものであり，偶然に被相続人の死亡という事実の発生に起因して生命保険金受取人について保険金を受取るべき権利が生命保険契約の効果として原始的に発生したものであ」り，「このような生命保険金の受領は，いわゆる私法上の相続の効果として受取るものではなく，被相続人を被保険者とする保険事故の発生によって相続人その他の者が受取るものである，と解されて」おり，そうすると本来の相続財産を構成せず，相続税の課税の対象とならないためその取得者について相続または遺贈によって取得したものとみなすこととされた[24]。また，「法律的には相続，遺贈または贈与により取得した財産とはいえないが，経済上はこれらの原因による財産の取得と実質的な性質を同一視すべき場合」には，「相続税負担の実質的な公平を図る意味において相続税を課税することが必要であ」り，「合法的な相続税の逋脱の道を封ずるという意味においても重要」とされる[25]。要するに，みなし相続財産規定は，民法上の相続等によらず，

---

(22) 『昭和46年版改正税法のすべて』（大蔵財務協会・1971）121頁。

(23) 前掲注（21）引用と同じ。

(24) 「新しい相続税法の詳解」我妻栄＝庭山慶一郎『相続の法律と税務』ファイナンス・ダイジェスト臨時増刊（大蔵財務協会・1952）137頁。

(25) 平田敬一郎『新税法』（時事通信社・1950）455頁。大阪高裁平成26年6月18日判決（税務訴訟資料　第264号-107（順号12488））では，みなし贈与に関する相続税法9条の趣旨は，「私法上は贈与又は遺贈によって財産を取得したものとはいえないが，そのような私人間の法律関係の形式とは別に，実質的にみて，贈与又は遺贈を受けたのと同様の経済的利益を享受している事実がある場合に，租税回避行為を防止するため，税負担の公平の見地から，贈与契約又は遺言の有無にかかわらず，その取得した経済的利益を，当該利益

保険を通じてそれと経済実質的に同様の効果を得て経済的価値を移転させて
税負担を免れることを防止するために，生命保険金をみなし相続財産として
相続税の課税対象に含め，相続税負担の公平を図るものである(26)。このよう
な規定の理解は，昭和13年に生命保険金をみなし相続財産としたときか
ら変更はない。

この昭和25年相続税法改正において，税率の変更をはじめ諸控除制度の
拡充がはかられたことから，特に生命保険金であるがゆえの特典であった非
課税枠は廃止された(27)。これに対し，生命保険協会は，資本蓄積の促進と
社会保障制度の補完のために生命保険の普及が必要であることを訴え，「大
蔵当局においても社会政策に合致する面と，資金蓄積に資する面とに着目し，
昭和25年12月29日の省議において」非課税の復活を決定した(28)。翌昭和
26年改正で，相続税負担の軽減を図り，あわせて資本の蓄積に資するため
として非課税枠を保険金の合計額のうち10万円まで引き上げた(29)。この非
課税金額の設定につき政府側は，「資本蓄積に資するという面を相当重要視
して」改正をするため，「平均の相続人の構成を考え」，その当時の「保険契
約の大体の平均額から見た大衆的と思われる保険の契約高」に鑑みて提案し
たと説明する(30)。当時の保険契約状況をみると，昭和25年度の生命保険

を受けさせた者からの贈与又は遺贈によって取得したものとみなして，贈与
税又は相続税を課税することとしたものと解される。」とし，本文説明と同様
である。
(26) 北野弘久編『コンメンタール相続税法』（勁草書房・1974）41-42頁（村井正
執筆）では，「みなし規定を設ける理由の一つは，租税負担の公平の見地から，
借用概念とのバランスを考慮する必要から生じたもの」とされる。ただし，
この生命保険金を相続財産とみなすことについては，保険金が相続税逋脱の
手段として利用される可能性を認めつつも，法的性質が違うものを相続税法
上のみなし規定により相続税の対象に含めることについて，「理論上はもちろ
ん，実際上も好ましいこととはいえない。」とする批判的な見解もある（中川
善之助・泉久雄『相続法（第4版）』（有斐閣・2000）207頁）。
(27) 生命保険協会編『生命保険協会70年史』（1978年）502頁。
(28) 生命保険協会・前掲注（27）505頁，中澤・前掲注（16）208-210頁。
(29) 我妻＝庭山・前掲注（24）126頁。
(30) 昭和26年2月20日第10回国会参議院大蔵委員会議録第10号6頁，忠佐

第6章　年金・保険と租税　219

（普通保険）新規契約金額 10 万円未満の保険契約数は全体の約 50% であり，最多契約金額帯は 10 万円以上 20 万円未満でその比率は全体の 32% であった[31]ことから，大半の契約は非課税枠に収まり課税対象外になる水準であったと思われる。

　昭和 25 年の非課税枠の廃止，昭和 26 年の非課税枠の復活の過程で，生命保険金のみなし相続財産規定が相続税逋脱防止のためのものであるが故の少額保険金非課税，すなわち大衆の加入する保険契約には課税しないという，それまでの非課税の理由が後退し，資本蓄積の促進および社会保障制度の補完が主たる理由として前面に出てきたとみることができ，それが現在まで引き継がれている。次に，当時の政府側の衆議院および参議院大蔵委員会での説明を整理して，現行の生命保険金非課税枠の背景を探る。

　昭和 26 年 2 月 10 日第 10 回国会衆議院大蔵委員会での池田勇人大蔵大臣の説明によると，「朝鮮動乱後変転する国際情勢に対処して，早急にわが国経済の自立を達成することが緊要」であり，そのためには急速な資本の蓄積が要望されることから，「税制上資本蓄積に資するため，各般の措置を講じ」ることとし，相続税については，その「資本蓄積措置の一環として」，生命保険金非課税枠を位置づける[32]。昭和 26 年 2 月 16 日第 10 回国会衆議院大蔵委員会で，平田敬一郎大蔵事務官（主税局長）は，さらに詳しくこの改正について，次のように説明している[33]。インフレにより一番犠牲となったのは，保険（保険会社というよりも，むしろ保険契約者）であり，「そのために非常に保険思想がこわれて」いるが，保険の形で資金が蓄積になることは社会的にも大きく，保険の再建をはかることが重要であることから，非課税措置をとったのであり，この措置により，保険による資本蓄積の増加と同時に社会福祉の増進を図ることとし，「何人も入ればこの恩典に浴し得」るため

　　市政府委員発言。
(31)　大蔵省銀行局監修『昭和 25 年度保険年鑑』30-31 頁。
(32)　昭和 26 年 2 月 10 日第 10 回国会衆議院大蔵委員会会議録第 12 号 27-28 頁。
(33)　昭和 26 年 2 月 16 日第 10 回国会衆議院大蔵委員会会議録第 16 号 19-20 頁。

「実質的には相続税の基礎控除をある程度上げたのと同様になり」，保険が増加すれば，その効果はきわめて大きい，と説明する。さらに，続けて，改正後の非課税枠は「相当な恩典である」が，「あくまでも保険はだれでも入り得るし，入ればそのチャンスにあずかり得る」ものであり，高額な保険は課税とし，少額の保険を非課税にするために10万円の限度を設けており，結果として「非常に大きな金持の人が保険の形で非課税になろう」にも「おのずから限界がついて来て，それほど不公平にはならない」とし，「控除の制度は公平の原則にもそれほど反しない」と，非課税の改正提案理由を説明している。

その後相続税の負担軽減のため，昭和29年に非課税枠が50万円に引き上げられ，昭和40年に100万円に引き上げられた[34]。昭和40年の引き上げについては，非課税制度は「生命保険が遺族の生活保障という役割を通じて社会保障制度を補充すると考えられること，貯蓄の増強ひいては資本の蓄積に資することが大きいこと等」を理由に設けられたものとしたうえで，当時の生命保険金の支払状況や新規契約状況の増加は著しいものがあり，また簡易生命保険の被保険者一人当たりの加入限度額が100万円，民間生命保険の無審査加入限度額が100万円および所得税の少額貯蓄の利子所得非課税となる元本の限度額が100万円に引き上げられることなどから大幅に引き上げたとする[35]。昭和46年には，物価の上昇，保険金の契約金額の推移等を考慮して非課税枠が150万円に引き上げられ，昭和63年に現行の非課税枠（法定相続人1人当たり500万円）となった[36]。

4　小　　括

生命保険金の相続税課税は，生命保険を介して相続税課税を免れることを防止するために始まり，一方で保険の持つ本来の保障としての性格に鑑み，

---

(34)　武田・前掲注（10）1184-1185頁。
(35)　『昭和40年度版改正税法のすべて』（日本税務協会・1965）206頁。
(36)　武田・前掲注（10）1184-1185頁。

保障部分に対しては課税を及ぼさないために，一定の非課税枠を設けた。この非課税枠の適用は，生命保険金等を相続人が取得した場合に限っているが，それは遺族の生活保障を考慮してのこととされる[37]。

　現行の生命保険金非課税は，戦後インフレの影響を受けた保険制度の再建の必要から，保険を用いた資本蓄積を促進するとともに社会福祉の増進を図るために設けられたものである。非課税金額を「大衆的と思われる保険の契約高」から導き出すことにより大衆への課税を排除する一方，高額の保険のみを相続税の課税対象とするよう考慮することで，租税負担の公平を図ってきた。しかし，現行相続税制における非課税枠復活の主たる理由であった保険制度再建および資本蓄積の促進は，いまやその目的を達成しているといえよう[38]。また，社会福祉の増進（社会保障制度の補完）についても，生活保障の自助努力の観点からは，生命保険の利用は選択肢の一つであり，生命保険にのみ基礎控除の上乗せともいえる非課税控除を認める合理性が問われる[39]。非課税枠は，生命保険の種類を問わず高額保険に対しても適用され，

---

(37)　武田・前掲注（10）1215-1216頁。

(38)　有価証券，現金・預貯金等の相続財産の金額は増加傾向にあり，相続財産全体に占める割合も増えている。金額ベースでは，平成18年分は有価証券17,966億円，現金・預貯金等23,488億円，平成27年分は有価証券23,368億円，現金・預貯金等は47,996億円である。また，構成比は，平成18年分は36.4%（内訳有価証券15.8%，現金・預貯金等20.6%），平成27年分は45.6%（内訳有価証券14.9%，現金・預貯金等30.7%）。被相続人1人当たりの課税価格は1億4,126万円となっている。データは，国税庁報道発表資料「平成27年分の相続税の申告状況について（平成28年12月）」（https://www.nta.go.jp/kohyo/press/press/2016/sozoku_shinkoku/index.htm）に基づく。

(39)　高橋祐介「生活保障と生命保険課税」税法学567号（2012）150-151頁，渕圭吾「租税法における生命保険契約の意義――一時払い養老保険・終身保険は相続税法3条1項1号にいう『生命保険契約』なのか？」『租税法と市場』（有斐閣・2014）255頁。平成27年度「生命保険に関する全国実態調査」（平成27年12月発行）によると，世帯主に万が一のことがあった場合の経済的備えとしての必要資金額は平均約5,650万円，そのための経済的準備手段として期待できるものは，生命保険（52.9%），預貯金・貸付信託・金銭信託（43.2%），不動産（19.8%），有価証券（10.7%）となっている。

相続税の基礎控除を引き上げたことと同様の効果があるのであれば，その効果は相続財産が多い相続の場合に，より相続税負担軽減の便益を与えることになる。非課税の対象となる生命保険の範囲を厳格に定めないと，富裕層にとってのみの優遇措置となり，負担の公平の見地から問題となろう[40]。平成14年の税制調査会答申でも，「広い範囲に適切な税負担を求める」ため，基礎控除の引き下げとともに，生命保険金非課税についても「公的な社会保障制度の充実等を踏まえ，資産選択に対する中立性，簡素化などの観点から，廃止・縮減の方向で考えるべき」とされた[41]。

　平成25年度税制改正において，相続税の再分配機能の回復，格差の固定化の防止等の観点から基礎控除の見直しを行い，物価・地価が同等とされる昭和50年代後半の水準まで引き下げるため[42]，基礎控除はそれまでの6割に引き下げられたが，生命保険金の非課税限度額の改正は行われなかった。基礎控除の引き下げにより，相続税負担が生じる場合が増えている[43]。国税庁の発表によると，平成27年中の被相続人に対する相続税の課税割合は年8％程度（平成26年4.4％）となっている[44]。相続税の課税割合からすると生命保険金の非課税の効果を享受できる場合はわずかであり，多くの相続において，生命保険金非課税の効果が実際に及ぶ範囲は極めて限定的である。現実の相続税の負担にかかわらず，純粋に生命保険の保障としての機能を重視し，一律にその部分に関しては課税の対象から除くのであれば，現行の非課税水準の評価はどうであろうか。平成27年度「生命保険に関する全国実

---

(40)　一高龍司「相続税と租税回避」日税研論集61巻（2011）46-47頁。

(41)　税制調査会「あるべき税制の構築に向けた基本方針」（2002）15-16頁。

(42)　『平成25年度改正税法のすべて』（大蔵財務協会・2013）567頁。

(43)　平成25年改正について，「いかなる状態が相続税の対象となる富の集中であり，富の集中の排除という役割を，どの程度まで相続税に担わせるかは国民の熟議による決定を待つほかないが今回の税制改正過程には，この最も重要というべき部分が欠けている。」との批判がある（首藤重幸「相続税改革の動向」税研28巻6号（2013）47頁）。

(44)　https://www.nta.go.jp/kohyo/press/press/2016/sozoku_shinkoku/index.htm

態調査」（平成 27 年 12 月発行）によると，世帯主の普通死亡保険金額（全生保）の平均額は約 1,500 万円であり，保険金額 1,500 万円未満の契約が約 53% となっている。被相続人 1 人あたりの平均法定相続人の数は平成 25 年では 2.97 人（昭和 30 年後半から 60 年頃までは 4 人強）[45]であることから，生命保険金非課税金額の平均は，おおよそ 1,500 万円（500 万円×2.97 人）となる。生命保険金の半数は非課税の対象となる水準であり，また，現行非課税制度を設けた昭和 26 年当時の水準と同様であり，「保険契約の大体の平均額から見た大衆的と思われる保険の契約高」に見合う金額といえる[46]。現行の非課税制度は，純粋な保障部分には課税を及ぼさないためのものであるという観点からすると適正な金額水準であるといえよう[47]。

平成 22 年の定期金に関する権利の評価の改正により，生命保険の利用による財産価額の圧縮の効果は減少した。しかし保険金はそもそも被相続人の

---

(45) 平成 27 年 11 月税制調査会「経済社会の構造変化を踏まえた税制のあり方に関する論点整理」34 頁，資料 25。

(46) 非課税が生活保障に対する自助努力のための保険加入促進の誘因となるかについても，平成 27 年度「生命保険に関する全国実態調査」の結果からは定かではなく，むしろ影響を感じない人が多いように思われる。死亡保険金の相続税非課税措置が拡充された場合の対応では，「なんとも思わない」が 50.8%，「将来，生命保険の保障内容を充実させる際の励みになると思う」が 24.8% であり，「新たに生命保険に加入したり，現在加入している生命保険を見直し，より充実した保障内容にする」4.2%，あるいは「検討しようと思う」16.4% となっている。同様に，死亡保険金の相続税非課税措置が縮小・廃止された場合の対応もすでに生命保険に加入している世帯をもとに，「なんとも思わない」47.5%，「現在加入している生命保険を続けていくべきか不安に思う」30.8%，「現在加入している生命保険に関して解約あるいは減額を検討しようと思う」14.1%，「現在加入している生命保険に関して解約あるいは減額をする」4.4% となっている。

(47) 生命保険協会「平成 29 年度税制改正に関する要望」（平成 28 年 7 月）では，「死亡保険金は通常の相続財産とは異なり，多くの保険契約者が支払った保険料のプールの中から保険金受取人に支払われるもの」であり，「相互扶助の原理に基づき遺族の生活安定のために支払われるという性格が考慮された結果」，死亡保険金への相続税の非課税枠が設けられているのであるから，「遺族の生活資金にまで課税の対象とされることのないよう，配偶者および未成年の被扶養法定相続人に対して，現行の非課税限度額にそれぞれ 500 万円を加算すること」を要望している。

本来の財産ではなく，税負担を軽減することを防止するため課税の公平の見地からみなし相続財産として相続税の対象としている。その意味で，一定の限度額を設けて課税の対象から除外することは有意である，ただし相続税の対象に組み込まれたことにより，通常長期におよぶ生命保険の保険期間中のいわゆる運用益部分の課税がなされずに被相続人から相続人等へ経済的価値が保険を介して間接的に移転するため，ほかの金融資産よりも課税上のメリットは大きくなる可能性がある。また，相続財産の多い人がより課税上の恩恵を受けるのであれば，非課税の対象を厳格に制限すべきである。そこで，次に現行制度を前提としてみなし相続財産の対象となる生命保険の範囲について検討し，相続税と所得税の一体的考慮を試みる。

Ⅲ　現行制度の課題と検討

1　みなし相続財産課税

(1)　生命保険金等

　相続税法 3 条 1 項 1 号にいう保険金を取得した場合とは，現実の保険金の受取ではなく，保険事故発生による保険金請求権の取得をいい[48]，一時金により支払を受けるもののほか，年金の方法により支払を受けるもの（いわゆる年金保険）も含む（相基通3-6）。ここでの保険金は，あくまでも被保険者の死亡を保険事故として支払われる死亡保険金をいう。被保険者の傷害（死亡の直接の原因となった傷害を除く）・疾病その他これらに類するもので死亡を伴わないものを保険事故として支払われる保険金は含まれず（後述するように，所得税法上非課税所得となる），被保険者の死亡後に支払われる場合は，被保険者たる被相続人の本来の相続財産に含まれる（相基通3-7）。

　さらに，生命保険金等の規定は，保険契約者が誰かにかかわらず，被相続人が実際に負担した保険料に着目して課税するものであり[49]，生命保険の

---

(48)　武田・前掲注（10）760 頁。

(49)　近藤・三谷前掲注（15）533 頁。生命保険信託が，信託に関する規定を適用

第 6 章　年金・保険と租税　225

課税関係を実質的に構成している[50]。この取り扱いは，昭和 13 年の生命保険金に対する相続税課税開始当初からあるもので，保険契約者を形式上変更することによる脱税防止の規定とされる[51]。

　課税実務上，保険金には，保険契約に基づき分配を受ける剰余金，割戻しを受ける割戻金および払戻しを受ける前納保険料[52]の額で当該保険契約に基づき保険金とともに保険金受取人が取得するものが含まれる（相基通 3-8）。それらは，保険事故発生前の保険料の支払に関して生じるものであり，保険契約者ないし保険料負担者である被相続人の本来の相続財産となるべきものであるとも考えられる。しかし，例えば前納保険料は，保険約款等の規定に基づき，保険期間満了による払戻しの場合は保険契約者に対して，死亡保険金を支払う場合には保険金受取人に対して払い戻される。よって後者の場合は，「保険金受取人が固有の権利として原始的に取得するものであって，保険金受取人にとってはその経済的実質において保険金と異ならない」ため，みなし相続財産とされる[53]。

(2)　生命保険と傷害保険

　大蔵省主税局が生命保険課税導入前に出した調査概要では，課税対象となる保険の種類は，「苟しくも他人の為したる保険契約に依り保険の利益を享くるものなる以上」，死亡保険，生存保険または混合保険であるかを問わない[54]。ただし，生命保険以外の人保険である疾病保険・傷害保険は「純然たる損害保険に属する」ことから課税対象に含めず，他方当時あった「徴兵

　　　　せず，生命保険に関する規定を適用して相続税を課するのも，実際に保険料
　　　　を負担している者に着目した取り扱いとされる（小坂隆通「改正相続税法と
　　　　生保契約」生命保険経営 18 巻 5 号（1950）389 頁）。
(50)　水野忠恒「生命保険税制の理論的問題」ジュリスト 753 号（1981）114 頁。
(51)　小坂・前掲注（49）389 頁。
(52)　前納保険料は，前もって払い込まれた将来の保険料を会社が利息を付して積
　　　　み立て，毎年の払込期日に保険料に充当するものである。
(53)　野原誠編『平成 27 年版相続税法基本通達逐条解説』（大蔵財務協会・2015）
　　　　41-42 頁。
(54)　税務大学校・前掲注（13）402 頁。

保険」のような「其の性質寧ろ生存保険に近く，偶然性を有する不労利得なる点に於ても殆ど生命保険と異る所」がないものは，その実質に鑑みて課税対象とすることを妥当であるとしていた[55]。傷害保険と生命保険の本質的相違点は保険事故の違いにあり，生命保険は死亡の原因を問わず単に死亡の事実があれば足り，傷害保険の場合はあくまでも傷害を受けたことにより保険金を支払うものであり，死亡は単に傷害の程度を現わす標準たる事実に過ぎないとする[56]。さらに，生命保険と傷害保険は，その貯蓄性の有無，保険期間の長短といった点で著しく経済的機能が異なり[57]，傷害保険に課税しないとしても格別弊害を生じる虞はないため，傷害保険は課税の範囲外に置くことを相当としていた[58]。

　昭和 13 年に生命保険金にみなし相続財産として相続税が課されることとなった際には，被相続人の死亡により相続人の受け取る生命保険契約の保険金で被相続人が保険料負担者である保険契約に基くものが対象であり，損害保険契約の死亡保険金は含まれていなかった。しかし，昭和 40 年改正で，損害保険契約の保険金のうち偶然な事故に基因する死亡に伴い支払われるもの（傷害保険契約に基づく死亡保険金）で被相続人が被保険者かつ保険料負担者である保険金も，みなし相続財産に含まれることになった。傷害保険契約に基づく保険金は，生命保険契約のうち被保険者が偶然的な事故によって死亡または傷害を受けた場合に保険金を支払う「災害給付特約」が付されているものと実質的には異なるところがなく[59]，両者を区別して取り扱うこと

---

(55)　税務大学校・前掲注（13）405 頁。

(56)　税務大学校・前掲注（13）411 頁。

(57)　「保険制度は，加入者全体のための共同的備蓄を形成することのほかに，個々の加入者にとり貯蓄としての側面を有することが多い」なか，「生命保険は，経済的には貯蓄である側面をつねに有する。」とされている（江頭憲治郎『商取引法（第 7 版）』（弘文堂・2013）408 頁）。

(58)　税務大学校・前掲注（13）412 頁。

(59)　昭和 40 年 3 月 16 日第 48 回国会参議院大蔵委員会会議録第 13 号，吉国二郎大蔵大臣官房財務調査官が「今回入れました損害保険契約の保険金と申しますのは，ちょうど生命保険に損害特約がついておりまして，本人が払った保険料に基づきまして生ずるものでございます」と発言しているのは，この部

は適当ではないことから，傷害保険契約に基づく死亡保険金も相続財産に含めることにした[60]。みなし相続財産の範囲は，実質的判断により画され拡大された。

(3)保険と共済

① 保険契約

保険法における保険契約（保険法 2 条 1 号）は，①保険契約，共済契約その他契約の名称は問わない，②当事者の一方が一定の事由の発生を条件として財産上の給付を行うことを約している，③相手方が②に対して保険料や共済掛金を支払うことを約している，④③の保険料や共済掛金が②の一定の事由の発生の可能性に応じたものとして支払われる，という 4 つの特徴を備えたものと定義づけられている[61]。④の要件の「一定の事由の発生の可能性に応じたものとして」が示す内容は，「保険給付と保険料の間の保険数理的関係」であり，両者の間に「厳格な給付反対給付均等原則が成立していること」までは要求していないとされる[62]。特に，この要件が課税上の「保険契約」該当性の重要な判断要素となる。

保険法は，保険自体の定義をしていない。その理由は，法制審議会保険法部会において，保険の定義を設けるか議論された際に，保険は，「一般用語として広く社会に定着しており，法令用語としても，特段の定義を設けることなく，様々な法令において広く使用されて」おり，「これを法文において過不足なく定義づけることは非常に困難であり，無理に定義づけようとすると，規定の仕方によっては，本来保険法を適用すべきものが適用対象から外れてしまったり，他の法令における保険の範囲との間に離隔が生じたりする

　　　分の説明と思われる。
(60)　前掲注（35）206 頁。「交通事故等の激増に伴ない，この問題が大きくとりあげられて」きたことも，改正理由に挙げられている（同 205 頁）。
(61)　萩本修編『一問一答 保険法』（商事法務・2009）28 頁。
(62)　山下友信＝米山高生編『保険法解説－生命保険・傷害疾病定額保険』（有斐閣・2010）136-137 頁。

可能性」があることによる⁽⁶³⁾。

　平成22年度税制改正では，保険法制定を受けて，生命保険契約および損害保険契約の範囲の明確化が行われた⁽⁶⁴⁾。それまで相続税法上では，生命保険契約および損害保険契約の定義規定を特に設けることなく，相続税法基本通達でその範囲が示され，いわゆる第三分野の保険契約は，課税実務上，その契約主体により生命保険契約または損害保険契約に区分されていた。平成20年に保険法が制定され（平成22年4月1日施行），そこでは，旧商法における生命保険契約と損害保険契約のほかに，傷害疾病定額保険契約・傷害疾病損害保険契約の類型，いわゆる第三分野の保険の区分を設け，かつ共済契約を保険法の対象に含めることとした（保険法2条7号，9号）。傷害疾病定額保険契約は保険法上，生命保険契約から除かれているため，「仮に，相続税法に規定する『生命保険契約』と保険法における生命保険契約が同義であると解すると，傷害疾病定額保険契約は相続税法に規定する『生命保険契約』には含まれないということにもなりかねず，結果的に相続税のみなし課税などの対象とならないという事態が生じ得る」ことから，保険法の制定を契機にみなし相続財産の対象となる「生命保険契約」および「損害保険契約」の範囲を法令により明確化した⁽⁶⁵⁾。この改正によりこれまでの課税範囲に変更はない。相続税法上の生命保険契約および損害保険契約は，保険業法に規定する生命保険会社または損害保険会社と締結した保険契約として契約主体を限定することでその対象を明確化し（相法3条1項1号）⁽⁶⁶⁾，さらに政令でそれら以外の対象となる契約を列挙している（相令1条の2）⁽⁶⁷⁾。すな

---

(63)　萩本・前掲注（61）36頁。

(64)　『平成22年度版改正税法のすべて』（大蔵財務協会・2010）421-424頁。

(65)　前掲注（64）422頁。相続税法基本通達3-4および3-5では，留意点として「傷害疾病定額保険契約」および「傷害疾病損害保険契約」が含まれることを明記している。

(66)　所得税法においても，「保険契約の引受けを行う保険会社を基準として，保険契約の内容を規定する」ように，相続税法と同様の改正がされた（前掲注（64）95頁）。

(67)　相続税法施行令では，相続税法上の生命保険契約または損害保険契約の範囲

わち，「保険会社と締結した保険契約」が基軸となって実質的にそれに類するものを同等に扱うよう，規定の整備を行った。結果として，相続税法上の生命保険契約または損害保険契約は保険法における範囲よりも広い。ただし，保険契約の多様な種類に配慮した区分ではないため適用上の限界があるといえよう。

　② 共済契約

　共済契約は法律上に定義はなく，「一定の地域または職域でつながる者が団体を構成し，将来発生するおそれのある一定の偶然の災害や不幸に対して共同の基金を形成し，これら災害や不幸の発生に際し一定の給付を行うことを約する契約」[68]であるとされ，保険法では，「共済契約のうち保険契約と同様の実質を有するもの」，すなわち，「保険料や共済掛金が，損害，病気等の発生の可能性（危険）に応じたものとして支払われるもの」を保険契約と対等に位置付け，保険法の適用の対象としている[69]。そして，保険の要件を具備している限りは，「保険に関する特定の法の適用において保険と共済を区別することはできない」とされている[70]。ただし，共済契約であっても，「団体内部の福利厚生の一環として，危険の測定やそれに応じた保険料の算定をせずに，団体の構成員から一律の低額の費用を徴収し，それを原資として構成員に不幸があった場合に慶弔見舞金を支払うような制度」は，共

　　として，保険業法に規定する外国保険業者若しくは少額短期保険業者と締結した保険契約で生命保険会社または損害保険会社と締結した保険契約に類する保険契約，農業協同組合法に基づき事業を行う農業協同組合または農業協同組合連合会と締結した生命共済または傷害共済に係る契約などのほか，法律の規定に基づく共済に関する事業を行う法人と締結した生命共済または傷害共済に係る契約で財務大臣の指定するものが含まれる（相令1条の2）。財務大臣の指定は，「相続税法施行令第一条の二第一項第七号に規定する生命共済に係る契約を指定する等の件（昭和56年10月1日大蔵省告示第125号）」および「相続税法施行令第一条の二第二項第五号に規定する傷害共済に係る契約を指定する等の件（昭和56年10月1日大蔵省告示第126号）」による。
(68)　竹内昭夫「保険と共済」江頭憲治郎編『鴻常夫先生還暦記念・八十年代商事法の諸相』（有斐閣・1985）483頁。
(69)　萩本・前掲注（61）13-14頁。
(70)　山下友信『保険法』（有斐閣・2005）14頁。

済掛金が，一定の事由の発生の可能性に応じたものとして支払われるという要件の一つを欠くため，保険法上の「保険契約」に該当しない場合が多いとされる[71]。

相続税法においても，これに沿った形で共済を取り扱っている。昭和46年税制改正で，保険と共済は，「課税の公平の見地からは，保険と同等の程度に責任準備金や共済掛金が計算され管理されているものは，同等に取り扱うべき」であるとし，当時，すでに農業協同組合の生命共済は通達において，そして水産業共済会の生命共済も事実上生命保険金と同様に取り扱われていたことから，従来の取扱いを確認し，法令上で保険と同等に取り扱う共済の範囲を明確にした。この改正により，共済のうち「保険に準ずる計算」が行われているものを，実質上保険に類するものとして生命保険契約の定義に含め（相法3条1項1号括弧書き），政令で列挙している（相令1条の2）[72]。すでに，所得税では生命保険料控除および満期保険金の課税について，法人税では危険準備金の積立てについてそのように取り扱っており，この改正の内容は，当時の所得税法の生命保険料控除，損害保険料控除の対象とされる共済の範囲とほぼ同じとされる[73]。

共済のみなし相続財産該当性につき直接争ったものではないが，相続税法9条にいうみなし贈与財産該当性について争われた事件[74]がある[75]。そこでは，相続税法上，共済を介して共済掛金負担者から共済金受給者へ経済的利益が移転する場合のみなし贈与財産となる共済の範囲を示している。その判断要素の一つに，負担金と各種共済金の間に，会員である期間の長短，負担金の総額の多寡などに応じた対応関係を有することがある。すなわち，相続税法上も，共済掛金が一定の事由の発生の可能性に応じたものとして支払

---

(71)　萩本・前掲注（61）29頁。
(72)　前掲注（22）118頁。
(73)　前掲注（22）116-117頁。
(74)　大阪高裁平成26年6月18日判決（税務訴訟資料264号-107（順号12488）），
　　　大阪地裁平成25年12月12日判決（税務訴訟資料263号-227（順号12351））。
(75)　田中啓之「みなし贈与」租税判例百選（第6版）151-152頁。

第 6 章 年金・保険と租税 231

われることを要求している。

(4) 保険契約者の権利と課税

　保険契約者は保険料の支払いにより生命保険契約を継続し維持する一方で，任意解除権を行使して何時でも生命保険契約を終了させることができるため（保険法 54 条），保険契約者は生命保険契約の処分管理権限を有しているとされる[76]。また，保険契約者は，被保険者の同意を要件として，保険事故発生前であれば何時でも保険金受取人を変更することができ（保険法 38, 43, 45 条），約款の規定に基づき，保険料不払いにより保険契約が失効する可能性もある。一方，保険金受取人の有する保険金請求権は，保険事故発生前においては条件付権利であり，保険事故が発生して初めて具体化するものである[77]。保険契約者が任意解除権に基づき保険を解約した場合，解約返戻金は原則として保険契約者に帰属する（保険法 63 条）[78]ため，保険金受取人が将来保険給付の便益を享受する機会は失われる。このように，保険事故が発生するまで保険金受取人の権利は確定しない[79]。保険事故が発生していない生命保険契約に関する権利については，「実質上の保険契約に関する権利は契約者がもっている」のであり，保険契約を解除した場合は，保険契約者が「原則として，責任準備金からある程度の控除をなした残額の返戻金を請求する権利を有する」のであり，「この経済的価値は，実質的意味において何等相続財産と異なるところがない」ことから，保険料負担者たる被相続人の死亡の際に，生命保険契約に関する権利のうち被相続人の負担保険料に対応する部分を保険契約者が，被相続人から相続または遺贈により取得したものとみなして相続税を課税する（相法 3 条 1 項 3 号）[80]。この場合に被相続人が保険契約者であるときは，被相続人の本来の財産となる（相基通 3-36

---

(76)　山下孝之『生命保険の財産法的側面』（商事法務・2003）44 頁。

(77)　大森・前掲注（11）305 頁。

(78)　大森・前掲注（11）306 頁。

(79)　大森・前掲注（11）278 頁。

(80)　我妻＝庭山・前掲注（24）139 頁，武田・前掲注（10）800-809 頁。

(1)）[81]。

　保険契約者貸付制度は，保険会社の約款により，解約返戻金の範囲内で保険契約者が貸付を受けることができるものであり，保険事故発生前における生命保険契約の財産的価値である解約返戻金を利用するものである[82]。この法的性質については，保険金請求権または解約返戻金といった生命保険契約上の権利が具体化した場合にこれを貸付債権と相殺するという内容の予約が含まれた消費貸借契約と解する相殺予約付消費貸借説が多数説とされる[83]。昭和 25 年に相続税法が全面改正された際には，相続発生時に契約者貸付金があった場合の取扱いは規定されなかった。相続税課税上，契約者貸付金は，保険契約者たる被相続人の債務として本来債務控除の対象となるべきものであろうが[84]，課税実務では，保険金支払の際に保険金と契約者貸付金を相殺するときは，保険金受取人が契約者貸付金相殺後の保険金を取得したものとし，相殺された契約者貸付金の額に相当する債務はなかったものとされる。一方，被相続人以外の者が保険契約者であれば，保険金受取人が契約者貸付金相殺後の保険金を取得したものとし，保険契約者が契約者貸付金に相当する保険金を取得したものとされる（相基通 3-9）。そのため，前者の場合は保険金の非課税適用金額が減少する可能性がある。

　次に，契約転換した場合の契約者貸付金の課税関係についてみてみる。課税実務上，保険契約の転換であっても，転換前契約の責任準備金等を転換後契約の責任準備金に引き継ぐなど，実質的には保険契約の継続性を失わず契約内容の変更である場合には，転換に伴う課税関係は生じない。ただし，契約者と保険料負担者が同一人である場合に，転換時に契約者貸付金が責任準備金との相殺により精算されたときは，その責任準備金との相殺部分は転換

---

(81)　野原編・前掲注（53）90-91 頁。

(82)　山下＝米山編前掲注（62）386 頁。

(83)　山下＝米山編前掲注（62）387 頁。

(84)　契約者貸付金は債務であり，「当該債務を被相続人の債務として計上すれば，それを保険金から控除しないことになる」との説明もある（中澤・前掲注（16）207 頁）。

前契約の一部解約があったものとして契約者に対し所得税が課税され，それらが異なる者である場合は，贈与税が課税される[85]。この場面では，保険契約者に対して，責任準備金のうち契約者貸付金相殺部分に相当する所得の帰属または経済的利益の移転を認めている。

生命保険契約は保険事故発生により終了し，保険金受取人の保険金請求権が具体化して課税関係が生じるが，保険事故発生前においては保険契約者の有する権利についても，事象に応じて経済的価値に課税をしている。生命保険契約全体の課税関係を再構築するとしたならば，保険期間中の保険契約者の有する権利に着目し，保険事故発生前の保険契約に係る収益を保険契約者である被相続人に帰属させて課税する可能性も検討の余地があろう。

(5) 定期金に関する権利の評価

先述したとおり，個人年金保険の販売は昭和元年の郵便年金からであり，昭和13年に生命保険金を相続税の課税対象とする際に，年金生命保険は保険事故発生時に定期金の評価により課税されることになった[86]。昭和30年代に生命保険会社による個人年金保険の販売が始まり，「個人年金保険（利殖年金）に対する相続税の課税関係を明確にする必要から」，昭和46年度税制改正で，「定期金給付契約をほとんど『年金契約』と同じ意味に解する」こととし，それを前提にみなし相続財産相互間で重複該当するものをいずれか一方に整理するために規定の整備がなされた[87]。

すなわち，生命保険契約に基づき支給される年金また一時金でその実質が退職金の性格を持つものは退職手当金等とされ（相法3条1項2号），個人年金保険契約で保証期間付のものの継続受取人の受給権（相法3条1項5号）お

---

(85)　個別通達「契約転換制度の所得税法及び相続税法上の取扱いについて」によると，この場合，転換時までに支払った転換前契約に係る保険料の額から転換時までに支払を受ける社員配当金の額を控除した残額のうち，責任準備金と相殺された貸付金相当額が必要経費等となり，実際には課税所得は発生しないとされる。

(86)　「昭和13年6月改正相続税法及同法施行規則取扱方」税務大学校『租税史料叢書』第7巻468頁。

(87)　前掲注（22）121-122頁。

よび契約に基づかない定期金に関する権利（相法3条1項6号）は，みなし相続財産となる保険金から除かれることが法律によって明確にされた（相法3条1項1号括弧書き）。この改正は，「給付金の実質的な性質に応じて相続税のみなし相続財産を区分することを明確にするため」のものであり，「確認的改正」とされる[88]。結果として，これらのうち，退職手当金等は相続税法12条1項6号による非課税財産の適用となるが，それ以外のものには非課税の適用がないことが明らかになった。

相続税法24条1項1号から3号に相当する財産の評価規定は明治38年の相続税創設時から存在する[89]。これらの規定は，時価を容易に知ることができず，比較的計算が困難な財産に対してのみ，予め評価方法を定め，その時価評価が区々にならないようにするためのものである[90]。当時，生命保険会社による個人年金保険は販売されておらず，生命保険金は相続税の課税対象となっていなかったことから，この評価規定は生命保険への適用を前提として規定されたものではない。昭和6年に大蔵省主税局でこの規定の存続の是非が議論された際も[91]，定期金を相続税の課税価格に算入する場合が極めて稀であることを理由に削除すべきであるという見解があったが，規定によって評価が区々となる弊害を除去できることから削除に消極的な見解も示され，結果として規定は存続してきた。

被相続人の死亡により支払いを受ける生命保険契約および損害保険契約の保険金の額（相法3条1項1号）について，年金の方法により支払を受ける場合は相続税法24条の規定により計算した金額により評価する（相基通24-2）。

定期金給付事由が発生している定期金給付契約に関する権利の評価額は，昭和25年当時の金利水準（約8.0％）・平均寿命（男58.0歳，女61.5歳）などを基に算定されていたため，その後の金利水準の低下および平均寿命の伸長

---

(88)　前掲注（22）119頁。
(89)　大蔵省編纂『明治大正財政史第7巻』（1957）216〜217頁。
(90)　稲葉敏編『相續税法義解』自治館（1906）161頁。
(91)　大蔵省主税局・前掲注（13）7巻392頁。

により，実際の受取金額の現在価値に比べ非常に低いものとなっていたことから，平成22年度税制改正により，解約返戻金相当額，定期金に代えて一時金の給付を受けることができる場合には当該一時金の金額または予定利率等を基に算出した金額のうち，いずれか多い金額で評価することとされた（相法24条1項1号から3号）。この改正は，コンピューターの発達等により簡易な方法による評価による必要がなくなったこと，さらに，評価額と実際の受取金額の現在価値の乖離に着目して，定期金に関する権利の取得後に一時金受取りへの変更や解約ができる高額な一時払個人年金などの租税回避的な年金保険も販売されていたことがあり，課税の適正化を推進する観点から評価方法が見直された[92]。

　この平成22年税制改正の理由の一つでもあった，評価額と実際の現在価値の乖離を利用した高額な一時払個人年金の評価が問題となった事件として，ここでは二つの裁判例（第1の事件：東京高裁平成26年9月11日判決[93]と第2の事件：東京高裁平成26年9月24日判決[94]）を取り上げる。いずれも一時払変額個人年金で，保険契約者である被保険者が年金支払開始日前に死亡した場合に，特約により死亡給付金が年金払されるものであり，その被保険者の死亡時に年金の受取方法（年金の種類・支払期間）が確定していないため，相続税評価方法が一時金による評価か年金評価かが争われた事件である。

　第1の事件の高裁の判断は，みなし相続財産に含まれる保険金受給権の「発生時期，内容及び確定時期は，当事者の締結した保険契約に基づいて定まり，これを前提にして相続税の課税物件とされ」るものであり，その性質上，相続開始時に権利内容が確定しているとは限らず，また，財産の評価に時価主義を採用していることにより，「財産が相続財産の範囲に含まれるか否かを私法上の法律関係によって検討する際に考慮し得る事情の範囲が制約

---

(92)　前掲注（64）427頁。

(93)　税務訴訟資料第264号－145（順号12526）。佐藤英明「変額個人年金保険にもとづく死亡給付金の課税関係」TKC情報24巻4号（2015）89頁。

(94)　税務訴訟資料第264号－151（順号12532）。

を受けると解すべき根拠は見当たらない。」とし、保険金受給権取得後に確定した年金内容に従って、定期金として評価することを認めた。本件特約には、死亡給付金支払事由発生後に保険金等受取人が一時金か年金かを選択できる約定はなく、特約の解約により「一時に死亡給付金の支払を受けるのと同様の結果を実現する事態が生ずるとしても、そのような事態を防ぐための法律上の定めもない」とした。

第2の事件の高裁の判断は、「みなし相続財産の場合には、相続人は、みなし相続財産を被相続人から承継取得するのではないから、評価に当たって考慮すべき事情を相続開始時までの事情に限定する論理必然性はない。相続人は、財産取得の法律上の発生原因たる契約等に基づき原始的に取得し、その権利の具体的な内容はその法律上の発生原因たる契約等によって定められるものと解される。」とした。そして、相続税法24条1項は、相続財産を相続開始時の時価により評価するという「原則」を定める相続税法22条の「特別の定め」（例外規定）であり、特約条項に従って相続開始後の履行期までに確定された年金の種類等を考慮して死亡給付金請求権の評価をすることを許容する規定である、とした。

いずれの事件も、相続人が保険契約により受け取る保険金受給権は被相続人の本来の財産ではなく、みなし相続財産であることから、その権利の内容は私法上の法律関係である契約によって決まるものであり[95]、相続開始時に年金支払方法が確定していなくても、受給開始までに確定していることから、一時金ではなく年金払いとして評価するとした。両事件の結論は同じであるが、第1の事件では課税物件に含まれる財産の範囲に着目したのに対し、第2の事件では相続税法24条の評価規定に即した判断をしている。保険金受給権の評価にあたっては、相続税法上の財産の評価時期（相法22条）と当該財産の種類の確定・評価（相法24条）の問題を分けて考慮すべきである。保険事故発生を機に、それまで保険契約者に帰属していた経済的価値は切り

---

(95) 大森・前掲注（11）275頁。

第6章　年金・保険と租税　237

離され，保険金受取人に移転する。保険事故発生前は保険契約者の，発生後は保険金受取人の私法上の権利に着目した課税を行う必要がある。

　平成 26 年 9 月に国税庁から「年金の方法により支払いを受ける保険金の支払請求権（受給権）の相続税法上の評価の取扱いの変更について」が示され，上記裁判の判断に応じた形で従来の取扱いが変更された。すなわち，相続開始時に年金受取方法が未確定の年金払個人生命保険契約または個人年金保険契約に係る保険金受給権は，従来は一時金で評価していたが，変更後は，保険金受取人が相続開始後受給開始前までに指定を行い確定した年金の種類・受給期間等を基礎として評価することとした。同年 10 月に所得税の取扱いの変更が上記の「お知らせ」に追加され，支払請求権（受給権）に基づく年金[96]の雑所得の金額は，所得税法施行令 185 条の規定を適用することとし，相続税の課税対象とされる部分と合わせてその年金額に対応する保険料の額を控除して計算することに変更された。この保険料の取扱いの問題については，第 2 節で触れる。

　平成 27 年度「生命保険に関する全国実態調査」（平成 27 年 12 月発行）によると，個人年金保険への世帯加入率（全生保）は 21.4% であり，個人年金保険の一時払保険料（全生保）の平均値は 690 万円弱となっていることから，上記事件の変額個人年金契約の一時払保険料の金額がいかに大きいかがわかる（第 1 の事件は 3,600 万円，第 2 の事件は 1 億円 2 口）。平成 22 年改正により評価額の乖離の問題は解消されたため，上記事件のように相続税評価額を極端に引き下げる効果は減じられたが，相続税の非課税枠が利用できる点と，保険期間中の運用益課税の繰延ないしは課税されないという課税上の便益は依然として残る。

　前者の点に関しては，先にみた通り，相続税法 3 条のみなし相続財産に含まれる保険契約は，私法に依拠して適用範囲を画しているものの，多様な保

（96）　具体的には，死亡保険金の年金払い，学資保険の保険契約者が死亡したことに伴う養育年金，個人年金保険契約に基づく年金を受給している者で，保険契約等に係る保険料等の負担者でない場合。

険種類が一括りになっているため，非課税枠の適用にあたっては対象から除
外することが課税の公平の見地からは適当と思われるものも結果として含ま
れている。この際の切り分けには，例えば，後述する所得税法の保障倍率を
用いた線引きが一つの方法として考え得る。

後者の点については，いずれの事件でも，約款により死亡給付金は一時払
保険料以上となることが保証されており，他の金融商品との税負担の公平が
問題となる。変額年金の場合，保険料のうち積立保険料部分は特別勘定で個
別に管理され投資信託同様の方法で運用されるため，保険契約者ないしは保
険料負担者への所得（運用益）の帰属は個々の発生段階で確定しているとい
え，投資信託と同様に運用益即時課税が理論上は可能であると考える[97]。

2 所得課税に関する試論

(1) 一時所得課税と非課税所得

現行所得税法上，生命保険契約に基づく死亡保険金の課税関係は，保険契
約者（保険料負担者）と被保険者が同一人で，その者以外の者が保険金受取
人の場合は，相続税の対象となり，所得税は非課税である。一方，保険契約
者（保険料負担者）が保険金受取人で，その者以外の者が被保険者である場
合は，保険金受取人に所得課税される。

明治20年創設の所得税法において，「営利の事業に属せざる一時の所得」
が課税対象外とされて以来，昭和22年度第一次改正でも，「営利を目的とす
る継続的行為から生じた所得以外の一時の所得」は引き続き課税対象外とさ
れたため，この間生命保険金の受領に対しては所得税が課されていなかった。
その後，「財政需要の増大に対応」して，「収支の均衡を図り，財政の強化に
資すると共に，経済諸情勢等の推移に応じ，国民租税負担の公正を期する等

---

(97) この問題に関しては，渋谷雅弘「生命保険に関する税制」日税研論集41号
　　(1999) 101頁，矢田公一「最近の生命保険商品の動向と課税上の取扱いに関
　　する一考察－変額保険，ユニバーサル保険などを中心に－」税大ジャーナル
　　21号117頁，辻美枝「変額保険をめぐる所得税法上の問題点－米・英・独の
　　比較法分析を中心として」法学ジャーナル74号 (2003) 337頁ほか。

第 6 章　年金・保険と租税　239

のため」，追加予算として，昭和 22 年第二次所得税改正が行われた[98]。この第二次改正で，所得税の課税対象範囲を拡張し，「営利を目的とする継続的行為から生じた所得以外の一時の所得」（一時所得）も課税対象に含められることとなり，一時所得であっても原則課税とされた[99]。ただし，「贈与，遺贈または相続により取得したもの，生命保険契約に基き死亡を原因として支払を受けた保険金，傷害保険契約または損害保険契約に基き支払を受けた保険金，損害賠償により取得したもの，慰藉料その他これに類するもの」は「恒久的に非課税所得」とされた[100]。

　この一時所得への新たな課税とともに非課税所得を設置することに関しては，昭和 22 年 11 月 25 日第 1 回国会衆議院財政及び金融委員会において，大要次のように説明されている。殊にインフレーション過程においては，営利でない場合の一時所得にいろいろな現象を一応取りこみ，その中から死亡した際の保険金，傷害保険金あるいは贈与等，「はずすべき必要のありますものははっきり税法上からはずす」ことにし，「この税法の原則が転換され」ても，「かなりきわ立った場合に課税を逃すというおそれがあるだけで」あり，「その点はむしろ従来の課税より，一段と適正に課税を徹底することができる」とした[101]。昭和 22 年第二次改正法での非課税所得の規定ぶりおよび上記委員会の説明では，いかなる理由による非課税なのか，死亡保険金と傷害保険金を非課税とする理由が区別されているのか，判然としない。

　昭和 25 年所得税法改正により，旧法の非課税所得のうち「生命保険契約に基き死亡を原因として支払を受けた保険金」が削除され，「相続，遺贈又は個人からの贈与に因り取得したもの」の括弧書きに「相続税法の規定によ

---

(98)　昭和 22 年 11 月 17 日第 1 回国会参議院財政及び金融委員会会議録第 32 号 1 頁，栗栖赳夫大蔵大臣による改正理由説明。

(99)　前掲注（98）会議録 2 頁，栗栖赳夫大蔵大臣発言。一時所得につきその沿革を踏まえた検討については，佐藤英明「一時所得の要件に関する覚書」金子宏他編『租税法と市場』（有斐閣・2014）220 頁以下。

(100)　大蔵省主税局調査課『所得税・法人税制度史草稿』（1955）199 頁。

(101)　昭和 22 年 11 月 25 日第 1 回国会衆議院財政及び金融委員会会議録第 39 号 248 頁，前尾繁三郎大蔵事務官発言。

り相続・遺贈又は贈与に因り取得したものとみなされるものを含む」という
文言が挿入された。この改正については，「死亡を原因とする生命保険契約
についての実際上の取扱いは旧法と全く同様である」(102)とされている。そ
うすると，昭和22年当初から，現行の取扱いと同様に，みなし相続財産に
含まれる生命保険契約に基づく死亡保険金と，傷害保険契約または損害保険
契約に基づく保険金は，明らかに区別されていたことがわかる。一般に，前
者の非課税は相続税の対象となることによる二重課税の調整であり，後者は
損害の補償であり所得ではないことを理由とされる(103)。昭和22年当時，
相続税は遺産税方式を採っていたため，直接的には同一人に対する相続税と
所得税の二重の課税が生じていたわけではない。この点に関しては，「広い
意味での二重課税の調整のほかに，相続，贈与等による恩恵的利得は所得に
含まれないとする伝統的な所得概念の影響」の可能性を示唆する見解があ
る(104)。昭和25年改正による遺産取得税方式移行後においては，相続人等
が相続等（みなし相続を含む）により経済的価値を取得したことに担税力を見
出し，それに相続税を課すことで所得税を補完するため(105)，当該相続人
等の所得税の課税に際しては相続税の対象とされたものを非課税とする，と
とらえることができる(106)。生命保険年金受給権に関する平成22年7月6

---

(102) 平田敬一郎・伊原隆・吉田信邦『新税法と再評価法』（関西経済連合会・
　　　1950）23頁。

(103) 金子宏『租税法（第22版）』（弘文堂・2017）189頁。

(104) 注解所得税法研究会編『注解所得税法（五訂版）』（大蔵財務協会・2011年）
　　　835頁。この箇所では，金子宏名誉教授の「相続，贈与等による恩恵的利得
　　　を，概念上所得には含まれないと考えたためかどうかは明らかでないが，所
　　　得税の対象から除外し，相続税・贈与税の対象としている」（金子宏『所得概
　　　念の研究』（有斐閣・1995）49頁）という記述を引用しつつ，説明している。

(105) この点に関しては，「現行方式は相当高額の財産集中のみ排除し，税収確保は
　　　あまり重要視されておらず，所得税の補完としての機能もかなり限定的であ
　　　る。」との見解がある（高橋祐介「相続税の税額計算方式（課税方式）の現状
　　　と問題点」税研25巻6号（2010）35頁）。

(106) 相続税・贈与税の性質の捉え方として，「これは仮説にすぎないが，筆者は，
　　　わが国のように相続等による経済価値の取得に対して課税することとしてい
　　　る場合には，相続税・贈与税は，財産税ではなく，取得税（担税力の増加を

第6章　年金・保険と租税　241

日最高裁判決[107]は，これに近い判断を示している。

　当該最高裁判決では，所得税法9条1項15号（現行16号）にいう「相続，遺贈又は個人からの贈与により取得するもの」とは，「相続等により取得し又は取得したものとみなされる財産そのものを指すのではなく，当該財産の取得によりその者に帰属する所得を指すものと解され」，「当該財産の取得によりその者に帰属する所得とは，当該財産の取得の時における価額に相当する経済的価値にほかならず，これは相続税又は贈与税の課税対象となるものであるから，同号の趣旨は，相続税又は贈与税の課税対象となる経済的価値に対しては所得税を課さないこととして，同一の経済的価値に対する相続税又は贈与税と所得税との二重課税を排除したものであると解される。」とする。さらに，相続税法3条1項1号にいう「保険金には，年金の方法により支払を受けるものも含まれると解されるところ，年金の方法により支払を受ける場合の上記保険金とは，基本債権としての年金受給権を指し，これは同法24条1項所定の定期金給付契約に関する権利に当たるものと解され」，相続税法24条1項1号の規定により計算した当該年金受給権の価額は，「当該年金受給権の取得の時における時価（同法22条），すなわち，将来にわたって受け取るべき年金の金額を被相続人死亡時の現在価値に引き直した金額の合計額に相当し，その価額と上記残存期間に受けるべき年金の総額との差額

　　　基準としている点で所得税の補完税）の一種として理解するのが妥当なのではないか」との指摘がある（金子宏『所得概念の研究』（有斐閣・1995）57頁）。

(107)　最高裁第三小法廷判決（民集64巻5号1277頁）。「特集　生保年金二重課税最判のインパクト」（ジュリスト1410号（2010））所収の論文，佐藤英明「年金払方式の保険金の課税関係－最三小判平22.7.6を契機として」（金融法務事情1908号（2010））26頁，判例速報（金融法務事情1908号（2010））74頁ほか。最高裁判決前にこの問題を検討したものとして，辻美枝「生命保険をめぐる相続税法および所得税法上の諸問題」税大ジャーナル13号（2010）65頁以下とそこで引用している文献。木村弘之亮「特約遺族年金方式の保険金のうち，相続税を課しうる年金元本と所得税を課しうる年金収益－最判平成22年7月6日年金二重課税事件とその数理」租税研究733号151頁，同「保険年金二重課税判決後の還付金」ジュリスト1415号100頁では，金融数学を用いて分析している。

は，当該各年金の上記現在価値をそれぞれ元本とした場合の運用益の合計額に相当するものとして規定されているものと解される。」として，「これらの年金の各支給額のうち上記現在価値に相当する部分は，相続税の課税対象となる経済的価値と同一のものということができ，所得税法9条1項15号により所得税の課税対象とならない」と判断した。

(2) 支払保険料控除の妥当性

すなわち，最高裁は，被相続人の死亡により生命保険契約等に基づき保険金受取人である相続人等が取得するのは保険金受給権という権利であり，その経済的価値は相続税の課税対象とされるため，所得税を非課税とすることにより二重課税を排除し，そのうえで，その経済的価値の評価は，年金受給権の価額として相続税法24条1項1号の規定により計算し，その価額と年金受給総額との差額は運用益として相続人等の所得税の計算に含まれると判断した。最高裁判決後，平成23年税制改正で所得税法施行令185条が改正され，相続等に係る生命保険契約等に基づく年金に係る雑所得の金額の計算方法を明確化し，「相続税等の課税対象部分以外を所得税の課税対象とするために」，当該年金額を課税部分と非課税部分に振り分けたうえで，「相続等以外の場合と同様，必要経費として収入金額に対応する支払保険料を控除して計算する」こととなった[108]。この取扱い変更は，最高裁の判示した内容に適合しているのだろうか。すなわち，最高裁は，相続税法24条1項1号の規定により計算した当該年金受給権の価額と残存期間に受けるべき年金総額との差額が各年金の現在価値をそれぞれ元本とした場合の運用益の合計額に相当するとしたのであって，さらにそこから必要経費として被相続人負担の支払保険料を考慮する必要があるのだろうか。支払保険料の必要経費計上に関しては，「支払保険料の総額が年金受給権価額（平成22年改正前の相続税法24条1項1号の規定では，実勢の金利水準に照らしてかなり低額の評価額が法定されていた）を上回っている場合に，過徴収額の還付ではなく，逆に追徴課

---

(108) 『平成23年版改正税法のすべて』（大蔵財務協会・2011）175頁，187頁。

第6章　年金・保険と租税　243

税をしなければならなくなる事態を避けるために採られた方策とも考えられ
る」とする一方で，被相続人の支払保険料を課税上控除することの理論上の
当否について議論の余地ありとの見解がある[109]。

　被相続人である保険契約者の当該保険契約との関係は保険事故の発生（被
相続人の死亡）により終了し，代わって年金受給権を当該保険事故発生によ
り保険金受取人が固有の財産として取得し，その経済的価値がみなし相続財
産として相続税の課税対象に含まれるのである。保険金受取人はそれを「元
本」として事後の年金を受け取るため，被相続人の負担した保険料は保険事
故発生後の年金受取人の「運用益」相当額の所得の形成に間接的に貢献して
いるが，所得金額の算定には関係がない。よって，被相続人の負担した保険
料を年金受給の際に必要経費としてさらに控除する必要はないと考える[110]。

　むしろ保険料を考慮すべきは，保険事故発生時における保険金請求権に対
する所得課税においてであり，現在この部分の課税は空白である。この課税
関係は，保険契約者である被相続人側で課税する場合と保険金受取人である
相続人側で課税する場合が考えられる[111]。いずれによるべきかについては，
本来的には保険契約者である被相続人側で課税すべきと考える。第1節（4）
でみた保険契約者への課税関係，さらには保険会社の受取配当等益金不算入
制度の特例などでは，保険事故発生前の段階において保険契約者への保険に
係る経済的利益の移転ないし所得の帰属を考慮するものである。平成27年
度法人税改正において，受取配当等の益金不算入制度について，非支配目的

---

(109)　判例速報・前掲注（107）74頁
(110)　佐藤・前掲注（107）26頁。
(111)　この点に関して，水野・前掲注（51）115-116頁。佐藤英明教授は，「立法で
　　　被相続人への課税を定めるのであれば別論，現行法においては，課税できな
　　　い結果となると解するほかはなかろう。」とされる（佐藤・前掲注（107）26
　　　頁）。同じく，岡村忠生教授は，保険金に関する所得課税がなされない点につ
　　　いて，立法政策論として見直すべきとしたうえで，保険（保険金受給権）が
　　　相続または贈与により受取人に移転したと構成し，取得費引継（所法60条1
　　　項1号）を導入することを一つの方法として提案されている（佐藤英明編
　　　『租税法演習ノート（第三版）』（弘文堂・2013）105頁）。

株式等に係る配当等の区分が設けられ，不算入割合が大幅に減じられた。しかし，「保険会社は，保険契約者のために株式等への運用を本業として行う側面を有しているため」，保険会社の当該区分の受取配当等のうち，保険契約者に帰属しているものと観念できる部分については，従前どおりの税負担とする考慮がなされた[112]。これは，保険会社の受取配当等のうち，一定額については厳密ではないが保険契約者に帰属するものとして法人税法上取り扱うものである。これまでも，所得税，法人税を通じて，保険事故発生までの課税関係において保険契約者を対象とする考慮をしていたことがわかる。

　これとの対比は，相続等により定期預金，株式等その他の金融資産を取得した場合である。この場合に，当該相続等において被相続人等に生じている未実現の利子・配当その他の所得は，実現段階で相続人等に課税されることになる（所法67の4）。この規定は，平成23年度改正で設けられた規定であり，「土地，株式等の値上がり益と定期預金の既経過利子等とは本質的に変わるところがないにもかかわらず」，前者には所得税法60条1項の明文規定があり，後者には明文規定がないことから設けられた確認規定とされる[113]。所得税法60条1項の趣旨は，相続等では，「その時点において資産の増加益が具体的に顕在化しないため」，相続等による取得者が引き続きこれを所有していたものとみなし，その後，資産の売却などにより増加益が顕在化した際に，その時点で増加益を捕捉して課税しようとするものである[114]。これらの財産は被相続人の本来の相続財産であるのに対し，保険の場合は，保険事故発生により生命保険契約に関する権利が保険契約者（保険料負担者）である被相続人の財産から切り離され，保険受給権として保険金受取人たる相続人の固有財産を形成する。そのため，被相続人段階の権利の価額がその時点で一旦確定的になることにより，被相続人への課税が可能であると考える。この場合，契約により実現した収益とはいえないため，課税を行うには立法

---

(112)　『平成27年度改正税法のすべて』（大蔵財務協会・2015）512頁。
(113)　前掲注（108）200-201頁。
(114)　最判平成17年2月1日（税務訴訟資料　第255号-37（順号9918））

第6章　年金・保険と租税　245

上の対応が必要となろう。

　死亡保険金と支払保険料との差額への課税関係を考慮する場合には，保険契約者である被相続人の段階で課税対象となる金額は，解約返戻金相当額とそれまでに負担した保険料の差額であろう。ただし，保険料は解約返戻金の原資となる積立保険料以外に危険保険料と付加保険料から構成され，かつ生命保険契約の保険料は平準保険料方式によるため保険期間当初の保険料が割高となっていることから，通常その保険料の構成要素を無視して支払保険料全体を対象とする場合には先の差額は出ず，結果として課税されない可能性がある。解約返戻金相当額を基準にするのは，保険金額のうち純粋な死亡保障に相当する部分は，保険契約者である被相続人が保険料を支払い，保険契約を継続していたために享受できるものではあるが，保険事故発生により，保険金受取人に対し，その有する保険金請求権に基づき支払われるものであり，かつ，被相続人のみならず，その保険種類に加入している他の者が負担する危険保険料も貢献しているからである。補足的に相続法の観点からすると，保険金請求権への相続法上の贈与・遺贈の持戻または減殺制度の適用上，保険金額説，解約価額説または保険料額説の学説の対立があるところではあるが，有力な解約価額説では，実質的には「契約者の死亡の当時における解約価額に相当する金額」の贈与・遺贈があったものと解し，当該金額が「契約者の死亡の当時において契約者が保険契約に関して有した財産の現在価値」にほかならないとする(115)。この観点からも，課税にあたっては解約返戻金を基準とすべきといえよう。ただし，結果として，支払保険料との関係から，死亡保障の要求の強い保険の場合には課税されず，貯蓄性の高い保険にのみ課税が及ぶであろう。

　また，変額保険を例にとると(116)，変額保険の保険料は一般勘定と特別勘定に区分して管理運用される。特別勘定は保険契約者別に管理され契約者の

----

(115)　大森忠夫・三宅一夫『生命保険契約法の諸問題』（有斐閣・1958）59-60頁。
(116)　変額保険と所得課税については，矢田・前掲注（97）117頁，辻・前掲注（97）337頁。

指示に即して決められたファンドで運用されるものであり，運用益がそのま
ま特別勘定に組み込まれる。この場合の運用益は発生時に保険契約者に帰属
し課税することが可能である。特に，本稿でみた裁判例の一時払変額年金保
険は貯蓄性が高いものであり，相続税ないし所得税課税の負担軽減策として
利用されているとすれば，保険事故発生前の段階で，保険契約者である被相
続人に対して，その有する生命保険契約に関する権利の価値増加部分に所得
課税する立法的対応をとるべきであろう。このような保険期間中の保険料の
運用益部分に対する保険契約者への課税は，貯蓄性ないし投資性の高い保険
に限定してドイツや米国で行われている方法でもある[117]。当該運用益部分
の抽出は，保険料に含まれる貯蓄部分から生じる予定利息と予定利率超過利
息（ドイツ），課税年度中の正味解約返戻金の増加額に生命保険保障費用額
（被保険者の保険費用または危険保険料）を加算した合計額から当該課税年度の
支払保険料を控除して計算した利殖部分（米国）として課税をするものであ
る。これらの課税の理由は，ドイツでは貯蓄形態の生命保険に対する課税上
の優遇を排除することにあり，米国では投資重視の保険の発行を抑制するこ
とにある。

　このような貯蓄性ないし投資性の高い保険に限った特別な課税上の取扱い
は，日本でも生命保険への所得課税においてすでに取り入れられている。例
えば，昭和 62 年度税制改正で，「金融資産に係る選択を攪乱しないようにす
る見地から」[118]導入された金融類似商品等への源泉分離課税（租特法 41 条の
10，所法 174 条，209 条の 2，209 条の 3）の対象となる生命保険契約や，生命保
険料控除の適用除外となる保険契約（所法 76 条 5 項 1 号，3 号，所令 209 条 1 項，
2 項）であり，基準として参考になる。源泉分離課税の対象となる生命保険
契約は，保険料一時払もしくはこれに準ずる方法で支払うもの，かつ，保障

---

(117)　ドイツおよび米国の生命保険への所得課税については，辻美枝「生命保険に
　　　係る個人所得課税上の諸問題」生命保険論集 190 号（2015）33 頁。
(118)　昭和 62 年 12 月 23 日「昭和 62 年度税制改正に関する答申」，『昭和 62 年度版
　　　改正税法のすべて』（大蔵財務協会・1987）100 頁。

第6章　年金・保険と租税　247

倍率が一定のもののうち，保険期間が5年以下のものおよび保険期間が5年
超のものでその保険期間の初日から5年以内に解約されたものである（所法
174条1項8号）。保障倍率要件は，生命保険契約等に係る死亡保険金のうち，
災害死亡等[119]を保険事故として支払われる死亡保険金の額と疾病または傷
害に基因する入院・通院に係る給付金日額にその支払限度日数を乗じた金額
の合計額の満期保険金の額に対する割合が五未満であり，かつ，当該死亡保
険金以外の死亡保険金の額の満期保険金の額に対する割合が一以下であるこ
と（所令298条6項1号，所規則72条1項）である（損害保険契約等に係る保険金
については，所令298条6項2号，所規則72条2項）[120]。寿命による死亡に基づ
き支払われる保険金は除かれており，保険期間が5年と短く，貯蓄性の高い
保険のみが対象となる。生命保険会社と締結した保険契約とこれに類するも
のという契約主体による切り分けに基づく課税ではなく，このような保険の
実質的内容に応じた課税をすべきであろう。

(3)　死亡保険金と傷害保険金

　保険金受取人以外の者が負担した保険料に対応する部分の保険金の課税上
の取り扱いは，保険金受取人の立場から，死亡保険金についてはみなし相続
財産またはみなし贈与財産に含まれ，非課税枠の範囲内で相続税非課税とな
り，それら以外の死亡保険金は基本的に所得課税される。一方，死亡に基づ
かない傷害保険金はみなし贈与財産に含まれず，所得税法9条17号の適用
により所得税が非課税とされる。ここでの非課税所得には，傷害保険金，す
なわち身体の傷害に基因して支払を受ける保険金等が含まれる（所令30条1
号）が，死亡保険金（みなし相続・贈与財産に該当しないもの）が文理上含まれ
るとは解されない。課税実務上も，死亡保険金は，「身体の傷害に基因して

---

(119)　災害，不慮の事故，感染症の予防および感染症の患者に対する医療に関する
　　　法律に規定する一類感染症，二類感染症もしくは三類感染症または悪性新生
　　　物による人の死亡または高度の障害をいう。
(120)　生命保険料控除の対象とならない保険契約等は，保険期間が5年未満のいわ
　　　ゆる貯蓄保険や貯蓄共済である（所法76条5項1号，3号，所令209条1項，
　　　2項）。

支払を受けるもの」には該当しないとする（所基通9-20）。死亡は傷害の程度を現わす事象であるとすれば、非課税所得に傷害保険金が含まれる一方で死亡保険金が含まれないとすることに対する合理的な説明が難しい[121]。この点につき、保険金受取人と保険料負担者とが異なる場合の死亡保険金は、「相続税法の規定によりみなし相続財産（同法第3条第1項）又はみなし贈与財産（同法第5条第1項）とされることとの関係等から、従来からいわゆる死亡保険金については非課税としていなかった取扱いを明確化したものである。」[122]と説明される。これに対しては、相続税との関係で、みなし相続財産となる傷害保険契約に基づく死亡保険金については、法定相続人1人につき500万円の相続税の非課税枠が設けられていることとのバランスをいかに考えるかという指摘がある[123]。みなし相続財産に該当する死亡保険金は相続税の課税対象とされるが非課税枠があるのに対して、傷害保険契約に基づく死亡保険金は非課税とされず所得課税に服する。保険の本来の保障という側面からみるとどうであろうか。

　非課税所得とされる保険金等で「身体の傷害に基因して支払を受けるもの」には、自己の身体の傷害に基因して支払を受けるもののみならず、その支払を受ける者と身体に傷害を受けた者とが異なる場合であっても、その支払を受ける者がその身体に傷害を受けた者の配偶者もしくは直系血族または生計を一にするその他の親族（以下配偶者等という）であるときも含まれる（所基通9-20）[124]。傷害保険金は、「それが心身に加えられた損害を償うもの

---

(121)　この点に関しては、辻美枝「生命保険買取と所得課税－米国との比較を中心に－」生命保険論集194号（2016）75-114頁およびそこで引用している文献参照。

(122)　森谷義光他『所得税基本通達逐条解説』（大蔵財務協会・2014）86頁。

(123)　注解所得税法研究会編『注解所得税法（五訂版9）』（大蔵財務協会・2011年）841頁。

(124)　介護保険金も、課税実務上、非課税となる給付金に該当するため、親が被保険者、生計を一にする親族が保険金受取人の場合に保険事故が発生し受け取る保険金も、所得税が非課税とされる。（生命保険文化センター「税金に関するQ＆A」（http://www.jili.or.jp/knows_learns/q_a/tax/tax_q2.html）

として支払われるものであるときは，収入があるとして課税することは酷になることから」非課税とされており，その支払を受ける者と身体に傷害を受けた者とが異なる場合であっても，その支払を受ける者がその身体に傷害を受けた者の配偶者等であれば非課税とするのは，「保険金の受取人と被保険者とが同一である場合の保険金とその実質では大差がないのに，自己の傷害によるものではないからとして課税することは，実際上極めて難しく，実務上でも，課税に踏み切ることができない実状であった。」ことによるとされる(125)。一方で，例えば，保険料契約者（保険料負担者），被保険者が夫，保険金受取人が妻である傷害保険契約と，保険料契約者（保険料負担者），保険金受取人が夫，被保険者が妻である傷害保険契約の二つを締結し，これらの保険契約は夫婦のどちらかが先立った場合に残された者の生活保障に資するものであるとする。その場合に，どちらかが傷害を負った場合に支払われる保険金は，いずれも非課税所得となる。さらに，夫が先立ったときには，妻はみなし相続財産として死亡保険金が相続税の対象となり，遺族の保障として非課税とされる部分があるのに対して，妻が先立ったときは，非課税所得に該当せず，夫に所得課税がされる。この課税上の差異の理由を，傷害の場合は課税するのは酷であり，死亡の場合は酷でないとして区別するのは妥当ではないと考える。

Ⅳ　むすびにかえて

　本稿では，高齢社会における保険の機能と課税のあり方について，歴史的背景から生命保険をめぐる課税関係を紐解き，保険の特殊性と他の金融商品との権衡にも配慮した公平な課税となるよう組み立てなおす必要があるとの認識のもと，現行の租税制度を前提に，相続税に焦点をあて，所得税についても相続税と交錯する点に関して検討を行った(126)。

---

(125)　森谷・前掲注（122）85頁。

(126)　渡辺裕泰「相続税廃止の世界的潮流と日本」税経通信2012年5月号17頁で

みなし相続財産課税は，形式的には保険料負担者とみられる保険契約者ではなく，実際の保険料負担者に着目するなど，実質に即した課税を行ってきた。一方，対象範囲は，保険会社の締結する保険契約を基軸に，それに類するものを含めて保険契約として課税上一律に区分し，取り扱っている。高齢社会においては，長生きのリスクへの対応としての保障が求められるが，そもそも生命保険契約の中には，保障性の高いものと投資性または貯蓄性の高いもの（例えば，前者はリビングニーズ特約付き死亡保険，後者は一時払変額年金保険）があり，その種類・内容は多様化している。生命保険金課税の出発点は，所得税・相続税ともに課税の対象となっていなかったことから税負担の回避に利用され，本来の保障目的と異なるところで利用されていたことにある。一つの生命保険契約が関係する期間は相当長期にわたるものであり，その実質が保障のみならず貯蓄性を帯びていることからも生命保険の課税問題は，保険契約開始から相続開始後の受給期間も含めて相続税と所得税を一体的に検討すべき問題でもある。

　生命保険が本来の保障としての機能が歪められ，税負担回避の道具とされないよう，保険契約に関係する者の権利関係をはじめ保険の実質を十分に捉えた課税上の区分をし，その区分に応じた適切な課税を行うことが求められる。

　　は，相続税制度自体に疑問を呈している。本稿での検討は仮に制度変更となった場合でも有効であると考える。

高齢社会における租税の制度と法解釈

第 7 章　高齢社会と信託税制

早稲田大学教授　**首藤　重幸**

Ⅰ　は じ め に

　平成 18 年の信託法改正（平成 19 年 9 月 30 日施行）は，高齢社会に適合的な信託制度の構築を主要な目標の一つにしていた。高齢社会における信託の有用性を示すものとして例示される典型的ケースを紹介しておこう。

　まずは，高齢者の財産保護と福祉という観点からの信託の有用性に関するケースである[1]。重度の知的障害のある 40 歳代の子一人を持つ資産家の高齢女性は，①死亡するまで自宅で平穏に生活を続け，売却はしない，②自分の死後はこの自宅を障害をもつ我が子に承継させる，③子の死後は，支援を受けてきた福祉施設に自宅を寄付したいという，3 つの希望をもっていた（この事例のモデルである東京都杉並区資産家老女失踪事件（朝日新聞 2001 年 5 月 17 日夕刊記事参照）では，高齢女性は希望をかなえることなく，自宅を悪徳業者に詐取され殺害された[2]）。

---

(1)　以下のケース（信託による対応方法も含む）は，新井誠「高齢社会における個人信託制度の必要性」（新井誠編『高齢社会における信託制度の理論と実務』所収，日本加除出版・2017 年）1 頁以下に紹介されている事例を使わせて頂いた。

(2)　前掲注（1）2 頁。

このケースでの①の女性の希望は自宅を信託財産とすることにより，所有権は受託者に移転させたうえで（これにより女性の判断能力の低下につけ込んだ，自宅の詐取等の心配がなくなる），女性が住み続けられる信託を設定することで実現することができる。②の希望は，女性の死亡後は障害を有する子が自宅に住み続けられる信託を設定しておくことで実現でき，さらに自宅の所有権は受託者に帰属することから，子が自宅をだまし取られる危険性がなくなる。③の希望は，平成 18 年の信託法改正の目玉の一つである後継遺贈型信託の手法により，子の死後に残余財産を福祉施設に寄付する内容の信託を設定することで可能となる。

さらに，高齢者の財産運用という観点からの信託の有用性に関するものとして，次のようなケースが紹介されている[3]。賃貸アパートやマンションの建設を検討している高齢者が，自力では建設やその完成後の管理に主体的に対応する自信がないばかりか，建設や管理の途中で認知症になった場合や自分の死亡後の財産承継についての心配もある。そこで，建設から死後の財産承継までの財産運用の体制を建設開始の段階で確立しておきたいという希望をもっている。この場合，信託を活用することで，この体制の確立の希望を確実なものとすることができる。信託によれば，賃貸アパート等の建設資金の確保から管理，さらには認知症となった場合や死後の財産承継につき，高齢者（委託者）の希望を最大限に実現する方向で，一貫した弾力的な受託者による対応が可能となる。

もう一つ，平成 18 年の信託法改正で認められた受益者の存しない目的信託を利用することで，自分の死亡後もペットの世話をしてもらいたいという飼主の希望を実現することができる。ペットの世話料を遺贈することで飼主の死亡後の世話を知人に依頼する方法（負担付遺贈）は，ペットの世話を依頼する家族や知人のいない孤独な高齢者の増加で，この遺贈という方法が利用できない場合がでてきており，信託という方法での飼主の死後におけるペ

---

(3) 小林徹「高齢者財産管理承継における『家族のための信託制度』と『成年後見制度』」（新井編・前掲注 (1) 所収) 76 頁参照。

第7章　高齢社会と信託税制　253

ットの世話を希望するケースが活用され始めているようである(4)。

　以上のようなケースでの信託の有効利用が指摘されている日本の高齢社会
は，周知のように世界的（世界史的にも）に例を見ない速度で進行している。
この進行する日本の高齢社会は，いうまでもなく様々な問題を生み出してい
る。それらの多様な問題の一つに，高齢者層での資産蓄積(5)が進むなかで，
その蓄積された財産の次世代以降への承継についての高齢者の希望をかなえ
る手法としての従来の民法的手法には大きな制約が存在するということが指
摘されてきた（たとえば，いわゆる後継ぎ遺贈は民法の相続にかかわる遺産分割制
度と相容れない等の理由で認められないとされてきた）。さらに高齢化により判断
能力が低下（日本での認知症患者の高齢者の中に占める割合は，各国と比べて高い
ことが指摘されている）したという場合の，たとえば高齢者の財産の保護のみ
に重点をおいた後見人制度では，高齢者の具体的状況にみあった財産の弾力
的運用が難しいという点の問題が指摘されてきた。

　このような高齢者財産の保護という点での従来の法制度の不十分さ，そし
て，高齢者の財産を自己の福祉財産として有効に利用する場合や新たな事業
財産の管理・運用という点で，既存の法制度には様々な問題が出てきている。

　本稿では，信託のなかでも，以上で紹介したケースのような場面で機能す
ることが期待されている，いわゆる「家族信託」を中心に，信託の仕組みや
問題点を検討していく。一般的にいえば，まず信託とは，財産を持つ者（委
託者）が契約または遺言でもって，信頼する者（受託者）に財産の名義を移
し，定められた目的に従って財産を管理・運用・処分をしてもらい，そこか
ら得られる利益を，定められた者（受益者）に給付し，最終的には当該財産

---

(4)　小林・前掲注（3）81頁。なお，目的信託ではなく，飼主の死亡後にペットの
　　世話をする特定の者を受益者とすれば，通常の受益者の存する信託ということ
　　になり，目的信託の20年という信託期間の制限はなくなる（この点について
　　も小林・前掲注（3）81頁参照）。
(5)　高齢者層での資産の蓄積を，資産蓄積のない若い世代との「資産格差」の一つ
　　として，高齢者の蓄積資産を直接的な富の再分配の対象として認識して良いか
　　については，若干の検討が必要である。

そのものを遺したい者（残余財産受益者等）に引き渡すという目的をもつ契約をいう[6]。そして，この信託の種類の分類方法には様々なものがあるが，まずは，民事信託と商事信託に分類される。民事信託は，家族や個人の財産管理・承継，生活の安定等を主たる信託目的とするものであり，それ以外の商取引により収益の獲得等を主たる信託目的とするものが商事信託である[7]。そして，この民事信託が，家族の財産管理・承継，生活の安定等を信託目的とする家族信託と，個人の財産管理，生活の安定等を信託目的とする個人信託に分類される。本稿では，主として，この分類による家族信託が他益信託（委託者と受益者が異なる）の形でおこなわれる領域での贈与税や相続税にかかわる租税制度の紹介と若干の問題を検討する（委託者が自己を受益者とする自益信託を想定しているであろう個人信託にも触れる場合がある）。

1　民法上の贈与・遺言との関係

　たとえば夫が遺言で，残された妻に相続財産を遺贈し，この妻が死亡した後には孫に遺贈するというような，いわゆる「後継ぎ遺贈」をおこなった場合，民法上は妻への単純遺贈であり，孫の相続は被相続人たる夫の単なる希望でしかないと理解されるが通常であろう[8]。これに対して，信託の手法によれば，夫の遺贈（遺言信託）で示された意思である，孫への財産の移転が法的に有効に実現しうることになる。

　さらに，判断能力が十分でない幼い子や，浪費ぐせのある子に親が財産を贈与・遺贈するという場合でも，贈与や遺贈の後に当該財産の使用方法を親がコントロールすることは基本的にできない。これに対して信託によれば親

---

(6)　吉原毅「家族信託の発展と金融機関の対応について」（新井編・前掲注（1）所収）135頁，遠藤英嗣「家族信託の機能と役割」（税務弘報64巻8号・2016年）8頁等参照。

(7)　吉原・前掲注（6）73頁等参照。なお，受託者に報酬を出すか否かは民事信託と商事信託を分類する基準となるものではなく，民事信託の場合にも，信託銀行等が受託者として信託報酬を得る場合，家族が受託者として信託報酬を得る場合，家族が無報酬で受託者となる場合がある（この点のほか，わかりにくい側面がある信託の分類については，同書73頁以下に有益な指摘がある）。

第7章　高齢社会と信託税制　255

が当該財産の所有を受託者の管理のもとに移したうえで，これらの子の状況
に適切に対応しうる方法で子に当該財産の使用させることができる。また贈
与が有効に成立した場合には，通常の贈与においては当該贈与を贈与者が一
方的に取り消すことは困難であるが，信託の場合には信託法の定める「受益
者指定権等」（89条）の制度にもとづき，委託者（親）が受益者の変更をする
という範囲での対応等が可能になる。

　さらに，実務家からは信託制度に比しての遺言制度の脆弱性が指摘されて
いる[9]。遺言は書き換えを容易にできる点が利点である一方で，他方で判断
能力が低下した高齢者が特定の者から書き換えを誘導される危険性がある点
が指摘されている。さらに遺言については，遺言執行人がいても相続人全員
の合意があれば，遺言と異なる内容の遺産分割が可能となる点も，信託に比
しての遺言の脆弱性として挙げられる（もちろん，信託の場合にも信託の効力発
生後，信託の内容の変更は可能であるが，「原則」として，委託者，受託者，受益者
全員の合意が必要であり，財産の管理・運用等を委託する者（遺贈でいえば，遺贈者
に該当する）の意思に反する信託の変更は認められない）[10]。さらに，自筆証書遺
言については，一部の相続人による隠蔽破棄や，相続関係者による遺言無効

---

(8)　最高裁58年3月18日判決（判例時報1075号115頁）は，甲が所有する不動
　　産を，まず妻乙に遺贈し，乙の死亡後は甲の兄弟である丙らに承継させるとの
　　自筆証書遺言を作成していた事案につき，本件遺言の解釈につき以下の4つの
　　考え方がありうることを示し，この遺言による遺贈を単純に「跡継ぎ遺贈」と
　　して以下の（i）の理解に立った原審の判決を，法令解釈を誤った違法もしく
　　は審理不尽の違法があるとして破棄し原審に差戻した。そこで示された4つの
　　考え方は，（i）乙への単純遺贈（丙らへの後継ぎ遺贈は単なる希望），（ii）
　　乙への負担付き遺贈（丙への所有権移転を債務として負担）（iii）丙らへの停
　　止条件付き遺贈（乙の死亡を条件），（iv）丙らへの不確定期限付き遺贈（乙の
　　死亡が不確定期限）というものである。
(9)　遠藤・前掲注（6）13頁以下参照。
(10)　「遺言信託」の方法による委託については，委託者の地位を相続人は相続しな
　　いこととされているので（信託法147条），このことから委託者死亡後の信託
　　の変更はできないことになる。ただし信託の目的に反しない場合や，信託行為
　　に委託者死亡後の変更について特別の定めがある場合（同条但書）には，遺言
　　信託の場合にも，信託の変更が可能となる。

訴訟の提起が少なくないことも遺言の脆弱性として指摘されている[11]。

このように，家族信託の領域でいえば，信託という手法の利点は，従来の遺贈や贈与による財産移転の方法と比べて，将来にわたる財産移転についてのより確実なコントロールが可能になるということである。

2　信託と成年後見制度との関係

判断能力が減少した高齢者の財産管理のための信託の機能は，成年後見制度による被後見人等の財産権保護という機能と重複する点がある。後見人は，被後見人の財産を管理するほか，本人に代わって契約を締結したり遺産分割協議を行うなどの財産管理にかかわる包括的な代理権を有している。後見人が行う財産管理の目的は，基本的には被後見人の財産の維持・保全であるが，生活費の確保等の必要がある場合には，当該財産の売却その他の処分をすることができる。しかし，被後見人に代わってその者の子に贈与をしたり，遺言を作成するなどのことは認められない。信託と信託制度と成年後見制度との関係を簡単に整理すると以下のようになる[12]。

ⅰ）制度の目的　　信託制度は財産の管理制度であるが，成年後見制度は財産管理のみでなく身上監護にかかわる制度である。

ⅱ）財産の所有名義　　信託においては信託財産が受託者に移転して所有権が受託者に移ることになる（このことから信託財産が不動産の場合には登記の経由がなされるべきことになる）。信託財産の所有権が委託者から分離されるところに信託の特徴があるとともに，また受託者の所有となった信託財産は受託者の固有の財産からも分離され，たとえ受託者が破産した場合などにも，受託者自身の債務の弁済に信託財産が充てられることはない。そして，受託者は信託の目的に従って信託財産を

---

(11)　公正証書遺言といえども，その作成日付の後に自筆証書遺言が作成されることになれば，自筆証書遺言が優先される。

(12)　この整理は，主として小林・前掲注（3）91頁以下に依拠したが，そのほか遠藤・前掲注（6）10頁以下，葭田英人「家族信託の仕組みと課題」（税理2017年1月号・2017年）119頁以下等を参照した。

第7章　高齢社会と信託税制　257

管理・処分するだけであることから，この管理・運用により発生する
経済的価値は実質的には受益者のものとされる。これに対して成年後
見制度では被後見人の財産の所有権の移転はなく，後見人は法定代理
人として被後見人の財産を管理することになる。

ⅲ）財産の監督　　受託者による信託財産の処分・管理が受益者の不利益
にならされないための監視体制は，信託においては「基本的」に受益者
による内部的な制度になっているのに対して（信託監督人の制度なども
ある），成年後見制度にあっては被後見人による内部的な監督は困難
であることから，家庭裁判所や後見監督人による外部的監督という法
的設計がなされている。

ⅳ）制度の運用の開始と終了　　信託は信託契約などの信託行為によって，
その信託の開始時期を任意に設定できるとともに，信託の終了につい
ても委託者の死亡や判断能力の喪失という事態が生じても，信託行為
で定められた期間まで存続する（この信託の特徴は，信託の意思凍結機能
とよばれる）。これに対して成年後見制度における法定後見制度では家
庭裁判所による後見人の選任から開始され，被後見人の死亡によって
終了する。成年後見制度では被後見人の死亡後についての対応ができ
ず，この点に成年後見制度の問題があると指摘される場合がある。

ⅴ）財産の弾力的運用　　信託では，信託行為にもとづいて委託者が判断
能力を失ったり死亡した後でも，受託者は信託財産を投資にあてたり，
土地に賃貸マンションを建設することができる。これに対して，成年
後見制度においては，被後見人の財産を投資にあてたり賃貸物件の建
設に利用することは基本的に認められない[13]。

以上では，成年後見制度に対する信託（家族信託）のメリットを指摘する
整理をしてきたが，信託では受益者の介護や医療にかかわる金銭的管理はで

---

(13)　このことから，たとえば被後見人の財産に株式があるような場合，その株価が
　　暴落するリスクが出てきても後見人は迅速な対応ができず，傍観するしかない
　　場合がでてくる危険性があると指摘されている（小林・前掲注（3）93頁）。

きるが，人間らしい生活の維持や介護施設への入退所，さらには具体的な医療行為にかかわる契約などの直接的な身上監護にかかわる契約等を代理して締結することはできない[14]。このことから，家族信託のメリットに関心を寄せる場合にも，信託と成年後見制度を対立的にとらえるのではなく，同時に，受託者が成年後見制度での後見人になるなどの信託と成年後見制度（法定後見，任意後見）との連携が考えられるべきであると指摘される[15]。

II　受益者等課税信託

1　信託制度の概要

　あらためて信託法にもとづき信託の定義を確認すると，信託契約，遺言，信託宣言[16]のいずれかの方法による信託行為によって，特定の者が一定の目的（専らその者の利益を図る目的を除く）に従い財産の管理又は処分及びその他の当該目的の達成のために必要な行為をすべきものとすることをいうとされる（同法2条1，2項）。信託においては，信託をする者を「委託者」といい，信託行為の定めに従って信託財産に属する財産の管理や処分等の信託の目的のために必要な行為をなすべき義務を負う者を「受託者」，そして信託された信託財産からの給付等を受ける権利（受益権）を有する者が「受益者」とよばれる（同法2条4～6号）。

　信託においては信託財産の財産権が委託者から受託者に移転することに大

---

(14)　能見善久「信託のフロンティア」（信託266号12頁・2016年）は，信託で一切の身上監護ができないというものでなく，受託者が第三者と身上監護委託契約を締結し，それに必要な費用を信託財産から支出するという方法で，信託財産を身上監護のために使うことか可能であることを指摘している。

(15)　新井・前掲注（1）23頁以下，小林・前掲注（3）93頁以下，遠藤・前掲注（6）12頁以下等参照。

(16)　信託契約が委託者と受託者が同一の者ではない場合の両者の契約であるのに対して（契約の成立に受益者の同意は必要ないが，受益者は受益権の放棄ができる），信託宣言は委託者と受託者が同一の者である場合の信託であるので，契約という行為は存在せず委託者の信託の意思表示が公正証書や公証人の認証という方法で確認されることで効力が生じるものである。

きな特徴があり，信託の「財産隔離機能」とよばれ，有効な信託行為の成立
の後に委託者が倒産しても，その影響を信託財産はうけない。もちろん，信
託財産は受託者の固有財産とも分離されて管理されることから，受託者の倒
産によっても影響をうけない。なお，財産権が移転することから，不動産の
信託については信託を登記原因とする登記を経由しておかなければ，この移
転を第三者に対抗できないし，株券を信託財産とする場合にはその旨を株式
名簿に記載・記録しておかなければ同じく権利の移転を第三者に対抗できな
い（信託法 14 条。会社法 154 条の 2）。

2 受益者等課税信託

　信託にかかわる課税形式は，受益者等課税信託，法人課税信託，その他の
受益者課税信託の 3 類型(17)にわけることができるが，信託課税の基本的課
税方式は受益者等課税信託であるということができる。平成 18 年の信託法
の改正を受けて，租税法の信託課税に関する規定も改正されるところとなっ
たが，通常の受益者が存在する受益者等課税信託の場合には理解が容易な税
制になっているものの，そこに「みなし受益者（相続税法では特別委託者とい
う）」や受益者の定めのない信託での課税関係がはいってくると，課税関係
が複雑になり，その理解が容易でない場合もでてくる。

　(a)　受益者等課税信託の基本型

　まず，以下では，受益者等課税信託とされる単純で典型的な具体的事例で
の課税関係を設定して，信託課税の基本形というものを概略的に確認してお
きたい。

---

(17)　信託にかかわる課税方法は，①受益者に対してのパス・スルー課税がなされる
　　「受益者等課税信託」と，②受益者の定めのない信託や，特殊な投資信託，特
　　定目的信託，受益証券発行信託などの集団信託について，信託から生じる利益
　　に法人税を課す「法人課税信託」，③一般的な投資信託，合同運用信託，特定
　　受益証券発行信託などの集団投資信託について，受益者が収益の分配を受けた
　　時点で課税をおこなう「その他の受益者課税信託」の 3 類型となっている。そ
　　して，特定公益信託については非課税措置がとられるが，これを加えれば信託
　　課税の方式は 4 類型となる。

祖父が，所有する賃貸マンション（敷地を含む）を孫に贈与することを考えているが，孫はいまだ学生で十分な経済的判断能力を有しないことから，信託を選択することにした。賃貸マンションを信託財産として，祖父（委託者）の長女を受託者，この孫を受益者として，賃貸マンションの賃料を孫に15年間，支給することにした。そして，15年が経過して信託が終了した場合の信託の残余財産は当該孫に帰属するものとした。

　このような場合の法関係は以下のようになる。信託法上は信託財産が受託者に移転するとされるが，課税上は委託者から受益者に贈与がなされたものとされる（この信託が遺贈でなされる場合には，委託者から受益者が相続したものとして課税がなされる）のであり，信託を選択することで税負担の軽減が発生することはない。

(i)　信託法　　信託法上は，賃貸マンションの所有権は受託者たる長女に移転することになり，信託財産となっていることを第三者に対抗するためには移転登記を経由しておく必要がある。

(ii)　相続税法　　信託の効力が生じたときに受益者となる者は，信託に関する権利を委託者から贈与により取得したものとみなすとの相続税法9条の2第1項により，孫には贈与税が課されることになる。そして，この受益権の相続税評価については，相続税法9条の2第6項が，受益者が「信託財産に属する資産及び負債を取得し，又は承継したものとみな」すとすることから，当該賃貸マンションの通常の相続税評価によることになる[18]。通常の不動産が贈与される場合には，受贈者に所有権が移転することから受贈者は受贈後であれば当該不動産を譲渡できるが，信託の場合には受益権の贈与とみなされることから，受益者に当該不動産の処分権はない。通常の贈与（所有権の移転）と信託課税の場合の贈

---

(18)　この事例で，賃貸マンションの建設のための借入金債務も同時に信託した場合には，負担付き贈与とみなされ，この場合の課税価格は，その贈与の時における通常の取引価額に相当する金額から負担額を控除した価額によることになるものと思われる（相基通9−11，21の2−4，平元直評5外）。

第 7 章 高齢社会と信託税制 261

与（受益権の付与）には，その法的性格に大きな差異があるが，受益権
の相続税評価は処分権等の制限がない通常の贈与と同様な評価がなされ
る。

　そして，信託が終了した時点での課税関係について相続税法 9 条の 2
第 4 項は，信託契約によって残余財産が帰属すべきものとされている
者(19)に対しては，受益者から残余財産の帰属者に対する贈与（受益者の
死亡で信託が終了した場合には遺贈）がなされたものとみなすと規定して
いる。このことから，設定した事例では残余財産が給付されて帰属する
者に贈与税が課せられることになりそうであるが，同条括弧書きは，残
余財産の帰属者が信託の終了直前の受益者であった場合には贈与はなか
ったものとしていることから，受益者と残余財産帰属者が同一の者であ
り，実質的に財産の移転はないものと考えられるので贈与税の課税はな
されないことになる（それゆえ，受益者と残余財産帰属者が異なる者である
場合には，信託の終了のさいに残余財産帰属者に贈与税（遺贈による信託の終了
の場合には相続税）が課税されることになる）。

(ⅲ)　所得税法　　受益者たる孫には，毎年一定の賃料が支給されるが，こ
れについては所得税が課されることになる。事例で設定したような家族
信託（受益者等課税信託）での受益者は，当該信託の信託財産に属する資
産及び負債を有するものとみなし，かつ，当該信託財産に帰せられる収
益および費用は受益者の収益および費用とみなして所得税が算定される

---

(19)　信託終了時の信託財産の取扱いについては，信託契約等による信託行為によっ
　　て帰属権利者か残余財産受益者を定めておくことができ，この定めがない場合
　　には委託者（委託者が死亡している場合はその相続人その他の一般承継人）に
　　信託財産が帰属する旨の定めがあったものとみなされる（信託法 182 条 2 項）。
　　残余財産の処理にかかる本文の事例の孫は帰属権利者であるが，信託終了まで
　　は信託の残余財産について信託法上の権利を有していないものとされることか
　　ら，孫の帰属権利者としての部分は，信託終了までは課税関係にかかわってこ
　　ない。これに対して残余財産受益者は信託終了時での残余財産の受益権が保証
　　されていることから，信託法上は「受益者としての権利を現に有する者」とし
　　て，信託終了前でも所得税や相続税等の課税関係が生じることになる。

ことになる（所得税法 13 条 1 項）。いわゆるパス・スルー課税がなされることになる。

(b)　受益者連続型信託の受益者等課税信託

従来の民法上の遺贈では，相続財産を配偶者に相続させ，配偶者が死亡した時には孫に相続させるというような内容の遺贈（後継ぎ遺贈）は認められないとされてきた。平成 18 年の信託法改正は，このような遺贈を実現できる手法として受益者連続型信託を認めるところとなった[20]。信託法 91 条の定める連続信託は，受益者の死亡により他の者が新たに受益権を取得する旨の定めのある信託であるが，相続税法は，これに委託者が受益者を変更する権利を有する定めのある信託（信託法 89 条 1 項）もあわせて「受益者連続型信託」と定義している（相続税法 9 条の 3）。

相続税法は，ここでの受益権が順次，移転してゆく受益者連続信託については，移転のたびに通常の相続税を課すものとしている[21]。

3　みなし受益者（受益者の範囲）

現行の所得税法，法人税法，相続税法は，受益権を「現に有する者」のほかに，「みなし受益者」を受益者に含めている（所得税法 13 条 2 項，法人税法 12 条 2 項，相続税法 9 条の 2 第 5 項）。受益者とみなし受益者を含めて，「受益

---

(20)　家族信託にかかる実務書の多くで，受益者連続信託の利用方法として，子供のいない夫婦の場合における遺言信託の有用性が解説されている。夫が死亡して妻が全財産を相続するという場合に，妻が死亡した場合には，夫が妻の親族に良い感情をもっていなくても，妻の財産は妻の親族に相続されることになる。これを避けたいと夫が希望するのであれば，妻の死亡後は夫の親族（たとえば夫の兄弟）を受益者とする受益者連続信託を設定することで，夫の「家系」に財産が引き継がれる希望が実現されるというものである。受益者連続信託の特徴を説明する一例としては興味深い。なお，受益者連続型信託の課税をめぐる問題点については，渋谷雅弘「受益者連続型信託等について」（日税研論集 62 号・2011 年）199 頁以下参照。

(21)　この受益者連続型信託課税については，一度に何世代もの親族に遺贈するよりも，受益権が移転するたびに遺産の課税価格にかかる基礎控除が使えることから有利であるとする見解もあるが，そもそも処分権が制限されている受益権が制限のないものとして順次評価されて課税されるという点の問題がある。

者等」とされる

　相続税法では，「信託の変更をする権限（軽微な変更権限は除く）を現に有し」，かつ，「信託財産の給付を受けることとされている」者は，信託行為によって受益者と指定された者と同等の地位に立つ者として，みなし受益者（相続税法では特定委託者という）として受益者としての受益者課税関係のもとにおくと定めており（相続税法9条の2第5項），所得税法や法人税法も同様の規定をおいている（受益者とみなし受益者を含めて，「受益者等」とされる）。

　「信託財産の給付を受けることとされている」とのことについては，信託の変更をする権限を有する者が帰属権利者である場合や，信託行為に残余財産受益者もしくは帰属権利者[22]が指定されていない場合，さらには信託の変更権限を有する者が停止条件付きで信託財産の給付をうける権利を有するとされている場合を指し，これに該当すると，みなし受益者（特定委託者）となる（所得税法施行令52条3項・所基通13-8，法人税施行令15条3項，法基通14-4-8，相基通9の2-2）。たとえば，信託の変更権を有する委託者が帰属権利者（信託が終了するまで受益者とされない）である場合，当該委託者は信託の変更権限を有していることから，課税上は実質的に残余財産受益者と同様と考えて受益者とみなすこととされたものである[23]。また，残余財産受益者もしくは帰属権利者が指定されていない場合，残余財産は委託者に給付されることから（信託法182条2項），このような場合の委託者もみなし受益者（特定委託者）とされる。

　さて，委託者（みなし受益者のほとんどは委託者である）がみなし受益者となった場合，受益者課税信託における受益者課税の前提である，受益権の案分はどのように考えるべきであろうかという問題がある。みなし受益者が認定される場合の受益者課税関係については，てがかりとなる法の定めも通達も

---

(22)　残余財産受益者と帰属権利者の差異は，前者は現に受益権を有する者であるが，後者は信託が終了するまで受益者ではない。帰属権利者は，信託の清算中は受益者とみなされる（信託法163条6項）。

(23)　笹島修平『信託を活用した新しい相続・贈与のすすめ（3訂版）』（大蔵財務協会・2015年）246頁以下参照。

存在していないことから，困難な問題がのこされているといえる[24]。

4　複数の停止条件付きの受益者の課税関係

たとえば祖父が，賃貸不動産を信託財産，孫2人（A，B）を受益者とし，受益権は各2分の1とする信託を設定することにしたが，受益権の発生は大学に合格することを停止条件とした。信託の効力が発生した時点ではAは大学に合格していたが，Bはまだ高校生だったという場合の，受益者等課税信託における課税関係はどのようなるのかという問題がある。さらに，その後にBが大学に合格して受益権を取得することになった場合の課税関係もどのようになるかという問題がある[25]。

この信託は停止条件付きの信託であるから，当初の，いまだBの大学入学という条件が成就していない段階では，Bは受益者ではない。賃貸不動産の家賃が受益権として期間の定めなく毎年支給されるという場合，家賃の半分はAに給付されるが，残りの半分は受託者のもとに留保されることになる。受益者が定まっている信託であるから，受託者のもとに留保された家賃につき課税をおこなう受託者課税がなされるということはない。

相続税法施行令1条の12第3項は，以上のような受益者の受益権が当該信託に関する権利の全部でない場合につき，次のように定める。

受益者が一である場合には，その者が当該信託に関する権利の全部を有するものとし（1号），受益者が二以上存する場合には，当該信託に関する権利の全部をそれぞれの受益者の有する権利の内容に応じて有するものとする（2号）。

これによれば，上記の例では受益権の半分の給付がAになされているに

---

(24)　喜多綾子「信託税制における受益者課税の問題」（税法学568号・2012年）41頁以下は，みなし受益者の規定が，信託を実質的にコントロールすることのできる委託者に対して広く「委託者課税」を適用しようとした旧相続法の残滓であり，現行制度のみなし受益者の範囲について，これを見直すべきとする。

(25)　このような場合の受益者課税のあり方を詳しく検討するものとして，喜多・前掲注（24）50頁以下がある。

すぎないのに，受益権の全部がAに贈与されたものとして，贈与税（遺贈信託による場合は相続税）を負担することになる（所得税については，受益権の実現として実際の給付がなされた部分が所得課税となる（受益者が法人の場合は法人税））。

さらに，その後にBが大学に入学して，信託の効力が生じるための停止条件が成就した場合の受益者課税はどのようになるであろうか。この場合は，相続税法9条の2第2項の定める「受益者の存する信託について，新たに当該信託の受益者が存する至った場合」に該当するであろうから，Bは取得した受益権をAから贈与されたものとして課税がなされることになろう。このような信託における受益者の租税負担を，AとBが共に大学入学を果たした時点で信託財産が通常の贈与の方法で移転したと想定した場合の租税負担と比較するとき，信託という方法は租税負担の軽減には役立たないばかりか，かえって通常の贈与や遺贈よりも税負担が大きくなることがあることに留意する必要がある。

Ⅲ　信託課税の他の問題

1　受益者等課税信託における課税のタイミング

現に受益権を有する受益者が存する場合の，信託の基本型ともいえる受益者等課税信託においては，信託の効力が生じた時点で，信託受益権が委託者から受益者に贈与されたものとされる（委託者の死亡によって信託の効力が生じる場合には遺贈）。このことから，受益者等課税信託による贈与税（死亡による場合は相続税）の納税義務者は受益者となる。この場合，長期の信託期間が設定されることで，その信託の終了までの信託財産の運用により毎年多額の収益が受益者に給付されることが予想される場合，この各年の利益の額を現在価値に割り戻した金額の合計額が贈与税（もしくは相続税）の評価額となる。そして，この評価額が高額になるような場合，贈与とされる場合でいえば，納税義務者たる受益者は，信託による利益が給付される初年度に，その後の信託の全期間中に発生する利益を現在価値に割り戻した額を課税標準とする

多額の贈与税負担が発生するという可能性がある。信託の効力が生じた最初の段階で、受益者が多額の贈与税納付のための納税資金を準備することは、容易ではない場合もあろう。さらには、受益者が委託者の幼い孫であるというような場合、この孫が贈与税を負担することは事実上不可能であろう。以上のような、信託の効力が生じた時点で受益権がもつ経済的価値が受益者に贈与（もしくは遺贈）されたとする課税制度が、家族信託（民事信託）の活用にとって阻害的要因になっていることは疑いのないところである。

委託者の財産の所有権を受託者に移転することで、当該財産を委託者の相続財産から離脱させ、将来の相続税等の負担を軽減しようとする租税回避を封ずるという観点からの、信託の効力が生じた時点での贈与税（相続税）の課税という政策は、相応の合理性をもっている。しかし、商事信託が中心で活用されてきた従来の信託と異なり、現在の高齢社会の到来のもとで家族信託の活用が本格的に考えられなければならない状況のもとでは、信託の効力が生じた時点を基準時とする従来の受益者等課税信託について再検討をする必要がある。

この基準時の変更については様々な提案がなされているが、たとえば渕教授は次のような提案をされている。

民事信託の場合には、原則として委託者に相続が開始するまで、信託財産を構成する個々の資産が委託者に帰属するとみなして、課税関係を考える。これにより、委託者が健在である期間の受益者に対する給付はその都度、委託者から受益者に対する贈与（あるいは扶養義務の履行）として構成されることになる。そして、委託者死亡時に委託者から受益者に対する遺贈があったとみなして、相続税の課税を行うことにする。[26]

信託における課税のタイミングを以上のように考えることについては、現

---

(26) 渕圭吾「民事信託と課税」（信託法研究 37 号・2012 年）79 頁。水野惠子『金融資産・信託財産の課税と理論』（中央経済社・2017 年）は、租税回避等の観点から信託の効力が生じた時に課税するというのであれば、そのときの受益権の帰属は信託財産自体とすべきであり、場合によっては委託者に帰属することとし、受益者には現実に受益したときに課税すべきとする（247 頁）。

行の課税制度による負担税額との比較がどのようなものになるのか，家族信託のメリットを制約することにならないか等の検討が必要であるとしても，信託が相続税等の租税回避の手法として使用される危険性は著しく減少し，受益者の租税負担も信託期間の年数に応じて分散されることにはなろう。

2　信託と遺留分の関係

　民法の遺留分制度は，個人財産処分の自由・取引安全と，家族生活の安定・家族財産の公平な分配という相対立する要求の妥協・調整のうえに成り立っているといわれる。私有財産制のもとでは，人は所有財産につき生前における処分ばかりでなく，遺言により死後処分についても自由に処分することができる。しかし，この遺産処分の自由になんらの制限もないということになれば，自分の死後における家族の生活を犠牲にしても他人に贈与や遺贈をしてもよいということになる。遺留分制度は，この財産処分の自由と家族の生活の安定という相対立する要求を調整しようとするものである。

　しかし，この遺留分制度は，遺言に示された被相続人の意思を制約するばかりか，企業承継(27)や遺贈の対象となる財産が複数存在する場合の遺留分の算定方法のほか，様々な問題を生じさせることになる。このことから，現在，法務省の相続法制検討ワーキングチームでは，遺留分制度の廃止に関する検討（遺留分制度の趣旨を他の制度で担保する方法も含め）がなされている(28)。

　さて，現在存在する民法の遺留分制度は，信託についても適用されることになる。たとえば，夫婦の間に子供が二人いる場合で，夫が遺言信託によって全財産を信託し，受益者を妻としたときには，子供たちは遺留分の減殺請

---

(27)　中小企業の円滑な承継について遺留分制度が阻害的な影響を及ぼす問題については，いわゆる平成21年の「中小企業における経営の円滑化に関する法律」の制定によって民法の遺留分に関する特例が定められたことで，一定の対応策がとられた。しかし，中小企業庁の調査（平成26年3月）によれば，円滑な企業承継のための遺留分の特例制度（遺留分の除外合意や固定合意）を利用する企業数は多くはないようである。

(28)　この報告書は，http://www.moj.go.jp/shingi1/shingi04900197.html を参照。

求を受益者である母に対して請求することができる。この場合，受益者たる
妻は，遺留分の減殺請求によって減額された信託財産の相続税評価額が相続
税の課税対象となる。

なお，遺言信託による信託の効力が生じた時点で受益者が確定している受
益者等課税信託では，信託を遺贈として課税関係を処理することから，受益
権の相続税評価については，そのうちの不動産部分の相続税評価については
小規模宅地等の特例（租税特別措法 69 条の 4）が適用されるし，祖父（委託者）
が孫を受益者とする信託を設定した場合には，評価額の 2 割加算規定（相続
税法 18 条）が適用されることになる。

3　法人課税信託（受益者が存在しない信託課税）

自分の死後のペットの世話を目的として信託をおこなう場合，これは受益
者が存在しえない形態の信託となる。これに対して，まだ誕生していない孫
を将来の受益者とする信託は，信託の設定時点では受益者は存在しないが，
やがて受益者が存することになる。信託課税では，信託の効力が発生した時
点では受益者がいないことから，受託者に課税する制度を採用し，受益者等
課税信託とは異なる法人課税信託という類型で整理されている。この場合の
受託者は個人であっても法人（法人税法 4 条 4 項）とされる[29]。なお，上記
の例の前者の目的信託と，後者の「ある時点で受益者が存在しない信
託」[30]は，ともに（一定時点で）受益者が存在しない信託に属するが，後者
の信託の場合には信託設定時に存在しなかった受益者が後に出現し，逆に設
定時に存在した受益者がいなくなることを予定する信託[31]であり，受益者

---

(29)　法人課税信託については，受託者が個人でも法人とみなされることから，個人
　　　の委託者は法人の設立の届出書を税務署長に提出する必要がある（法人税法
　　　148 条 2 項，149 条 2 項）。受託者が法人の場合にも，別途，法人課税信託のた
　　　めの会社設立の届出書を提出する必要がある。
(30)　佐藤英明「新信託法の制定と 19 年信託税制改正の意義」（日税研論集 62 号・
　　　2011 年）55 頁。
(31)　渡辺徹也「受益者等が存しない信託に関する課税ルール」（日税研論集 62 号・
　　　2011 年）173 頁。

の存在を予定しない目的信託と区別するために「受益者不存在信託」とよばれる。

(a) 目的信託課税

平成18年の信託法改正で大きな注目を浴びたのが「受益者の定めのない信託」（目的信託）である。従来の信託法の解釈としては，信託が成立するための要件として受益者が特定・現存していることまでは必要ないが，受益者を確定しえることが必要であるとされてきた。そこで，公益信託を除いて，受益者を確定できない信託（目的信託）は有効な信託ではないとされることになっていた[32]。

これに対して新信託法258条は，受益者の定めのない信託（目的信託）を設定することを認めた。この信託においては，財産の管理や処分に関する一定の目的だけを定め，受託者はその目的に従って，受託財産の管理又は処分，その他の当該目的の達成のために必要な行為をおこなうことになる。そして，この目的信託においては受益者がいないことから受託者による信託財産の管理・運用を監視する者がいないということになり，信託管理人の指定が義務付けられるなど，信託の監視が強化されている。さらに，受益者が特定されないということで，永久に処分されない財産が出現する懸念があることから，目的信託の存続期間は20年を超えることができないと定められた（259条）。

信託にかかる課税関係は，前述の受益者等課税が基本的なものとされているが，受益者の定めのない信託の場合には受益者等課税が実現できないことから，受託者への課税がなされることになる。この場合，受託者は個人であっても法人とみなされて課税関係が処理されるが，目的信託については当分の間は受託者が法人に限定されている（信託法附則3）。この信託にあっては，所得税や法人税との関係では，受託者は法人とみなされるが，相続税法上は受託者が法人であっても個人とみなされ贈与税や相続税の負担が発生することになる。この関係を具体的な事例でいうと以下のようになる。

---

[32]　寺本振透編『解説・新信託法』（2007年）298頁以下等参照。

Aは，自分の死後もペットの世話を確実に実行してもらうために，B会社（Bは法人であるが，受託者が個人の場合でも法人とみなされる）を受託者として所有不動産を信託財産とした。このような場合，受託者は法人であるので，AからB会社への不動産の移転については，時価により譲渡がなされたものとしてAに譲渡益課税[33]がなされる。これに対応して，Bは受託財産の移転により受贈益が認定され，これに対する法人税の負担が発生する。さらに，相続税法のもとでは受託者は法人であっても個人とみなされ，B会社は贈与税を課せられることになる（この贈与税から，受贈益に対する法人税が控除される）。

　受益者の定めのない信託は，以上のような複雑な信託課税の適用がなされる。これは，上記の事例でいえば，信託の段階で譲渡課税を課さなければAの不動産の値上がり益を清算する機会がなくなる可能性があり，また，受贈益への法人税課税のみであれば，法人税のほうが贈与税よりも税率が低いことから，贈与税の租税回避に信託が利用されることへの対策であるとされている[34]。

　(b)　生まれていない孫への信託

　相続税法では，受益者が存しない信託の課税につき特例（9条の4第1項）を定めているが，生まれていない孫を受益者とする信託も，この類型に属するものと整理される。この信託の効力が発生した時点で，いまだ孫が誕生していない場合には受益者が存しない信託であるが，受益者になる者が委託者の親族である場合には，信託の効力が生じる時（孫の誕生前でも）に受益権が委託者から受託者に贈与（遺言信託の場合は遺贈）がなされたものとする課税関係になる。

　そして，この委託者の親族である孫が誕生して受益者が存することになった場合の課税関係については相続税法9条の5が，当該信託に関する権利を

---

(33)　所得税法6条の3第7号，59条1項1号。

(34)　渡辺・前掲注（31）181頁以下は，租税回避対策としての法人課税信託の合理性に重大な疑念を提示している。

個人から贈与されたものとして贈与税の対象とすると定めている（この場合の個人が誰かについては，法の定めはない）。

　以上のことからすれば，生まれていない孫を将来の受益者とする信託は，信託の効力発生時と孫が誕生した時の2度の贈与税（遺言信託の場合は，相続税と贈与税）の課税関係が発生することになる。このことは，委託者（本稿の関心からいえば高齢者）の財産管理の柔軟性や死後における遺産の運用について，委託者本人の意思を尊重する多様な方法を信託は提供するが，税金の負担という点での軽減メリットはないといってよく，逆に信託を選択することで，租税負担が増加する場合もある。特に，受益者が存在しない信託についての租税制度（法人課税信託）は，租税回避を防止するための定めが張りめぐらされており，信託の機能を害する要素をもっているようにも思われる。

Ⅳ　商事信託による特例

　親の高齢化によって，相続による親の資産の子供や孫への移転時期が遅れ，住宅建設資金や教育資金などで子供達が資金を必要とする時には相続での資金が提供されないことが問題とされてきた。子供達が親の資金援助を必要とする場合には，贈与という方法もあるが，子供達の贈与税の負担が重く，容易に選択できない状況があった。これへの対策として相続時清算課税制度などが導入され，消極的利用にとどまるのではないかとの一部にあった予想に反して活発に活用されているようである。このようなことをみれば，高齢者の生前における資産・財産の移転を阻害している大きな要因の一つに課税問題があることは明らかであろう。このような財産移転を阻害する租税の壁を低くする相続時精算課税制度などは，高齢化社会における高齢者層の保有する資産の有効活用という点から評価しうる制度である。しかし，近時の高齢社会における高齢者層の保有資産の有効活用を考える場合，判断能力が減少した高齢者の急激な増大という重要な要素の存在の認識が必要である。この近時の新たな社会状況に対応するべく創設された成年後見制度の重要性はい

うまでもないが，その成年後見制度でも対応できない領域を家族信託制度が埋めるということが期待されている。このような位置づけをなされる家族信託ではあるが，この家族信託の活用を阻害しているものとして，またもや課税問題の壁があるといわざるをえない。信託が租税回避の手段として利用されるのを封じるために，受益者等課税信託では信託の効力が生じた時点（信託受益権による一部の給付しか享受していない段階）で，信託受益権の総額（現在価値に引き直した額）が委託者から受益者に贈与されたものとして贈与税（効力が委託者の死亡によって生じる場合は相続税）が課せられる。この課税の壁を低くしない限り，家族信託の活用は大きく制約されることになると思われる。

　このような家族信託に対する租税の壁を部分的に低くするために導入されているといえるのが，教育資金贈与信託，信託等による結婚・子育て資金贈与，そして特定遺贈の制度であるといえる。その内容は以下の通りである。

　(a)　教育資金贈与信託（租税特別措置法70条の2の2）

　平成25年度税制改正において導入された「教育資金の一括贈与に係る贈与税の非課税措置」にもとづき創設された「信託による教育資金贈与」は，贈与者の子や孫などの直系卑属の教育資金として贈与者（委託者）が信託銀行等に金銭等を信託した場合に，1,500万円（学校等以外の教育資金の支払いに充てられる場合には500万円）までを限度として贈与税を非課税とする信託である（この非課税の特別措置は，平成31年3月31までに信託されたものにのみ適用される）。この信託での委託者（贈与者）は，受贈者の祖父母等の直系尊属に限られ，また，受贈者は，信託を設定する日において30歳未満の個人に限られる。そして，30歳になった段階で信託した金額に残額がある場合には，受贈者（受益者）が30歳になった日に残額の贈与があったものとして贈与税の課税対象となる[35]。

　(b)　信託等による結婚・子育て資金贈与（租税特別措置法70の2の3）

　平成27年4月1日から平成31年3月31日までの間に，20歳以上から50歳未満までの個人（受贈者）の結婚・子育て資金に充てるため，その親や祖父などの直系尊属（委託者）が金銭を拠出して金融機関に信託等をした場合

（委託者と金融機関との結婚・子育て資金管理契約の締結）には，信託受益権の価額又は拠出された金銭の額のうち，受贈者一人につき 1,000 万円（結婚に際して支出する費用については 300 万円が限度）までの金額に相当する部分の価額については贈与税を課さない。

この資金管理契約は受贈者が 50 歳に達した場合や受贈者が死亡した場合，さらには信託財産の価値がなくなり終了の合意があった場合に終了する。受贈者が 50 歳になったときに拠出した金額に残額がある場合には，受贈者に当該残額の贈与があったものとして贈与税が課せられる。受贈者が死亡した時に残額がある場合には，残額の遺贈があったものとして相続税が課税されることになる。

(c) 特定贈与信託（相続税法 21 条の 4）

特定贈与信託は，重度の障害（特定障害者＝重度の心身障害者，中軽度の知的障害者および障害等級 2 級または 3 級の精神障害者等である者）を持つ子供の生活を支援するため，その親族等が金銭等の財産を信託銀行等に信託して，その信託から子供の生活費・療養費を支給する仕組みの信託である。

この信託によれば，信託の効力が生じた時の贈与税の課税の例外として，特別障害者（重度の心身障害者）については 6,000 万円，特別障害者以外の特定障害者（中軽度の知的障害者および障害等級 2 級または 3 級の精神障害者等）については 3,000 万円を限度として贈与税が非課税となる[36]。

---

(35) 一般社団法人信託協会による平成 27 年 9 月末現在の「教育資金贈与信託の受託状況」のまとめによれば，この教育資金贈与信託の創設以来の契約数（累計）は 141,655 件，信託財産設定額（累計）は 9,639 億円に達している。そして，この信託財産設定額（累計）9,639 億円のうち，既に 1,205 億円が教育関連費用として支払われているという（http://www.shintaku-kyokai.or.jp/news/news271015-1.html）。

(36) 中軽度の障害者等に関する 3,000 万円の非課税措置は平成 25 年度の税制改正によって導入されたものである。

Ⅴ　さいごに

　家族信託は，その意思凍結機能（委託者の財産管理・運用・処分に対する希望を，その死後においても長期にわたって維持することができる）や財産隔離機能（信託財産は委託者や受託者の財産から隔離され，たとえば受託者の倒産は信託財産に影響を与えることはない）において，遺言制度や成年後見制度では実現できない，まさしく高齢社会において要請される多様な財産管理機能を発揮することができる。

　しかし，家族信託においては，原則として信託の効力が生じた時点をとらえて贈与税・相続税が課せられることで，受益者（受贈者・受遺者）に税金の負担に耐えるだけの受益の蓄積がない状態のなかで多額の納税義務が発生する可能性がある。この難点については，教育資金贈与信託や信託等による結婚・子育て資金贈与，さらには特定贈与信託などで最少限度の緩和策が採用されているが，家族信託における課税のタイミングについては，より根本的な制度の修正がなければ，他益信託の形態での家族信託の活用には限界があるように感じられる。現状の信託税制という観点から家族信託を見る場合，決して家族信託は「使い勝手」の良い制度とは評価できないであろう[37]。

---

(37)　本稿作成の基礎文献とした日税研論集62号（2011年）は，「信託税制の体系的研究－制度と解釈－」という統一テーマのもとで，平成18年の信託法改正による新しい信託制度が課税関係に与える影響，さらには信託法改正を受けて定められた信託税制関連規定の意義を検討したものである。この日税研論集62号は，上記の改正後に信託税制を体系的に検討した，ほぼ初めての研究論文集であると思われるが，信託行為の柔軟性に対応しうる信託税制の構築と解釈の困難性を読者に痛感させるところとなっているように思われる。そして，同号所収の多くの論稿が，高齢社会における家族信託の有用性を一方で指摘しながらも，他方で新信託税制は信託利用の拡大を阻止する方向で機能する可能性があるとのことを指摘していた。

高齢社会における租税の制度と法解釈

日 税 研 論 集　第 72 号　(2017)

平成 29 年 9 月 20 日　発行

定　価　（本体 3,241 円＋税）

編　者　公益財団法人　日本税務研究センター

発行者　浅 田 恒 博

東 京 都 品 川 区 大 崎 1 - 1 1 - 8
日本税理士会館 1 F

発行所　公益財団法人　日本税務研究センター

電話（03）5435-0912（代表）

製　作　第一法規株式会社